Kohlhammer

Einführung in das Kinder- und Jugendhilferecht

von

Professor Dr. iur. Dr. phil. Christian Bernzen
Katholische Hochschule für Sozialwesen, Berlin
Rechtsanwalt
BERNZEN RECHTSANWÄLTE Steuerberater

3., überarbeitete Auflage

Verlag W. Kohlhammer

3. Auflage 2022

Alle Rechte vorbehalten
© W. Kohlhammer GmbH Stuttgart
Gesamtherstellung: W. Kohlhammer GmbH, Stuttgart

Print:
ISBN 978-3-17-041820-2

E-Book-Formate:
pdf: ISBN 978-3-17-041821-9
epub: ISBN 978-3-17-041822-6

Dieses Werk einschließlich aller seiner Teile ist urheberrechtlich geschützt. Jede Verwendung außerhalb der engen Grenzen des Urheberrechts ist ohne Zustimmung des Verlags unzulässig und strafbar. Das gilt insbesondere für Vervielfältigungen, Übersetzungen, Mikroverfilmungen und für die Einspeicherung und Verarbeitung in elektronischen Systemen.
Für den Inhalt abgedruckter oder verlinkter Websites ist ausschließlich der jeweilige Betreiber verantwortlich. Die W. Kohlhammer GmbH hat keinen Einfluss auf die verknüpften Seiten und übernimmt hierfür keinerlei Haftung.

Inhaltsverzeichnis

Abkürzungsverzeichnis			XV
Kapitel 1:	**Einführung**		1
A.	Die Entwicklung der Kinder- und Jugendhilfe		2
	I.	Voraussetzungen	2
	II.	Erste Regelungen	3
B.	Die Entwicklung des Kinder- und Jugendhilferechts zum Sozialleistungsrecht		4
	I.	Verfassungsrechtliche Grundlagen in der Bundesrepublik	4
	II.	In der DDR	4
	III.	Die Entstehung des SGB	4
	IV.	Die Eingliederung des KJHG	5
C.	Gliederung des Gesetzes		6
Kapitel 2:	**Die allgemeinen Bestimmungen**		7
A.	Die allgemeinen Vorschriften		7
	I.	Recht auf Erziehung, Elternverantwortung, Jugendhilfe (§ 1 SGB VIII)	7
		1. Absatz 1	7
		2. Absatz 2	7
		3. Absatz 3	7
	II.	Aufgaben der Jugendhilfe (§ 2 SGB VIII)	8
	III.	Freie und öffentliche Jugendhilfe, Zusammenarbeit der öffentlichen Jugendhilfe mit der freien Jugendhilfe (§§ 3 und 4 SGB VIII)	8
	IV.	Selbstvertretung und Wunsch- und Wahlrecht (§§ 4a, 5 SGB VIII)	9
	V.	Geltungsbereich (§ 6 SGB VIII)	9
	VI.	Begriffsbestimmungen (§ 7 SGB VIII)	10
	VII.	Beteiligung von Kindern und Jugendlichen (§§ 8, 8a SGB VIII)	11
	VIII.	Schutzauftrag bei Kindeswohlgefährdung (§§ 8a, 8b SGB VIII)	11
	IX.	Grundrichtung der Erziehung, Gleichberechtigung von Mädchen und Jungen (§§ 9, 9a SGB VIII)	11
	X.	Verhältnis zu anderen Leistungen und Verpflichtungen (§ 10 SGB VIII)	12
	XI.	Beratung und Verfahrenslotsen (§§ 10a, 10b SGB VIII)	12
	Fall 1:	Jugendhilfe für minderjährige unbegleitete Flüchtlinge?	12
Kapitel 3:	**Jugendhilfeleistungen**		14
A.	Leistungsarten		14
	I.	Ausschließlichkeit	14
	II.	Objektives und subjektives Leistungsrecht	14
		1. Grund	14
		2. Subjektives öffentliches Recht	15
		3. Bestehen eines subjektiven öffentlichen Rechts	15
	III.	Ermessen	15
		1. „Muss-Vorschriften"	15
		2. „Soll-Vorschriften"	15

Inhaltsverzeichnis

		3. „Kann-Vorschriften"	15
		4. Ermessensfehler	15
	B.	Leistungsqualität	16
Kapitel 4:		Der erste Abschnitt des Leistungskapitels: Jugendarbeit, Jugendsozialarbeit, erzieherischer Kinder- und Jugendschutz (§§ 11–15 SGB VIII)	17
	A.	Jugendarbeit (§ 11 SGB VIII) und Jugendverbandsarbeit (§ 12 SGB VIII)	17
		I. Was ist Jugendarbeit (§ 11 SGB VIII)	17
		1. Absatz 1	17
		2. Absatz 2	17
		3. Absatz 2 Satz 2	17
		4. Absatz 3	18
		5. Absatz 4	18
		II. Erhebung von Teilnahmebeiträgen	18
		III. Jugendverbandsarbeit (§ 12 SGB VIII)	18
		1. Absatz 1	18
		2. Absatz 2	18
		3. Absatz 3	18
		Fall 2: Anspruch auf Förderung?	19
	B.	Jugendsozialarbeit (§ 13 SGB VIII) und Schulsozialarbeit (§ 13a SGB VIII)	22
		I. Begrifflichkeit	22
		II. Abgrenzung	22
		1. Jugendsozialarbeit – Jugendarbeit	22
		2. Hilfen zur Erziehung	22
		III. Adressaten	22
		IV. Anspruchsvoraussetzungen, Absatz 1	23
		V. Ziel und Inhalt	23
		VI. Maßnahmen	23
		VII. Abstimmungsgebot	23
		VIII. Finanzierungsbeitrag	23
		IX. Schulsozialarbeit	24
		Fall 3: Sozialarbeiterin für Zuwandererin?	24
	C.	Erzieherischer Kinder- und Jugendschutz (§ 14 SGB VIII)	25
		I. Repressiver Jugendschutz	25
		II. Erzieherischer Kinder- und Jugendschutz	26
		III. Methoden	26
Kapitel 5:		Der zweite Abschnitt des Leistungskapitels: Förderung der Erziehung in der Familie (§§ 16–21 SGB VIII)	27
	A.	Hintergrund und Ausgestaltung	27
	B.	Allgemeine Förderung der Erziehung in der Familie (§ 16 SGB VIII)	27
		I. Förderungspflicht	27
		II. Zweck	27
		III. Angebote	28
		1. Familienbildungsangebote	28
		2. Familienberatung	28
		3. Familienfreizeiten und Familienerholung	28
		IV. Landesrecht	28

		V.	Teilnahmebeiträge	28
	C.	Beratung in Fragen der Partnerschaft, Trennung und Scheidung (§ 17 SGB VIII)		29
		I.	Beratungsform	29
		II.	Ziele	29
		III.	Hilfe durch Beratung	29
		IV.	Ausgestaltung in Absatz 3	29
	D.	Beratung und Unterstützung bei der Ausübung der Personensorge (§ 18 SGB VIII)		30
		I.	Beratungs- und Unterstützungsanspruch	30
		II.	Unterstützungsanspruch bei der Geltendmachung des Unterhalts und der Herstellung gemeinsamer elterlicher Sorge	30
		III.	Beratungs- und Unterstützungsanspruch bzgl. des Umgangsrechts	30
		IV.	Unterstützungsanspruch bei Unterhalts- und Unterhaltsersatzansprüchen	30
	E.	Gemeinsame Wohnformen für Mütter/Väter und Kinder (§ 19 SGB VIII)		31
		I.	Regelungsgegenstand	31
		II.	Anspruchsinhalt	31
			1. Soll-Verpflichtung	31
			2. Anspruch	31
			3. Betreuung von Geschwisterkindern	31
			4. Aufnahme von bereits schwangeren jungen Frauen	31
		III.	Ende der Hilfe	31
		IV.	Umfang	31
		V.	Kosten	32
	F.	Betreuung und Versorgung des Kindes in Notsituationen (§ 20 SGB VIII)		32
		I.	Regelungsinhalt	32
		II.	Voraussetzungen und zeitlicher Rahmen	32
		III.	Kosten	32
	G.	Unterstützung bei der notwendigen Unterbringung zur Erfüllung der Schulpflicht (§ 21 SGB VIII)		33
		I.	Adressaten	33
			1. Eltern, die berufsbedingt häufig ihren Aufenthalt wechseln müssen	33
			2. Weitergewährung von Hilfe	33
		II.	Kosten	33
		Fall 4:	Ersatz für die Mutter?	33
Kapitel 6:		Der dritte Abschnitt des Leistungskapitels: Förderung von Kindern in Tageseinrichtungen und Kindertagespflege (§§ 22–26 SGB VIII)		35
	A.	Grundsätze der Förderung (§ 22 SGB VIII)		35
		I.	Form und Zweck	35
		II.	Umsetzung	35
		III.	Der Betreuungsauftrag	35
		IV.	Inhalt des Auftrages zur Erziehung und Bildung	36
	B.	Förderung in Tageseinrichtungen (§ 22a SGB VIII)		36
	C.	Der Rechtsanspruch auf einen Kindergartenplatz (§ 24 SGB VIII)		37
		I.	Die Inhaber des Anspruchs	37

Inhaltsverzeichnis

	II.	Anspruchsvoraussetzungen	37
	III.	Anspruchsinhalt	37
	IV.	Bedarfsentsprechende Einrichtung von Krippen-, Hort- und Ganztagesplätzen	38
	V.	Kostenbeiträge	38
D.	Kindertagespflege (§ 23 SGB VIII)		38
	I.	Begriff	38
	II.	Regelungen	38
	III.	Kostentragung	38
		1. Kostenart	38
		2. Kostenübernahme bei Vermittlung durch den öffentlichen Träger	39
		3. Kostenübernahme ohne Vermittlung durch den öffentlichen Träger	39
	IV.	Beratungsanspruch	39
	V.	Kosten	39
	VI.	Beratungsanspruch von Zusammenschlüssen	39
E.	Selbstorganisierte Angebote (§ 25 SGB VIII)		39
F.	Landesrecht (§ 26 SGB VIII)		40
Fall 5:	Kindergarten am Wohnort?		40

Kapitel 7:	Der vierte Abschnitt des Leistungskapitels: Hilfen zur Erziehung, Eingliederungshilfe für seelisch behinderte Kinder und Jugendliche, Hilfe für junge Volljährige (§§ 27–41 SGB VIII)		43
A.	Mitwirkung, Hilfeplan (§ 36)		43
	I.	Sachverhaltsermittlung	43
	II.	Hilfeplan als Ergebnis	43
	III.	Hilfeziel	44
	IV.	Eingliederungshilfe für seelisch behinderte Kinder und Jugendliche	44
	V.	Fehler	44
B.	Die Grundnorm der Hilfen zur Erziehung: § 27 SGB VIII		45
	I.	Anspruchsinhaber	45
	II.	Anspruchsvoraussetzung	45
	III.	Anspruchsinhalt	45
	IV.	Pädagogische und therapeutische Leistungen	45
C.	Ambulante Angebote		46
	I.	Erziehungsberatung (§ 28 SGB VIII)	46
		1. Zweck	46
		2. Form der Beratung	46
		3. Mitfinanzierung	47
	II.	Soziale Gruppenarbeit (§ 29 SGB VIII)	47
		1. Entwicklung der Angebote	47
		2. Abgrenzung	47
		3. Zweck	47
		4. Form	47
	III.	Erziehungsbeistandschaft, Betreuungshelfer (§ 30 SGB VIII)	48
	IV.	Sozialpädagogische Familienhilfe (§ 31 SGB VIII)	48
		1. Zweck	48
		2. Anwendungsvoraussetzungen	48

Inhaltsverzeichnis

		3. Zeitraum	48
		4. Geheimnisschutz	48
	V.	Erziehung in einer Tagesgruppe (§ 32 SGB VIII)	49
		1. Zweck	49
		2. Kosten	49
	Fall 6:	Heimerziehung statt sozialpädagogischer Familienhilfe?	49
	VI.	Stationäre Angebote	53
		1. Vollzeitpflege (§ 33 SGB VIII)	54
		2. Heimerziehung (§ 34 SGB VIII)	55
		3. Intensive sozialpädagogische Einzelbetreuung (§ 35 SGB VIII)	57
		4. Eingliederungshilfe (§ 35a SGB VIII)	57
		5. Hilfe für junge Volljährige (§ 41 SGB VIII)	58
	Fall 7:	Nachträgliches Pflegegeld?	59

Kapitel 8: Andere Aufgaben 63

A.	Inobhutnahme (§ 42 SGB VIII)		63
	I.	Voraussetzungen	63
	II.	Folgen der Inobhutnahme	63
	III.	Maßnahmecharakter	64
	IV.	Inobhutnahme und Freiheitsentziehung	64
	V.	Beteiligung	64
	VI.	Kosten	64
	VII.	Vorläufige Inobhutnahme	64
B.	Schutz von Kindern und Jugendlichen		65
	I.	Erlaubnisse zur Kindertages- und Vollzeitpflege (§§ 43, 44 SGB VIII)	65
		1. Gegenstand der Pflegeerlaubnis	65
		2. Voraussetzung	65
		3. Unterrichtungspflicht	66
		4. Betreuung ohne Pflegeerlaubnis	66
	II.	Betriebserlaubnis (§ 45 SGB VIII)	66
		1. Tatbestand und Rechtsfolge	66
		2. Zusätzliche Maßnahmen	66
	III.	Mitwirkung im gerichtlichen Verfahren	67
		1. Verfahren vor Vormundschafts- und Familiengerichten (§ 50 SGB VIII)	67
		2. Annahme als Kind (§ 51 SGB VIII)	68
		3. Strafverfahren gegen junge Menschen (§ 52 SGB VIII)	68
	IV.	Beistandschaft, Pflegschaft, Vormundschaft, Auskunft über die Nichtabgabe von Sorgeerklärungen	69
		1. Beratung und Unterstützung von Müttern, die mit dem Vater ihrer Kinder nicht verheiratet sind (§ 52a SGB VIII)	69
		2. Beratung und Unterstützung von Pflegern und Vormündern (§ 53 SGB VIII)	70
		3. Vereinsvormundschaft (§ 54 SGB VIII)	70
		4. Beistandschaft, Pflegschaft, Vormundschaft (§ 55 SGB VIII)	71
		5. Mitteilungspflicht des Standesbeamten, Gegenvormund, Sorgeerklärungen (§§ 57–59 SGB VIII)	71
	V.	Beurkundungen, Beglaubigungen, vollstreckbare Urkunden (§§ 59–60 SGB VIII)	71

Inhaltsverzeichnis

			1.	Beurkundung und Beglaubigung	72
			2.	Durch das Jugendamt	72
			3.	Zwangsvollstreckungsgrundlage	72
	Fälle 8:	Das verwahrloste Kind, 6-Wochen-Pflege, Beurkundung?			72

Kapitel 9:   Datenschutz und Statistik 74
- A. Datenschutz 74
  - I. Anwendungsbereich (§ 61 SGB VIII) 74
    1. Umfang und Form 75
    2. Einhaltung 75
  - II. Datenerhebung (§ 62 SGB VIII) 75
    1. Definition und Zweck 75
    2. Regelungsumsetzung 75
  - III. Datenspeicherung (§ 63 SGB VIII) 75
    1. Erforderlichkeit 75
    2. Sachzusammenhang 76
  - IV. Datenübermittlung und -nutzung (§ 64 SGB VIII) 76
  - V. Besonderer Schutz bei persönlichen und erzieherischen Hilfen (§ 65 SGB VIII) 76
    1. Zweck 76
    2. In der Zeugenvernehmung 77
  - VI. Schutz bei Beistandschaft, Amtspflegschaft und -vormundschaft (§ 68 SGB VIII) 77
  - VII. Tätigkeit des Jugendamtes jenseits des SGB VIII 77
  - VIII. Datenschutz bei freien Trägern 77
- B. Statistik 78
  - I. Umfang der Erhebung (§ 98 SGB VIII) 78
  - II. Statistikrechtliche Regelungen (§§ 99–103 SGB VIII) 79
    1. Erhebungsmerkmale 79
    2. Hilfsmerkmale 79
    3. Zeitraum 79
    4. Regelung zur Datenübermittlung 79
- Fälle 9: Anzeige und Auskunft? 79

Kapitel 10:   Öffentliche Träger der Jugendhilfe 81
- A. Öffentliche Träger (§ 69) 81
  - I. Örtliche Träger 81
  - II. Überörtliche Träger 81
    1. Bestimmung durch Landesrecht 81
    2. Sachliche Zuständigkeit 81
    3. Einzelne Ausgestaltungen in den Bundesländern 82
- B. Jugendamt (§ 70 SGB VIII) 82
  - I. Wahrnehmung der Aufgaben 82
  - II. Sonderstellung des Jugendamtes 83
    1. Hintergrund 83
    2. Gesetzliche Regelung 83
    3. Weitere Gesichtspunkte 83
    4. Organisation 83
- C. Jugendhilfeausschuss (§ 71 SGB VIII) 84

		I.	Zusammensetzung	84
		II.	Kompetenz	84
		III.	Rahmen	84
		IV.	Aufgaben	84
	D.	Landesjugendamt (§ 70 SGB VIII)		85
	E.	Voraussetzungen für eine sinnvolle Tätigkeit der Jugendhilfe- und Landesjugendhilfeausschüsse		85
		I.	Voraussetzung	85
		II.	Konkrete Umsetzung	85
			1. Planbarkeit	85
			2. Breite professionelle Basis	86
			3. Überprüfung der Notwendigkeit	86
			4. Begrenzung der Anzahl	86
			5. Unabhängigkeit	86
		Fall 10: Kürzung der Förderung?		86
	F.	Mitarbeiterinnen und Mitarbeiter (§ 72 SGB VIII)		88
		I.	Qualifikation der Mitarbeiter/innen	88
			1. Fachkräfte	88
			2. Erfahrene Mitarbeiter/innen und Zusatzausbildungen	88
		II.	Leitung der Jugend- und Landesjugendämter	88
		III.	Fortbildung und Praxisbegleitung	88
	G.	Arbeitsgemeinschaften (§ 78 SGB VIII)		89
		I.	Inhalt: Bildung von Arbeitsgemeinschaften	89
		II.	Aufgaben	89
	H.	Gesamtverantwortung (§ 79 SGB VIII)		89
		I.	Sicherung des Sozialleistungsgesetzes	89
		II.	Gewährleistungsverpflichtung	90
		III.	Praktische Anwendung	90
		IV.	Mittelhöhe	90
			1. Bundesrecht	90
			2. Landesrecht	90
		V.	Angemessene Ausstattung	90
	I.	Planung (§ 80 SGB VIII)		91
			1. Planung als Gesamtverantwortung	91
			2. Ziele	91
			3. Ermittlung	91
			4. Planungsmethoden	91
			5. Beteiligung	91
	J.	Zusammenarbeit (§ 81 SGB VIII)		92
		Fall 11: Wann beginnt Jugendhilfeplanung?		92
Kapitel 11:		**Zentrale Aufgaben**		**95**
	A.	Aufgaben der Länder, des Bundes und anderer staatlicher Stellen		95
		I.	Die Bundesländer und deren oberste Landesjugendbehörden (§ 82 SGB VIII)	95
			1. Aufgabe	95
			2. Durchführung	95
		II.	Der Bund und die Bundesregierung (§ 83 SGB VIII)	95

Inhaltsverzeichnis

			1.	Aufgabe	95
			2.	Bundesjugendkuratorium	96
		III.	Deutsch-Französisches und Deutsch-Polnisches Jugendwerk		96
			1.	Deutsch-Französisches Jugendwerk	96
			2.	Deutsch-Polnisches Jugendwerk	96
		IV.	Europäische Jugendpolitik		97
			1.	Durch die Kommission	97
			2.	Durch den Europarat	97
	B.	Kinder- und Jugendberichte (§ 84 SGB VIII)			97
		1.	Vorlage vor dem Bundestag		97
		2.	Inhalt		97

Kapitel 12: Freie Träger ... 99

- A. Hintergrund ... 99
- B. Wesen ... 99
  - I. Kennzeichen ... 99
  - II. Funktion ... 99
- C. Gruppen freier Träger ... 100
  - I. Die Wohlfahrtsverbände ... 100
    1. Wohlfahrtsverbände im Gesetz ... 100
    2. Zielsetzung ... 100
    3. Beteiligung ... 100
  - II. Kirchen und Religionsgemeinschaften ... 101
    1. Durch Gesetz ... 101
    2. Zugehörigkeit ... 101
  - III. Jugendverbände und -gruppen ... 101
    1. Jugendverbände im Gesetz ... 101
    2. Begriffsbestimmung ... 101
    3. Jugendgruppen im Gesetz ... 101
    4. Begriffsbestimmung ... 101
  - IV. Initiativen der Jugend ... 101
  - V. Sonstige Träger ... 102
- D. Finanzierung freier Träger (§§ 74, 77, 78a ff. SGB VIII) ... 102
- E. Förderung (§ 74 SGB VIII) ... 103
  - I. Förderungsverpflichtung ... 103
  - II. Förderungsvoraussetzungen ... 103
    1. Allgemein ... 103
    2. Förderung von Einrichtungen ... 103
    3. Gleichbehandlungsgrundsatz ... 104
    4. Förderungsentscheidung ... 104
    5. Rechtliche Ausgestaltung ... 104
    6. Förderung von Kindertageseinrichtungen ... 105
- F. Kostenvereinbarung (§ 77 SGB VIII) ... 105
  - I. Tatbestand ... 105
  - II. Rechtsfolge ... 105
- G. Leistungsentgelt (§§ 78a ff. SGB VIII) ... 106
  - I. Abschließende Regelung ... 106
  - II. Inhalt der Leistungsvereinbarungen ... 106

		III.	Kriterien zu Entgeltvereinbarungen	106
		IV.	Qualitätsentwicklungsvereinbarung	107
		V.	Unterscheidung	107
		VI.	Inhaltliche Ausgestaltung durch Rahmenverträge, Konflikt- und Streitfälle.	107
		VII.	Beschränkung des Wunsch- und Wahlrechts.	107
	H.	Anerkennung freier Träger (§ 75 SGB VIII)	108
		I.	Anerkennungsvoraussetzungen	108
		II.	Anerkennungsanspruch	108
		III.	Durchsetzung	108
	I.	Beziehungen freier Träger zu Bürgerinnen und Bürgern	109
		I.	Rechtsnatur	109
		II.	Vertragliche Pflichten	109
		Fall 12: Keine Förderung für den Montessori-Kindergarten?	109

Kapitel 13: Zuständigkeit, Kostenerstattung 111

	A.	Sachliche Zuständigkeit (§ 85 SGB VIII)	111
	B.	Örtliche Zuständigkeit	111
		I.	Zuständigkeit für Leistungen	112
			1. Leistungen an Kinder, Jugendliche und Eltern (§ 86 SGB VIII) .	112
			2. Leistungen an junge Volljährige (§ 86a SGB VIII)	113
			3. Mutter-Kind-Einrichtungen (§ 86b SGB VIII)	113
			4. Fortdauernde Leistungsverpflichtung (§ 86c SGB VIII)	113
			5. Vorläufiges Tätigwerden (§ 86d SGB VIII)	113
		II.	Zuständigkeit für andere Aufgaben (§§ 87–87e SGB VIII)	113
			1. Erlaubnis für Pflegepersonen	114
			2. Betriebserlaubnisse	114
			3. Gerichtsverfahren	114
			4. Beistandschaft, Pflegschaft, Vormundschaft, Auskunft	114
			5. Vormundschaft	114
			6. Beurkundung und Beglaubigung	114
			7. Vereinbarungen.	114
		III.	Zuständigkeit bei Aufenthalt im Ausland (§ 88 SGB VIII)	114
		IV.	Zuständigkeit für vorläufige Maßnahmen für unbegleitete minderjährige Ausländer	114
	C.	Kostenerstattung (§§ 89–89h SGB VIII)	115
		I.	Rechtliche Durchsetzung	115
		II.	Tatsächlicher Aufenthalt.	115
		III.	Vollzeitpflege.	115
		IV.	Vorläufige Maßnahmen	115
		V.	Fortdauernde Zuständigkeit	115
		VI.	Einreise aus dem Ausland.	116
		VII.	Zweck	116
		VIII.	Kostenbeschränkung.	116
		Fall 13: Kostenerstattung für einen Ganztagsplatz?	116

Kapitel 14: Kostenbeteiligungen 118

	A.	Pauschalierte Kostenbeiträge (§ 90 SGB VIII).	118
		I. Gleiche Höhe.	118

XIII

Inhaltsverzeichnis

		II.	Staffelung der Beiträge	118
	B.	Kostenbeiträge für stationäre und teilstationäre Leistungen (§§ 91–94 SGB VIII)		119
		I.	Voraussetzung	119
		II.	Ausgestaltung	119
			1. Kostenbeitrag	120
			2. Überleitung von Unterhaltsansprüchen	120
			3. Rechtsfolge	120
			4. Rechtsbehelfe	120
			5. Ausschluss	120
		III.	Auskunftspflicht	120
		Fall 14: Teilnahmebeiträge im katholischen Kindergarten?		121

Stichwortverzeichnis 137

Abkürzungsverzeichnis

a. a. O.	am angegebenen Ort
Abs.	Absatz
a. F.	alte Fassung
AFET	Arbeitsgemeinschaft für Erziehungshilfe
AGJ	Arbeitsgemeinschaft für Kinder- und Jugendhilfe
AiB	Arbeitsrecht im Betrieb (Zeitschrift)
ArbGG	Arbeitsgerichtgesetz
Art.	Artikel
AST.	Antragsteller
AsylbLG	Asylbewerberleistungsgesetz
AsylVfG	Asylverfahrensgesetz
Aufl.	Auflage
AVR	Arbeitsvertragsrichtlinien
Az.	Aktenzeichen
Bekl.	Beklagte(r)
Bd.	Band
BGB	Bürgerliches Gesetzbuch
BGBl.	Bundesgesetzblatt
BSHG	Bundessozialhilfegesetz
BT	Bundestag
BVerwG	Bundesverwaltungsgericht
BVerwGE	Entscheidungen des Bundesverwaltungsgerichts
DAVorm	Der Amtsvormund (Zeitschrift)
DDR	Deutsche Demokratisch Republik
Ders.	Derselbe
DFJW	Deutsch-Französisches Jugendwerk
dj	deutsche jugend (Zeitschrift)
DÖV	Die öffentliche Verwaltung (Zeitschrift)
Drucks.	Drucksache
DVBl.	Deutsche Verwaltungsblätter (Zeitschrift)
DVJJ	Deutsche Vereinigung für Jugendgerichte und Jugendgerichtshilfe
EUTB	Ergänzende unabhängige Teilhabeberatung
F.	Fassung
f.	folgende
FamRZ	Zeitschrift für gesamte Familienrecht (Zeitschrift)
FEVS	Fürsorgerechtliche Entscheidungen der Verwaltungs- und Sozialgerichte (Zeitschrift)
ff.	folgende
FGG	Gesetz über Angelegenheiten der freiwilligen
FN.	Fußnote
FuR	Familie und Recht (Zeitschrift)
geb.	geboren
GG	Grundgesetz
ggf.	gegebenenfalls
GK	Gemeinschaftskommentar
Hrsg.	Herausgeber
IGfH	Internationale Gesellschaft für Heimerziehung
i. V. m.	in Verbindung mit

Abkürzungsverzeichnis

JAmt	Jugendamt (Zeitschrift)
JGG	Jugendgerichtsgesetz
JHA	Jugendhilfeausschuss
JHilfe	Jugendhilfe (Zeitschrift)
JuArbSchG	Jugendarbeitsschutzgesetz
JuSchG	Jugendschutzgesetz
JuWo	Jugendwohl (Zeitschrift)
JWG	Jugendwohlfahrtsgesetz
Kind-Prax	Kindschaftsrechtliche Praxis (Zeitschrift)
KJHG	Kinder- und Jugendhilfegesetz
Kl.	Kläger
KJSG	Kinder- und Jugendstärkungsgesetz
KRK	Übereinkommen über die Rechte des Kindes
LPK	Lehr- und Praxiskommentar
MSA	Minderjährigenschutzabkommen
NDV	Nachrichtendienst des Deutschen Vereins (Zeitschrift)
NJW	Neue Juristische Wochenschrift (Zeitschrift)
np	neue praxis (Zeitschrift)
Nr.	Nummer
NS	Nationalsozialismus
NSB	Neue Soziale Bewegungen
NVwZ	Neue Zeitschrift für Verwaltungsrecht (Zeitschrift)
NWVBl	Nordrheinwestfälische Verwaltungsblätter (Zeitschrift)
OVG	Oberverwaltungsgericht
Proz.-Bev.	Prozessbevollmächtigter
RdJB	Recht der Jugend und des Bildungswesens (Zeitschrift)
RJWG	Reichsjugendwohlfahrtsgesetz
RsDE	Recht der sozialen Dienste und Einrichtungen (Zeitschrift)
s.	siehe
S.	Seite
SGB	Sozialgesetzbuch
SGG	Sozialgerichtsgesetz
StGB	Strafgesetzbuch
u. a.	und andere
uj	Unsere Jugend (Zeitschrift)
UN	Vereinte Nationen
US	United States
VerwArch	Verwaltungsarchiv (Zeitschrift)
VG	Verwaltungsgericht
Vgl./vgl.	Vergleiche/vergleiche
VwGO	Verwaltungsgerichtsordnung
WRV	Weimarer Reichsverfassung
ZAR	Zeitschrift für Ausländerrecht (Zeitschrift)
z. B.	zum Beispiel
ZfF	Zeitschrift für das Fürsorgewesen (Zeitschrift)
ZfJ	Zentralblatt für Jugendrecht (Zeitschrift)
ZfSH/SGB	Zeitschrift für Sozialhilfe und Sozialgesetzbuch (Zeitschrift)
ZKJ	Zeitschrift für Kindschaftsrecht und Jugendhilfe (Zeitschrift)
ZPO	Zivilprozessordnung
ZRP	Zeitschrift für Rechtspolitik (Zeitschrift)
z. T.	zum Teil

Kapitel 1: Einführung

Einleitung

Das Achte Buch des Sozialgesetzbuchs ist das in Deutschland geltende Kinder- und **1**
Jugendhilferecht. Es ist mit dem Kinder- und Jugendhilfegesetz (KJHG) zum 1.1.1991 in das SGB eingefügt worden. Durch dieses Recht wurde das zuvor im Jugendwohlfahrtsgesetz, früher im Reichsjugendwohlfahrtsgesetz, enthaltene Recht grundlegend reformiert. Die rechtlichen Regelungen beschreiben die öffentliche Verantwortung für das Aufwachsen junger Menschen; sie benennen die Leistungen der Jugendhilfe und die Aufgaben der öffentlichen Stellen. Die Einführung eines achten Buches in das Sozialgesetzbuch (SGB) war das Kernstück dieser Reform.
Regelungsgegenstand dieses Buches des SGB ist ein Bereich der sozialen Wirklichkeit, der sich aus der Armenfürsorge entwickelt hat und mit den Worten „Jugendpflege", „Jugendfürsorge" bezeichnet wurde. Heute wird dieser Handlungsbereich als „Kinder- und Jugendhilfe" bezeichnet.
Zum SGB VIII ist eine Reihe von Kommentaren sehr verschiedenen Umfanges erschienen. Sammelbände geben einen Überblick über die Auswirkungen der Regelungen auf die Jugendhilfepraxis. Einige monographische Darstellungen zu einzelnen Fragestellungen liegen vor. Dieses Einführungsbuch will – von praktischen Fällen ausgehend – in das Rechtsgebiet praxisorientiert einführen.

Großkommentare zum SGB VIII
(mehrbändige Arbeitsmittel für die wissenschaftliche und vertiefte Auseinandersetzung mit einzelnen Fragen des Kinder- und Jugendhilferechts)
K. Hauck/A. Stähr (Hrsg.), SGB VIII, Berlin, Loseblattsammlung: Stand 2021; *K.-W. Jans/G. Happe/ H. Saurbier/U. Maas*, Kinder- und Jugendhilferecht, Loseblattsammlung, Stuttgart: Stand Januar 2020; *R. Wabnitz/G. Fieseler/H. Schleicher*, Kinder- und Jugendhilferecht, Neuwied Loseblattsammlung: Stand Oktober 2020

Handkommentare
(Werke zur vertieften Auseinandersetzung mit dem Recht)
P.-C. Kunkel/J. Kepert/A. Pattar (Hrsg.), Sozialgesetzbuch VIII, 6. Aufl., Baden-Baden 2016; *E.-W. Luthe/G. Nellissen* (Hrsg.), JurisPraxiskommentar SGB VIII, 2. Aufl. Saarbrücken 2018; *W. Möller* (Hrsg.), Praxiskommentar zum SGB VIII Kinder- und Jugendhilfe, 2. Aufl., Köln 2017; *P. Mrozynski*, Kinder- und Jugendhilfegesetz, 5. Aufl., München 2009; *J. Münder u. a.*, Frankfurter Kommentar zum SGB VIII, 7. Aufl., Baden-Baden 2013; *W. Schellhorn u. a.* (Hrsg.), SGB VIII/Kinder- und Jugendhilferecht, 5. Aufl., Neuwied 2015; *R. Wiesner* (Hrsg.), SGB VIII, 5. Aufl., München 2015

Auf zwei Wörterbücher zum Kinder- und Jugendhilferecht soll an dieser Stelle ebenfalls hingewiesen werden:
AGJ (Hrsg.), Kinder- und Jugendhilferecht von A-Z, München 2008; *R. Wabnitz* (Hrsg.), Handwörterbuch Kinder- und Jugendhilferecht, Baden-Baden 2004; Einen Überblick über das gesamte Themenfeld liefert auch das zuständige Bundesministerium mit einer Veröffentlichung im Internet: BMFSFJ https://www.bmfsfj.de/resource/blob/94106/40b8c4734ba05dad4639ca34908ca367/kinder-und-jugendhilfegesetz-sgb-viii-data.pdf.

In dem vorliegenden Buch werden historische Bezüge und sozialwissenschaftliche Sicht- **2**
weisen in die Darstellung nur insoweit einbezogen, wie es zum Verständnis der juristischen Probleme erforderlich ist. Dies geschieht in vollem Respekt vor jenen Zugängen zu den Themen der Kinder- und Jugendhilfe und in dem Wissen, dass ein juristischer Zugriff besonders auf diese Themen notwendigerweise beschränkt ist. Mit ihren geisteswissenschaftlichen Methoden, Sollenssätze von Sollenssätzen abzuleiten, verzichtet die Rechtswissenschaft bewusst auf sozial- und naturwissenschaftliche Formen der Erkennt-

nis, nämlich Regeln empirisch aus der Wirklichkeit abzuleiten. Insbesondere sozialwissenschaftliche Erkenntnisse aber sind für die jugendhilferechtliche Praxis von eminenter Bedeutung, weite Teile des Jugendhilferechts wären ohne sie unanwendbar. Deshalb werden in diesem Text die Stellen, an denen es entscheidend auf Erkenntnisse ankommt, die außerjuristischer Maßstäbe bedürfen, besonders gekennzeichnet. Falllösungen können so bei einem juristisch eindeutig richtigen Vorgehen tatsächlich mehrere richtige Ergebnisse haben, je nachdem, wie die Wirklichkeit zum Beispiel pädagogisch zutreffend zu beschreiben ist. Die sorgfältige Trennung der unterschiedlichen Zugänge zu einem praktischen Problem eröffnet für Sozialarbeiterinnen und Sozialarbeiter genauso wie für Juristinnen und Juristen die Möglichkeit, in eigener Kompetenz ihren jeweils notwendigen Beitrag zur Lösung eines Falles und damit letztlich zugunsten junger Menschen zu leisten.

Die ausgewertete Literatur und die zitierten Gesetze befinden sich auf dem Stand vom September 2021.

Dieses Buch ist wesentlich durch meine Lehrtätigkeit an der Katholischen Hochschule für Sozialwesen in Berlin inspiriert. Die Struktur ist von der Struktur der Lehrveranstaltungen zur Einführung in das Kinder- und Jugendhilferecht beeinflusst. Den Studentinnen und Studenten danke ich für vielfältige Hinweise und Nachfragen, die mich zu einer möglichst verständlichen Darstellung der Materie angespornt haben. Besonders danke ich Frau Sarah Becker für die kundige und genaue Unterstützung bei dieser dritten Auflage. Partnerinnen und Partnern in meiner Anwaltssozietät danke ich für einen fortdauernden und intensiven fachlichen Austausch und viele gute Ideen.

A. Die Entwicklung der Kinder- und Jugendhilfe

I. Voraussetzungen

3 Kinder sind seit jeher auf die Unterstützung von Erwachsenen angewiesen. Diese Hilfe erlangen sie in Familien, auch in Pflegefamilien, oder auch in Institutionen, die früher als „Waisenhäuser" bekannt waren. Heute bilden Kindertageseinrichtungen neben den Schulen die wichtigste außerfamiliäre Erziehungsinstanz.

3a Voraussetzung dafür, dass es ein Jugendhilferecht geben kann, ist das Bestehen einer **Jugend**. Dieses ist uns heute selbstverständlich, in Deutschland aber gab es die Jugend als eigenständige Lebensphase vor etwa 1850 nicht. Kinder lernten das für ihr Leben Erforderliche im besten Falle in der Schule und der Lehre, dann begann die Zeit des Erwachsenenlebens. Lediglich eine geringe Zahl ausschließlich männlicher Studenten hatte die Möglichkeit, in einer Weise zu leben, die man heute als jugendtypisch bezeichnen würde: Weitgehende Freiheit von der Kontrolle der Lebensführung durch Erwachsene bei gleichzeitiger ökonomischer Abhängigkeit von diesen.

Mit der Industrialisierung änderten sich auch diese Verhältnisse: Die Anforderungen an die Mobilität und die Ausbildung der Arbeitskräfte nahmen zu, viele Menschen zogen an Orte, an denen sie Arbeit finden konnten, und die Ausbildungsphasen wurden länger. Die Jugend entstand als eigenständige Lebensphase der großen Mehrheit der Menschen in Deutschland. Seit dem ist die Zeit zwischen dem 15. und dem 20.–30. Lebensjahr der Menschen in Deutschland in besonderem Maße von Freiheit und Schutzlosigkeit gekennzeichnet. Auf beides haben die Erwachsenen vielfältig reagiert: Die Schutzlosigkeit junger Menschen hat diese vielfach zum Opfer von Ausbeutung gemacht, anderseits Zuwendung bewirkt. Ihre Freiheit wurde misstrauisch betrachtet und immer wieder beschränkt. Zugleich war und ist sie so faszinierend, dass sich die Jugendphase gerade nach 1950 immer weiter verlängert hat.

II. Erste Regelungen

Die ersten **rechtlichen Regeln** in Deutschland, die auf die neue gesellschaftliche Realität von Jugend reagierten, waren **Jugendarbeitsschutzbestimmungen**. Mit ihnen sollte verhindert werden, dass junge Menschen – in Sonderheit junge Männer – durch übermäßige Einbeziehung in die Erwerbsarbeit im Kindes- und Jugendalter gesundheitlich Schaden nahmen. Ausdrücklich wurde in der Begründung zu den preußischen Bestimmungen zum Jugendarbeitsschutz darauf verwiesen, dass zu intensive Einbeziehung von männlichen Jugendlichen deren Gesundheit so beeinträchtige, dass sie als Soldaten nur eingeschränkt zu verwenden seien.

Ein weiteres wichtiges Thema der Jugendgesetzgebung war der Schutz junger Menschen vor Einflüssen, die als **gefährdend** angesehen wurden: sowohl durch Medien wie auch den Aufenthalt an bestimmten Orten.

Mit der Abwehr der Gefährdungen junger Menschen waren vor allem im Bereich der Kirchen und der sozialistischen Arbeiterbewegung Bestrebungen entstanden, die einerseits die jungen Menschen in ihrer Entwicklung fördern und andererseits „verwahrloste" Jugendliche außerhalb des Elternhauses erziehen wollten. Schließlich entwickelten sich etwa seit Beginn des 20. Jahrhunderts eigene Zusammenschlüsse junger Menschen, die heute als Formen der Selbstorganisation bezeichnet würden. Solche Formen hatte es zuvor praktisch nur in studentischen Zusammenhängen gegeben. Nun entstanden auch im kommunalen und staatlichen Bereich immer mehr Bestrebungen, das Handeln zur Förderung und Kontrolle junger Menschen zusammenzufassen. Es entwickelten sich erste Jugendämter. In ihnen wirkten Menschen mit unterschiedlichen praktischen Erfahrungen mit Jugendlichen zusammen; eine eigene Berufsausbildung für diese Arbeit fehlte noch völlig. Mit der Schaffung des Reichsjugendwohlfahrtsgesetzes (RJWG) wurde 1922 das erste Mal deutschlandweit ein einheitlicher organisatorischer Rahmen für diese Aktivitäten vorgegeben; öffentliche und nicht-staatliche gesellschaftliche Gruppen sollten in planvollem Zusammenwirken die Bedingungen des Aufwachsens junger Menschen verbessern („Jugendpflege"). Zugleich sollten die Eltern in ihrem Erziehungshandeln und die jungen Menschen in weiten Bereichen ihres Verhaltens überwachen und bei konkreten Gefährdungen einschreiten („Jugendfürsorge"). Über diese Aufgaben der neuen öffentlichen Stellen, der bei den Kreisen und kreisfreien Städten angesiedelten Jugendämtern, bestand gesellschaftlich weitgehend Einigkeit, entsprechend waren die Schwerpunkte in dem RJWG auf die organisatorischen Fragen gelegt. Wichtige Aufgaben, die die neuen Jugendämter erfüllen sollten, kosteten ungewohnt viel Geld. Im Rahmen der Krise der öffentlichen Haushalte wurden sie deshalb vielfach gar nicht oder nur notdürftig erledigt. Insbesondere die Aufgaben im Bereich der Förderung der Jugend („Jugendpflege") wurden nicht selten vernachlässigt. Diese Vernachlässigung nahm zu, nachdem in der Verordnung über das Inkrafttreten des RJWG vom 14.2.1924 ein wesentlicher Teil dieser Tätigkeiten als „freiwillige Aufgaben" gekennzeichnet und aus dem Bereich der zwingenden rechtlichen Verpflichtungen herausgenommen wurden. Diese Wertung, die seit langem jeden juristischen Bezug verloren hat, wirkt mit der häufig unterschiedlichen Behandlung der Jugendförderung und der Hilfen zur Erziehung in den kommunalen Haushalten bedauerlicherweise fort. Ansprüche junger Menschen oder ihrer Personensorgeberechtigten waren im RJWG praktisch nicht vorgesehen. Das Gesetz war aber Grundlage der öffentlichen oder in öffentlicher Verantwortung organisierten Erziehung junger Menschen unter Bedingungen des Freiheitsentzuges, die als eine Form der „Fürsorgeerziehung" oder der „freiwilligen Erziehungshilfe" bezeichnet wurde.

Weiterführende Literatur:
C. *Hasenclever*, Jugendhilfe und Jugendgesetzgebung seit 1900, Göttingen 1978; J. *Münder*, Das Jugendwohlfahrtsgesetz von 1922 – „In Kraft getreten" – 1952, RdJB 1990, S. 43

B. Die Entwicklung des Kinder- und Jugendhilferechts zum Sozialleistungsrecht

I. Verfassungsrechtliche Grundlagen in der Bundesrepublik

5 In der NS-Zeit wurde der staatliche Einfluss auch auf die außerschulische Erziehung der Jugend wesentlich verstärkt und den verbrecherischen Zielen der Nationalsozialisten nutzbar gemacht. Diese Erfahrung hat die Bestimmungen des Grundgesetzes von 1949 für die westlichen Bundesländer im Bereich der Erziehung wesentlich geprägt: Sichergestellt werden sollte eine tendenziell staatsferne Erziehung in elterlicher Verantwortung; der **Staat** wurde auf ein „**Wächteramt**" beschränkt (**Art. 6 GG**). Die Jugendhilfe bekam keine eigene Rolle in der westdeutschen Verfassung; als „Jugendfürsorge" war sie Teil des staatlichen Wächteramtes, als „Jugendpflege" war sie Teil des sozialstaatlichen Handelns nach Art. 20 GG. Kinder und Jugendliche waren als Subjekte, die zu eigenständigem Handeln befähigt und berufen sind, nicht im Blick.

Zugleich war jedoch mit dem **Sozialstaatsgebot** in **Art. 20 GG** in dessen Umsetzung in einfaches Recht eine Perspektive entstanden, in der das sozialstaatliche Handeln immer weniger den Charakter von ungeschuldeter Zuwendung hatte und immer mehr zu einer selbstverständlichen staatlichen Grundfunktion wurde. Dieses betraf und betrifft zunächst vor allem diejenigen Sozialleistungen, die beinahe jedermann in Anspruch nimmt (Krankenversicherungsleistungen) oder in Anspruch zu nehmen hofft (Altersrente).

Jugendhilferecht war verfassungsrechtlich gesehen allerdings zunächst eigentlich nur unter der Fragestellung der **Eingriffsrechte** interessant: Waren die Ermächtigungen des fortgeltenden RJWG bzw. des nur unwesentlich modernisierten Jugendwohlfahrtsgesetzes (JWG) stark genug, um die staatlichen Eingriffe in die Elternrechte auch unter der Geltung der Freiheitsordnung des Grundgesetzes zu tragen? Bemerkenswerterweise wurde diese Frage bezogen auf die Freiheitsrechte der Kinder und Jugendlichen kaum gestellt. Wurden diese „geschlossen" untergebracht, schien dies nur wenigen grundrechtsrelevant. Erste Anfänge einer gesellschaftlichen Bewusstseinsänderung entwickelten sich hierzu erst seit Beginn der siebziger Jahre des vergangenen Jahrhunderts.

II. In der DDR

6 In der DDR wurden die Traditionen der „Jugendfürsorge" im Wesentlichen bis 1989 fortgesetzt. Zu einer kritischen Auseinandersetzung mit deren pädagogisch problematischen Implikationen ist es dabei kaum gekommen. Die Tätigkeiten im Bereich der „Jugendpflege" wurden in anderer Form und in Orientierung auf die Ziele der staatssozialistischen Gesellschaftsordnung im Wesentlichen von den staatlichen Jugendorganisationen übernommen. Mit den Jugendgesetzen der DDR, zuletzt mit dem Jugendgesetz von 1974, wurde die Erziehung zu dem Sozialismus treu ergebenen Staatsbürgern als Erziehungsziel formuliert, den jungen Menschen vor allem Pflichten zugewiesen und Strukturen zu ihrer Erziehung beschrieben.

III. Die Entstehung des SGB

7 Der Gedanke, dass die **sozialstaatliche Tätigkeit** eine **staatliche Grundfunktion** der Bundesrepublik ist, verfestigte sich im öffentlichen Bewusstsein in den fünfziger und sechziger Jahren des vergangenen Jahrhunderts. So war es folgerichtig, dass der Versuch unternommen wurde, alle sozialrechtlichen Regelungen des Bundes in einer großen, einheitlichen Kodifizierung, dem **Sozialgesetzbuch** (**SGB**), zusammenzufassen. Mit dem SGB, gewissermaßen dem Gegenstück zum Bürgerlichen Gesetzbuch

(BGB), sollten Bürgerinnen und Bürger die Möglichkeit erhalten, ihre Rechte besser erkennen zu können. Deshalb gibt das erste Buch des SGB (SGB I) einen Überblick über die folgenden speziellen Bücher und formuliert allgemeine Regeln. Im zehnten Buch (SGB X) wurden die allgemeinen Verfahrensregeln für alle Bücher des SGB formuliert. Die Einfügung der einzelnen Regelungen in das große Projekt des SGB sollte beinahe dreißig Jahre in Anspruch nehmen. Zunächst galten z. B. das Arbeitsförderungsgesetz, die Reichsversicherungsordnung oder auch das Jugendwohlfahrtsgesetz als spezielle Bücher des SGB, ohne dass dies in deren Namen erkennbar wurde. In dem SGB werden also alle materiellen Vorschriften des Sozialrechts zusammengefasst. Zugleich besteht für alle diese Rechtsgebiete ein einheitliches Verfahrensrecht, das SGB X, welches die Verwaltungsverfahrensgesetze des Bundes und der Länder verdrängt. Das Prozessrecht hingegen ist nicht einheitlich geregelt. Ganz überwiegend entscheiden über Streitigkeiten aus dem SGB die Sozialgerichte nach dem Sozialgerichtsgesetz (SGG). Für den Bereich der Kinder- und Jugendhilfe hingegen sind die Verwaltungsgerichte zuständig, die nach der Verwaltungsgerichtsordnung (VwGO) verfahren.

Nach der Jahrtausendwende hat es in der Gesetzesentwicklung im SGB zum einen den Versuch gegeben die Perspektive „Hilfe wie aus einer Hand" zu ermöglichen und zum anderen in Umsetzung der Behindertenrechtskonvention der Vereinten Nationen gleichberechtigte Leistungszugänge und Teilhabechancen für Menschen mit Behinderungen zu ermöglichen. Diese Regelungsimpulse sind mit dem **Kinder- und Jugendstärkungsgesetz** vom 3.6.2021 auch für das SGB VIII wirksam geworden.

Weiterführende Literatur:
B. *Lütje-Klose*, Inklusion in der Kinder- und Jugendhilfe, München 2013; A. *Welke*, Die Kinder- und Jugendhilfe wird inklusiv, Rechtsdienst der Lebenshilfe, 2021, S. 53

IV. Die Eingliederung des KJHG

Etwa seit Beginn der siebziger Jahre des vergangenen Jahrhunderts wurde zunehmend intensiv über eine Reform des JWG diskutiert. Ziel dieser Reform war es, ein Jugendhilfeorganisationsgesetz durch ein Sozialleistungsgesetz für das Gebiet der Jugendhilfe zu ersetzen. Diese Diskussion kam erst 1989 mit dem Beschluss eines Kinder- und Jugendhilfegesetzes zum Abschluss. Mit dem Artikel I dieses Gesetzes wurde in das SGB ein achtes Buch (SGB VIII) mit 132 Paragraphen eingefügt. Außerdem wurden in weiteren 23 kurzen Artikeln Übergangs- und Anpassungsregelungen getroffen. In der Fachöffentlichkeit war umstritten, ob die formale Einbeziehung der jugendhilferechtlichen Bestimmungen in das SGB sachgerecht sei. Diese Diskussion wirkte lange bei der Bezeichnung des Gesetzes fort: Vor allem Kritiker der Einbeziehung nannten den ersten Artikel des KJHG verkürzend „KJHG" statt „SGB VIII". Dieses hat sich bis heute – allerdings der kritischen Wertung weitgehend entkleidet – im Sprachgebrauch insbesondere der nichtjuristischen Fachöffentlichkeit vielfach gehalten. Im Folgenden wird – in juristisch korrekter Weise – von dem ersten Artikel des KJHG als SGB VIII gesprochen.

Weiterführende Literatur:
L. *Böhnisch/J. Müller-Stackebrand/W. Schefold*, Jugendpolitik im Sozialstaat, München 1980; C. *Hasenclever*, Jugendhilfe und Jugendgesetzgebung seit 1900, Göttingen 1978; J. *Hoffmann*, Jugendhilfe in der DDR, München 1981; K.-W. *Jans/G. Happe/H. Saurbier*, Jugendwohlfahrtsgesetz, Köln, Loseblattsammlung Stand: August 1988; J. *Münder*, Der Referentenentwurf 1988 für ein Jugendhilfegesetz, np 1988, S. 1; M. *Rothe*, Die Jugendhilferechtsreform und ihre pädagogischen Intentionen, Heidelberg 1975; R. *Wiesner*, Der mühsame Weg zu einem neuen Jugendhilfegesetz, RdJB 1990, S. 112; R. *Wiesner/W. Zarbock (Hrsg.)*, Das neue Kinder- und Jugendhilfegesetz (KJHG), Köln 1991; H. *Zacher*, Das Vorhaben Sozialgesetzbuch, Percha, 1973; J. *Krah*, Das Haager Kinderschutzübereinkommen, Frankfurt a. M. 2004

C. Gliederung des Gesetzes

9 Das SGB VIII gliedert sich in folgende Kapitel:
1. Allgemeine Vorschriften (§§ 1–10a SGB VIII),
2. Leistungen der Jugendhilfe (§§ 11–41a SGB VIII),
3. Andere Aufgaben der Jugendhilfe (§§ 42–60 SGB VIII),
4. Schutz von Sozialdaten (§§ 61–68 SGB VIII),
5. Träger der Jugendhilfe, Zusammenarbeit, Gesamtverantwortung (§§ 69–81 SGB VIII),
6. Zentrale Aufgaben (§§ 82–84 SGB VIII),
7. Zuständigkeit, Kostenerstattung (§§ 85–89h SGB VIII),
8. Kostenbeteiligung (§§ 90–97c SGB VIII),
9. Kinder- und Jugendhilfestatistik (§§ 98–103 SGB VIII),
10. Straf- und Bußgeldvorschriften (§§ 104–105 SGB VIII) und
11. Übergangs- und Schlussvorschriften (§ 106 SGB VIII).

Die Kenntnis dieser Gliederung ist von wesentlicher praktischer Bedeutung:
Zum einen hilft sie bei dem Finden der richtigen Norm. Im praktischen Umgang mit dem Recht ist es nur für wenige Menschen möglich, sich zu allen für ihren Arbeitsbereich relevanten Normen den mit einer Zahl bezeichneten Fundort, den Paragraphen, zu merken. Die große Mehrheit der Rechtsanwender muss sich mit etwas summarischen Einblicken behelfen. Hier nützen Kenntnisse der Gliederung des Gesetzes: Eine Norm zum Datenschutz wird man nicht bei den Vorschriften zu den Hilfen zur Erziehung suchen, und zur Frage der Zuständigkeit wird man kaum etwas bei den Strafvorschriften finden.

Zum anderen gibt die Gliederung häufig entscheidende Anhaltspunkte für die Auslegung einer Norm. Juristische Regeln sind nicht selten in unterschiedlicher Weise zu verstehen. Darin wird deutlich, dass der Umgang mit dem Recht immer auch etwas mit Interessen zu tun hat. Um der Diskussion um die Bedeutung einer Norm oder auch nur eines Wortes eine Struktur zu geben, gibt es Auslegungsregeln und -methoden. Ein wichtiges Verfahren, die systematische Auslegungsmethode, geht von der Stellung einer Norm im Gesetz und dem Zusammenhang aus, in dem ein auszulegendes Wort verwendet wird. Hier hat die Gliederung eines Gesetzes über die Erleichterung des Auffindens hinaus eine erhebliche Bedeutung für dessen Verständnis.

Kapitel 2: Die allgemeinen Bestimmungen

A. Die allgemeinen Vorschriften

Das erste Kapitel enthält in den §§ 1–10 SGB VIII eine Reihe von Vorschriften, die für alle folgenden Bestimmungen gemeinsam gelten; sie werden nicht bei jeder Einzelregelung wiederholt, sondern sind, wie man oft hört, „vor die Klammer gezogen" worden.

I. Recht auf Erziehung, Elternverantwortung, Jugendhilfe (§ 1 SGB VIII)

Der erste Paragraph des Gesetzes formuliert ein Programm für alles Weitere: Er handelt von dem Recht junger Menschen auf Förderung und Erziehung, den Pflichten der Eltern und den öffentlichen Aufgaben.

1. Absatz 1

In diesem Absatz wird von dem **Recht aller junger Menschen auf Förderung ihrer Entwicklung und Erziehung zu einer selbstbestimmten, eigenverantwortlichen und gemeinschaftsfähigen Persönlichkeit** gesprochen. Hinter dieser Formulierung steht ein Leitbild, das zwar an Autonomie orientiert ist, aber doch ihren Gebrauch in einer bestimmten Weise erwartet: formuliert wird gewissermaßen die Verpflichtung aller zu einem sinnvollen Leben in Freiheit. So wird das Freiheitsangebot auf ein Ziel hin gerichtet verstanden, nämlich die Eigenverantwortung und die Fähigkeit zum Leben in der Gemeinschaft. Damit bleibt die Formulierung in sich spannungsvoll; sie erinnert mich an das Motto des US-Staates New Hampshire: „Live free or die"; ein selbstbestimmtes Leben ohne Eigenverantwortung und Gemeinschaftsfähigkeit sieht sie nicht vor. Offen bleiben die konkreten Erziehungsziele, die von den Erziehungsverpflichteten anzustreben sind. Auch wenn in deren Regelung von einem „Recht" der jungen Menschen gesprochen wird, so bleibt doch offen, wie dieses Recht zu verstehen ist. Als umfassenden Rechtsanspruch junger Menschen gegen öffentliche Stellen soll die Regelung nach allgemeiner Auffassung nicht gemeint sein. So bleibt als Rechtsanspruch nur der zivilrechtliche Anspruch junger Menschen auf Erziehung gegen ihre Eltern und und ggf. Vormünder. Umfang und Grenzen dieses **Recht auf Erziehung** lassen sich aber juristisch nur bestimmen, wenn zuvor geklärt ist, was unter „Erziehung" zu verstehen ist.

Weiterführende Literatur:
C. *Bernzen*, Recht auf Erziehung, Weinheim Basel, 2018

2. Absatz 2

Der zweite Absatz der Norm betont die besondere **Verantwortung der Eltern**, indem er **Art. 6 Abs. 2 GG** zitiert. Mit diesem Zitat wird deutlich, dass die Jugendhilfe kein von dem Erziehungsauftrag der Eltern unabhängiges eigenes Erziehungsrecht haben soll. Insofern unterscheidet sie sich von der Schule, die einen eigenen Bildungsauftrag hat.

3. Absatz 3

Schließlich werden in dem dritten Absatz einzelne **Ziele der Jugendhilfe** benannt: die Unterstützung junger Menschen und ihrer Personensorgeberechtigten, der Schutz von Kindern und Jugendlichen und die Schaffung positiver Lebensbedingungen für junge Menschen und ihre Familien. **Selbstbestimmung** und Gleichberechtigung werden als wichtige Leitziele genannt.

Weiterführende Literatur:
E.-W. Böckenförde, Elternrecht, Recht des Kindes, Recht des Staates in: Essener Gespräche zum Thema Staat und Recht, Münster 1980, S. 62; *B. Jean-d'Heur*, Der Kindeswohlbegriff in verfassungsrechtlicher Sicht, Bonn 1991; *R. A. Lorz*, Der Vorrang des Kindeswohls nach Art. 3 der UN-Kinderrechtskonvention in der deutschen Rechtsordnung, Berlin 2003; *C. Rummel*, Die Rechtsstellung Minderjähriger und Sorgeberechtigter im neuen KJHG, ZRP 1990, S. 94; *K. Scheiwe u. a.*, Der Rechtsstatus junger Menschen im Kinder- und Jugendhilferecht, Baden-Baden 2021

II. Aufgaben der Jugendhilfe (§ 2 SGB VIII)

15 In dieser Vorschrift wird die **Unterscheidung zwischen Leistungen** und **anderen Aufgaben** der Jugendhilfe in das Gesetz eingeführt. Alles, was an wesentlichem Jugendhilfehandeln bruchlos in ein Sozialleistungsgesetz passt, ist in dem umfangreichen Leistungskapitel benannt. Die Handlungsbereiche der Jugendhilfe, die dazu nicht passen und z. B. einen Bürgerinnen und Bürger beaufsichtigenden Anteil haben, sind den anderen Aufgaben zugeordnet. So enthält dieser Teil des Gesetzes auch die ordnungsrechtlichen Regelungen des SGB VIII.

Weiterführende Literatur:
P. Frings, „Leistungen" und „andere Aufgaben" nach dem Kinder- und Jugendhilfegesetz, RsDE 19, S. 43; *P.-C. Kunkel*, Jugendhilfe – Hilfe durch Leistung und Eingriff, JHilfe 1995, S. 277, 348

III. Freie und öffentliche Jugendhilfe, Zusammenarbeit der öffentlichen Jugendhilfe mit der freien Jugendhilfe (§§ 3 und 4 SGB VIII)

16 In den §§ 3 und 4 SGB VIII werden **grundlegende Bestimmungen** zum **Verhältnis** zwischen den **freien** und **öffentlichen Trägern** der Jugendhilfe getroffen. Das Rechtsgebiet ist insgesamt dadurch geprägt, dass der Staat den Bürgerinnen und Bürgern Leistungen verspricht, diese aber häufig nicht selbst erbringt. Stattdessen werden eine Vielzahl von Leistungen von freien Trägern erbracht. Diese freien Träger haben also eine Art **Zwischenstellung** zwischen Staat und Bürgerinnen und Bürgern: Einerseits sind sie privatrechtliche Dienstleister der Bürgerinnen und Bürger, andererseits rechnet der Staat mit ihnen bei der Erfüllung seiner Aufgaben. Entsprechend ist in § 3 SGB VIII unter anderem bestimmt, dass die Leistungen der Jugendhilfe von freien und öffentlichen Trägern der Jugendhilfe erbracht werden, Verpflichtungen aus dem Gesetz aber nur die öffentlichen Träger treffen. Die Erfüllung der anderen Aufgaben der Jugendhilfe obliegt nur den öffentlichen Trägern. In § 4 SGB VIII werden die Grundlagen der Zusammenarbeit zwischen freien und öffentlichen Trägern der Jugendhilfe formuliert:
– die Verpflichtung zur **Zusammenarbeit**,
– das **Verbot** für die öffentlichen Träger, mit neu geschaffenen eigenen Angeboten in **Konkurrenz** zu bereits bestehenden Angeboten freier Träger zu treten und
– die **Verpflichtung** der öffentlichen Träger, die **freien Träger** auf unterschiedliche Weise zu **fördern** und dabei die **Beteiligung** von Kindern, Jugendlichen und Eltern zu stärken.

Weiterführende Literatur:
St. Articus, Die Zukunft der Partnerschaft der öffentlichen und freien Wohlfahrtspflege, NDV 1998, S. 371; *C. Bernzen*, Die rechtliche Stellung der freien Jugendhilfe, Köln 1993; *G. Happe*, Jugendhilfe als kommunale Aufgabe, JuWo 1993, S. 370; *ders.*, Ungelöste Probleme im neuen Jugendhilferecht, JuWo 1994, S. 33; *V. Neumann*, Rechtsstellung der Träger der freien Jugendhilfe aus verfassungsrechtlicher und jugendhilferechtlicher Sicht, JuWo 1993, S. 140; *M. Seckinger*, Jugendhilfeeinrichtungen in Form kommunaler Unternehmen – ein Risiko?, ZfJ 2003, S. 56

IV. Selbstvertretung und Wunsch- und Wahlrecht (§§ 4a, 5 SGB VIII)

Die Orientierung von Angeboten der Sozialen Arbeit an den Interessen und Wünschen der Leistungsberechtigten ist ein grundlegendes Prinzip Sozialer Arbeit. § 4a betont die Bedeutung der **Selbstvertretung** auch in eigenen Strukturen. Mit dem **Wunsch- und Wahlrecht** der Leistungsberechtigten formuliert § 5 SGB VIII eine **wesentliche Voraussetzung** dafür, dass die Sozialleistungsangebot der verfassungsrechtlich gebotenen Wahrung der **Menschenwürde** gerecht wird: Wären hilfebedürftige Bürgerinnen und Bürger verpflichtet, ein bestimmtes Leistungsangebot anzunehmen, müssten sie die handlungsleitenden Vorstellungen des oder der Helfenden als handlungsleitend für ihre Entwicklung akzeptieren. Dass die handlungsleitenden Vorstellungen der real Helfenden erheblich gestaltend auf die Hilfebedürftigen einwirken, ist gerade bei Erziehungsprozessen unvermeidlich und wohl auch notwendig; in diesem Sinne gilt für die Jugendhilfe insgesamt: Helfen heißt Herrschen. Weil Menschen aber niemals schlicht zum Objekt staatlichen Handelns werden dürfen, muss auch in den Situationen, in denen sie auf Hilfe entscheidend angewiesen sind, möglichst viel Steuerungsmacht bei ihnen verbleiben. Diesem dient das Recht der Leistungsberechtigten, zwischen verschiedenen Angeboten verschiedener real vorhandener Anbieter von Hilfe auszuwählen. Sofern das gewählte Angebot nicht mit unverhältnismäßigen Mehrkosten verbunden ist, muss der öffentliche Träger dem Wunsch der Hilfeempfängerin oder des Hilfeempfängers entsprechen. Dieses bedeutet, dass die Hilfeempfängerin oder der Hilfeempfänger nicht verpflichtet ist, das billigste Angebot zu wählen. Das von ihm gewählte Angebot kann auch mit Mehrkosten verbunden sein. Diese müssen mittels einer abwägenden Entscheidung in ein Verhältnis gesetzt werden zu den Vorteilen, die sich objektiv und aus der Sicht der Hilfeempfängerin oder des Hilfeempfängers ergeben. Erst wenn sie unter dieser Rücksicht unverhältnismäßig sind, muss dem Wunsch nicht entsprochen werden, wiewohl der öffentliche Träger auch in diesen Fällen die Möglichkeit hat, dem Wunsch zu entsprechen. Der Gesetzgeber hat geahnt, dass die öffentlichen Träger mit der Verwirklichung dieses Rechts der Bürgerinnen und Bürger Schwierigkeiten haben werden. Wegen der hohen Bedeutung vor dem Hintergrund der verfassungsrechtlichen Bestimmungen hat er deshalb die öffentlichen Träger verpflichtet, die Leistungsberechtigten auf ihr Wunsch- und Wahlrecht hinzuweisen.

Weiterführende Literatur:
J. Münder, Das Wunsch- und Wahlrecht der Leistungsberechtigten in der Jugendhilfe, RsDE 38, 1996, S. 55; *P. Mrozynski*, Die sozialrechtlichen Voraussetzungen einer Selbstbeschaffung von Leistungen der Kinder- und Jugendhilfe, NDV 2000, S. 110

V. Geltungsbereich (§ 6 SGB VIII)

§ 6 SGB VIII bestimmt, dass **alle jungen Menschen**, die sich **tatsächlich und rechtmäßig in Deutschland aufhalten**, Jugendhilfeleistungen erhalten können. Junge Deutsche können unter bestimmten Umständen Jugendhilfeleistungen **auch im Ausland** erhalten. Dieses entspricht auch den internationalen Verpflichtungen der Bundesrepublik Deutschland aus der UN-Kinderrechtskonvention (KRK). Umstritten war, was dies für junge Asylbewerberinnen und Asylbewerber bedeutet. Diese Frage ist von dem Bundesverwaltungsgericht entschieden worden; der Fall 1 stellt diese Entscheidung vor. Ausgeschlossen von Ansprüchen auf Jugendhilfeleistungen sind junge Menschen, die **ohne legalen** Aufenthaltsstatus in der Bundesrepublik leben; dieses ist fachlich und auch vor dem Hintergrund der KRK ein Missstand.

Weiterführende Literatur:
P.-C. Kunkel, Junge Ausländer im Jugendhilferecht, ZfJ 1993, S. 334; *LEBENSWELT gGmbH (Hrsg.)*, Interkulturelle Jugendhilfe, Berlin 2019; *J. Münder*, Für wen gilt das Kinder- und Jugendhilferecht?, JHilfe 2001, S. 29; *H. Oberloskamp*, Jugendhilfe für Ausländer, FuR 1992, S. 61, 131; *A. Will*, Das Wohl des fremden Kindes, ZfJ 2003, S. 374

VI. Begriffsbestimmungen (§ 7 SGB VIII)

19 In dem Gesetz wird vielfach von **jungen Menschen** und **Personensorgeberechtigten** gesprochen. In § 7 SGB VIII werden diese Begriffe und die Untergruppen zu diesen Gruppen von Menschen definiert. So sind
- **Kinder** regelmäßig Personen, die **noch nicht 14 Jahre** alt sind,
- **jugendliche** Personen, die **14**, aber **noch nicht 18 Jahre** alt sind,
- **junge Volljährige** Personen, die **18**, aber **noch nicht 27 Jahre** alt sind und
- **junge Menschen** Personen, die **noch nicht 27 Jahre alt sind**.

Zudem wird der Unterschied zwischen Personensorgeberechtigten und Erziehungsberechtigten begrifflich gefasst und in Abs. 2 eine Legaldefinition von jungen **Menschen mit Behinderungen** vorgenommen.

20 **Exkurs: Rechtliche Begriffe in der Fallbearbeitung**
Definitionen durch das Gesetz sind sogenannte **Legaldefinitionen**. Diese sind in allen jugendhilferechtlichen Zusammenhängen verbindlich und ggf. unter Bezug auf diese Vorschrift zu verwenden.

Fallbearbeitung
Ist beispielsweise in einer **Fallbearbeitung** zu klären, ob jemand ein Jugendlicher ist, so ist dies anhand der **Legaldefinitionen** in § 7 Abs. 1 SGB VIII zu prüfen. Soll dies juristisch korrekt geschehen, so ist folgendermaßen vorzugehen:
1. ist die zu klärende Frage zu bestimmen („Ist A ein Jugendlicher?"). Viele Fehler in juristischen Arbeiten werden gemacht, weil irgendetwas geschrieben wird, was als Antwort auf irgendeine Frage sinnvoll sein könnte, die Verfasserin oder der Verfasser dem Korrigierenden aber nicht mitteilt, welche Frage sie oder er gerade beantworten will.
2. ist die anzuwendende Rechtsnorm in ihrer Struktur von Tatbestand und Rechtsfolge darzustellen. Eine vollständige Rechtsnorm besteht stets in einer **Wenn-dann-Struktur**. Dies bedeutet, dass sie benennen muss, unter welchen Voraussetzungen was gelten soll. Die **Gesamtheit der Voraussetzungen** wird als **Tatbestand** bezeichnet; im Fall des § 7 Abs. 1 Nr. 2 SGB VIII gibt es entsprechend drei Tatbestandsmerkmale:
   - es muss sich um eine **Person** handeln,
   - diese muss **mindestens 14 Jahre** als sein und
   - sie darf noch **nicht 18 Jahre** alt sein.

   Die **Rechtsfolge** ist hier einfach festzustellen; liegt der **Tatbestand vollständig** vor, handelt es sich um einen Jugendlichen.

   Tatbestand und Rechtsfolge
   Häufig ist es eine schwierige Aufgabe, **Tatbestand** und **Rechtsfolge** in einer Norm zu erkennen. Wenn einem die Wenn-dann-Struktur bei dieser Klärung vor Augen steht, findet sich meistens eine richtige Antwort.
3. ist nun zu ermitteln, was bezogen auf die Tatbestandsmerkmale aus dem **wirklichen Leben** zu erkennen ist. („A ist 15 Jahre alt.")

In einem abschließenden 4. Schritt ist dann dieser **Lebenssachverhalt am Tatbestand zu prüfen** und das **Ergebnis als Rechtsfolge festzustellen**. („A ist eine Person. Er ist 14 Jahre alt oder älter. Er ist noch nicht 18 Jahre alt. Also ist A ein Jugendlicher.")

VII. Beteiligung von Kindern und Jugendlichen (§§ 8, 8a SGB VIII)

Die Beteiligung von Kindern und Jugendlichen **an allen sie betreffenden Entscheidungen** ist in § 8 SGB VIII normiert. Die Anwendung dieser Vorschrift kann für die Professionellen in der Jugendhilfe insbesondere dann Schwierigkeiten machen, wenn die Verhältnisse zwischen Kindern und Jugendlichen einerseits und deren Personensorgeberechtigten von Bedeutung sind. Deshalb bestimmt **Abs. 3** der Norm, dass Kinder und Jugendliche ggf. **auch ohne Kenntnis ihrer Personensorgeberechtigten** beraten werden können.

21

Weiterführende Literatur:
I. Baer, Verabschiedung des UN-Abkommens über die Rechte des Kindes im November 1989 in New York, FuR 1990, S. 192; *S. Borsche,* Auch Kinder haben Rechte, NDV 1990, S. 83; *R. Eichholz,* Die Rechte des Kindes, Recklinghausen 1989; *W. Gernert,* Beteiligung von Kindern und Jugendlichen in der Jugendhilfe, § 8 SGB VIII, Stuttgart 2001; *R. Wiesner,* Kinderrechte – Zur rechtlichen und politischen Bedeutung eines Begriffs, ZfJ 1998, S. 173

VIII. Schutzauftrag bei Kindeswohlgefährdung (§§ 8a, 8b SGB VIII)

Die §§ 8a und 8b normieren einen eigenständigen Schutzauftrag der Kinder- und Jugendhilfe. Bezogen auf das Jugendamt wird damit der staatliche Wächterauftrag aus Art. 6 GG konkretisiert. Die Normen konkretisieren zudem eine Handlungsverpflichtung, die auch ohne diese Regelungen im SGB VIII bestanden hat, nämlich die Verpflichtung aller für das Kindeswohl Verantwortlichen, Schaden von Kindern und Jugendlichen abzuwenden. Das Gesetz sieht dafür Verfahrensschritte vor, die auf die Einsicht und die Handlungsfähigkeit der Personensorgeberechtigten setzen und in den Fällen, in denen durch deren Handeln keine hinreichende Sicherheit für die jungen Menschen erreichbar ist, die staatliche Verantwortung betonen. § 8a verpflichtet direkt nur die Träger der öffentlichen Kinder- und Jugendhilfe. Ihr Inhalt wird aber über Vereinbarungen, die die freien Träger gem. Abs. 4 abzuschließen haben, auch für diese verbindlich gemacht.

22

Weiterführende Literatur:
P. Bringewat, Schutzauftrag bei Kindeswohlgefährdung (§ 8a SGB VIII) und strafrechtliche Garantenhaftung in der Kinder- und Jugendhilfe, ZKJ 2006, S. 233; *ders.,* Die Abschätzung des Gefährdungsrisikos gem. § 8a Abs. 1 S. 1 SGB VIII, ZKF 2008, S. 297; *M. Espenschied,* SGB VIII § 8a – Kindeswohlgefährdung: Handlungsstrategien und Professionalisierung der pädagogischen Fachkräfte, Regensburg 2020; *K. Gedik/R. Wolff,* Kinderschutz im Dialog, Berlin, 2018; *ders.,* Kinderschutz in der Demokratie – Eckpfeiler guter Fachpraxis, Berlin, 2021; *M. Hundt,* Kindeswohlgefährdung erkennen und vermeiden: rechtliche Grundlagen für die Praxis, Köln, 2014; *P.-C. Kunkel,* Was bedeutet eine Garantenstellung für Mitarbeiter in der Jugendhilfe?, ZfSH/SGB 2001, S. 131; *R. Wabnitz,* Landeskinderschutzgesetze – ein Überblick, ZKJ 2010, S. 49

IX. Grundrichtung der Erziehung, Gleichberechtigung junger Menschen, Ombudsstellen (§§ 9, 9a SGB VIII)

Die pädagogischen **Grundrichtungen** der Erziehung sind in § 9 SGB VIII angesprochen. Zunächst wird festgestellt, dass diese von den **Personensorgeberechtigten bestimmt** werden. Damit wird die Regelung des § 1 Abs. 2 SGB VIII wieder aufgenommen. Zugleich wird allerdings festgelegt, dass die wachsende Selbstständigkeit der Kinder und Jugendlichen zu achten und auch die **Gleichberechtigung der Geschlechter** zu fördern ist. Mit der Norm wird so etwas wie ein **Minimalkonsens von Erziehungszielen** formuliert. Zugleich wird in der Bestimmung deutlich, dass in einer pluralistischen Gesellschaft die Bestimmung von allgemeinverbindlichen Erziehungszielen

23

nur ganz schemenhaft gelingen kann. Zur Sicherung der Rechte junger Menschen wird in § 9a den Landesgesetzgebern die Aufgabe zugeordnet die Einrichtung unabhängiger Ombudsstellen vorzusehen.

Weiterführende Literatur:
E. Hammer, Wege zu einer reflektierenden Jungenerziehung, UJ 1991, S. 268; *A. Heiliger*, Strategien der Mädchenförderung auf dem Hintergrund der Geschlechterhierarchie, dj 1991, S. 397; *dies.*, Mädchenpolitische Umsetzungslinien des Kinder- und Jugendhilfegesetzes, ZfJ 1992, S. 176; *T. Leidinger*, Hoheitliche Warnung, Empfehlung und Hinweise im Spektrum staatlichen Informationshandelns, DÖV 1993, S. 925; *L. Rose*, Genderwissen und Genderforschung als Qualifizierungsimpuls für die Jugendarbeit, dj 2003, S. 467; *L. Rose/A. Scherr*, Der Diskurs zur Geschlechterdifferenzierung in der Kinder- und Jugendhilfe – ein kritischer Blick, dj 2000, S. 65

X. Verhältnis zu anderen Leistungen und Verpflichtungen (§ 10 SGB VIII)

24 § 10 SGB VIII als letzter der allgemeinen Bestimmungen regelt das Verhältnis von **Jugendhilfeleistungen zu anderen Leistungen**. Unterhaltsverpflichtungen und Leistungen anderer Sozialleistungsträger haben Vorrang vor Jugendhilfeleistungen. Diese hingegen sind vorrangig **vor** Sozialhilfeleistungen und grundsätzlich auch vor Eingliederungshilfeleistungen zu gewähren.
Die **Grundaussage** der Regelung – **Allgemeiner Nachrang der Jugendhilfe, Vorrang der Jugendhilfe vor der Sozialhilfe** – ist einfach zu verstehen und sinnvoll. Die Unterscheidungen im Detail bereiten aber oft Mühe und werden häufig als „Schnittstellenproblematik" angesprochen.

Weiterführende Literatur:
P.-C. Kunkel, Inwieweit sind Asylbewerberleistungsgesetz und KJHG auf junge Asylbewerber anwendbar?, ZfJ 1994, S. 368; *Ders.*, Jugendhilfe bei Legasthenie, ZfJ 1997, S. 315; *Th. Meysen*, Die Kinder- und Jugendhilfe als Ausfallbürge bei schwerer Legasthenie und/oder weiteren Erkrankungen, JAmt 2003, S. 53; *P. Mrozynski*, Die Aufgaben der Jugendhilfe bei der Sicherung des Schulerfolges durch Hilfen zur Erziehung und Eingliederungshilfe, ZfJ 2000, S. 251; *J. Münder*, Vorrang oder Nachrang zwischen Leistungen der Jugendhilfe oder Sozialhilfe – § 10 Abs. 2 SGB VIII, ZfJ 2001, S. 121; *C. Oswald/J. Meeß*, Kinder und Jugendliche aus suchtbelasteten Familien: Methodenhandbuch, Freiburg im Breisgau, 2019; *R. Wabnitz*, Jugendhilfe, Schule und sog. „ungedeckte Schulkosten", ZfJ 2001, S. 253

XI. Beratung und Verfahrenslotsen (§§ 10a, 10b SGB VIII)

24a Um eine möglichst wirksame und personenzentrierte Hilfe zu ermöglichen sieht § 10a ein umfassendes Beratungsrecht für Leistungsberechtigte vor. Dabei soll es auch eine Unterstützung im Verwaltungsverfahren geben. Ob dies tatsächlich durch die öffentlichen Träger selbst erfolgen kann oder aber wie in der Eingliederungshilfe durch eine ergänzende und unabhängige Teilhabeberatung (EUTB) geschehen muss, bleibt abzuwarten.
Für junge Menschen mit Behinderungen und ihre Angehörigen ist die Unterstützung durch Verfahrenslotsen ab 2024 vorgesehen.

25 Mit der Frage, ob Flüchtlinge Zugang zu Jugendhilfeleistungen haben, setzt sich der Fall 1 auseinander.

Fall 1: Jugendhilfe für minderjährige unbegleitete Flüchtlinge?
Der Vormund A des 17 Jahre alten minderjährigen unbegleiteten Flüchtlings B beantragt bei dem Jugendamt C, in dessen örtlichem Zuständigkeitsbereich B lebt, Hilfe zur Erziehung in Form von Heimerziehung. Die fallzuständige Mitarbeiterin D will

die beantragte Hilfe gewähren, erhält aber von ihrem Kollegen E aus dem Einwohnermeldeamt den Hinweis, dass Flüchtlinge keine Sozialleistungen erhalten könnten, weil sie nur Ansprüche nach dem Asylbewerberleistungsgesetz hätten. Von dem Anerkennungspraktikanten F, der zu Ausbildungszwecken im Rechtsamt tätig ist, wird eine Stellungnahme erbeten. Was wird F antworten?

Lösung zu Fall 1
F wird sich bei seiner Antwort an § 10 Abs. 1 Satz 1 SGB VIII orientieren. Nach dieser Vorschrift sind die Leistungsverpflichtungen nach dem SGB VIII nachrangig zu den Verpflichtungen von Trägern anderer Sozialleistungen. Ausgeschlossen ist damit die Anwendung von Leistungsvorschriften nach dem SGB VIII immer dann, wenn auf Grund anderer Leistungsvorschriften ein paralleler Leistungsanspruch besteht. Es kommt also darauf an, ob der Vormund A oder der minderjährige unbegleitete Flüchtling B einen Anspruch auf eine Leistung gleichen Inhalts gegen einen anderen Leistungsträger hat. Ein solcher Anspruch könnte sich aus dem Asylbewerberleistungsgesetz ergeben. Voraussetzung dafür ist, dass auch nach dem Asylbewerberleistungsgesetz Erziehungsleistungen gewährt werden können. Das Asylbewerberleistungsgesetz befasst sich mit der Unterbringung und Versorgung von Asylbewerbern. Seine Regelungslogik zielt darauf, eventuelle materielle Anreize für eine Einreise in die Bundesrepublik Deutschland dadurch zu beseitigen, dass die Hilfegewährung grundsätzlich auf Sachleistungen und auf ein niedriges Niveau beschränkt wird. Nicht ausdrücklich in diesem Gesetz genannte sonstige Leistungen dürfen nur dann gewährt werden, wenn sie im Einzelfall zur Sicherung des Lebensunterhalts oder der Gesundheit oder zur Deckung der besonderen Bedürfnisse von Kindern geboten sind. Damit sollen hinreichende Leistungen auch bei Schwangerschaft und Geburt gesichert werden. Das auf Erziehungsleistungen ausgerichtete Leistungsprogramm des SGB VIII ist aber nicht in das Asylbewerberleistungsgesetz einbezogen worden. Der Gesetzgeber hat in § 9 Asylbewerberleistungsgesetz vielmehr ausdrücklich bestimmt, dass die Leistungen zum Lebensunterhalt für Asylbewerberinnen und Asylbewerber nur nach dem Asylbewerberleistungsgesetz gewährt werden dürfen, Leistungsverpflichtungen anderer, auch anderer Sozialleistungsträger, werden gem. dieser Vorschrift durch das Asylbewerberleistungsgesetz ausdrücklich nicht ausgeschlossen. Entsprechend wird F antworten, dass kein aus dem SGB VIII folgender Anspruch auf Hilfe zur Erziehung vorgehender Leistungsanspruch des Vormundes A zu erkennen ist, und deshalb entgegen der Auffassung von Herrn E die beantragte Hilfe bei Vorliegen der übrigen Leistungsvoraussetzungen zu gewähren ist.

Kapitel 3: Jugendhilfeleistungen

A. Leistungsarten

26 Die im Gesetz genannten Leistungen der Jugendhilfe sind in vier Abschnitte gegliedert. Dies sind:
- Jugendarbeit, Jugendsozialarbeit, erzieherischer Kinder- und Jugendschutz (§§ 11–15 SGB VIII),
- Förderung der Erziehung in der Familie (§§ 16–21 SGB VIII),
- Förderung von Kindern in Tageseinrichtungen und Kindertagespflege (§§ 22–26 SGB VIII) und
- Hilfe zur Erziehung, Eingliederungshilfe für seelisch behinderte Kinder- und Jugendliche, Hilfe für junge Volljährige (§§ 27–41a SGB VIII).

I. Ausschließlichkeit

27 Die Entwicklung völlig **neuer Leistungsarten** ist in dieser Struktur **nicht vorgesehen**. Würden sich solche neuen Leistungsarten entwickeln, was tatsächlich unwahrscheinlich ist, müssten sie durch den Gesetzgeber zugeordnet werden.

II. Objektives und subjektives Leistungsrecht

28 Für das Verständnis des gesamten Leistungsrechts ist der **Unterschied** zwischen **objektivem** und **subjektivem Leistungsrecht** von besonderer Bedeutung. Im Ergebnis führt dieser Unterschied dazu, dass Bürgerinnen und Bürger **keineswegs auf alles** einen durchsetzbaren Anspruch auf das haben, was an **Leistungen im SGB VIII** formuliert ist. Die Gesamtheit der leistungsrechtlichen Befehle wird als „**objektives Leistungsrecht**" bezeichnet.

1. Grund

29 Warum ist dies so? Verstehen kann man es nur, wenn man Klarheit über die Funktion des SGB VIII hat. Dieses Buch des SGB ist (wie das öffentliche Recht insgesamt) eigentlich eine **interne Angelegenheit des Staates**: Es enthält Befehle eines Teiles des Staates (nämlich des Parlaments) an andere Teile des Staates (nämlich an Kommunen, Länder und die Verwaltung des Bundes). Damit handelt es sich im Prinzip um Regelungen, deren Existenz und z. T. auch deren Befolgung außerhalb des Interesses von Bürgerinnen und Bürgern liegt: Ob von den Kommunen die nach den statistikrechtlichen Regelungen vorgeschriebenen Angaben des Bundesamts für Statistik gemacht werden, ist für das Funktionieren der Bundesstatistik von erheblicher Bedeutung, Bürgerinnen und Bürgern hingegen ist es normalerweise gleichgültig. Deren Interesse an dem Gesetzesvollzug verändert sich nicht, wenn sie die direkten Nutznießer des Verwaltungshandelns sein sollen. Der Charakter des Gesetzes ändert sich aber nicht bereits dadurch, dass Bürgerinnen und Bürger ein gesteigertes Interesse am Gesetzesvollzug haben. Als öffentliches Recht bleibt das SGB VIII Staatsbinnenrecht. Die Kontrolle, ob die Befehle des Gesetzes ausgeführt werden, steht deshalb grundsätzlich auch lediglich dem Auftraggeber, dem Parlament oder dessen Beauftragten zu. Diese Kontrolle ist außerordentlich lose. Deshalb führt der schlichte Befehl des Parlaments an verschiedene öffentliche Körperschaften nicht stets dazu, dass diese sich wie angeordnet verhalten. Als Recht in seiner vollständigen Bedeutung bekommen diese Befehle erst dann Sinn, wenn ihre Einhaltung zusätzlich von Bürgerinnen und Bürgern selbst gerichtlich durchgesetzt werden kann. Deshalb hat das Parlament einem Teil seiner Befehle an die Verwaltung ein Kontrollrecht zugeordnet. Dieses Kontrollrecht steht den von dem Gesetzesvollzug direkt betroffener Bürgerinnen und Bürger zu. Die Befolgung der Befehle des Gesetzgebers durch die Verwaltung selbst und in eigenem Namen können so gerichtlich kontrolliert werden.

2. Subjektives öffentliches Recht

Ist **einzelnen Teilen** des objektiven Leistungsrechts ein **Kontrollrecht** durch Bürgerinnen und Bürger zugeordnet, spricht man von einem „**subjektiven öffentlichen Recht**", verkürzend auch von einem „Rechtsanspruch". **30**

3. Bestehen eines subjektiven öffentlichen Rechts

Wie erkennt man nun, ob ein solches subjektives öffentliches Recht besteht? Es muss sich aus dem **Befehl des Gesetzgebers selbst ergeben.** Praktisch ist dies oft schwierig zu erkennen. Die Rechtswissenschaft beschreibt subjektive öffentliche Rechte so, dass in ihnen der einzelne Begünstigte des Verwaltungshandelns gesondert genannt sein muss. Das bekannteste subjektive öffentliche Recht im Jugendhilferecht ist der Rechtsanspruch auf einen Kindergartenplatz. Bei der Darstellung der einzelnen Vorschriften des Leistungskapitels wird auf die Frage, wo subjektive öffentliche Rechte bestehen, jeweils gesondert eingegangen. **31**

Weiterführende Literatur:
R. *Wabnitz*, Rechtsansprüche gegenüber Trägern der öffentlichen Kinder- und Jugendhilfe nach dem Achten Buch Sozialgesetzbuch (SGB VIII), Berlin 2005

III. Ermessen

Vollständig unabhängig von der Frage der subjektiven öffentlichen Rechte ist die Frage, mit welchem **Verpflichtungsgrad** ein Befehl versehen ist. **32**

1. „Muss-Vorschriften"

Der Gesetzgeber kann dem Vorliegen eines Tatbestandes eine bestimmte **Rechtsfolge** starr **zuordnen**, diese Konstruktionen werden als „**Muss-Vorschriften**" bezeichnet. **33**

2. „Soll-Vorschriften"

Er kann auch bei dem Vorliegen eines Tatbestandes für die Verwaltung regelmäßig oder ausnahmsweise einen **Ermessensspielraum** eröffnen. Regelungen, in denen der **Ermessensspielraum** nur **ausnahmsweise** besteht, werden als „**Soll-Vorschriften**" bezeichnet. Hier hat im Regelfall eine vom Gesetzgeber vorgesehene Rechtsfolge einzutreten. Liegen außergewöhnliche Umstände vor, soll die Verwaltung über einen Ermessensspielraum verfügen. **34**

3. „Kann-Vorschriften"

Die Regelungen, bei denen bei Vorliegen des Tatbestandes für die Verwaltung **stets** ein **Ermessensspielraum eröffnet** ist, werden als „Kann-Vorschriften" bezeichnet. Auch hier ist die Verwaltung nicht frei, nach Belieben zu entscheiden, denn dann wäre die Rechtsnorm sinnlos. Sie ist verpflichtet, **sachgerecht zu entscheiden**. Dazu muss sie den gesamten erheblichen **Lebenssachverhalt** kennen (und ggf. zuvor aufklären) und in voller Kenntnis ihrer Möglichkeiten aus sachgerechten Motiven entscheiden. **35**

4. Ermessensfehler

Ein häufiger **Ermessensfehler** ist die Berücksichtigung der schwierigen Lage der öffentlichen Haushalte bei der Entscheidung über die Leistungsgewährung. Die öffentlichen **36**

Stellen haben sich das Geld, das sie zu der Erfüllung ihrer Aufgaben brauchen, zu beschaffen. Sie dürfen nicht wegen Geldmangels von der Erfüllung ihrer Aufgaben Abstand nehmen. Würde dieses zugelassen und damit die Erfüllung der öffentlichen Aufgaben insgesamt unter einen Haushaltsvorbehalt gestellt, würden die Befehle des Gesetzgebers an die Verwaltung, also das öffentliche Recht insgesamt, praktisch funktionslos: Die Verwaltung könnte sich stets aussuchen, welchen Befehl sie ausführen will und welchen nicht.

B. Leistungsqualität

37 Werden Leistungen versprochen, interessiert normalerweise die Frage, ob sie und die Art und Weise, wie sie erbracht werden, etwas nützen. Diese Frage wird bei Sozialleistungen traditionell nur sehr zurückhaltend gestellt. Ein wichtiger Grund dafür liegt darin, dass das **Ergebnis von Sozialleistungen** insgesamt und sozialer Arbeit insbesondere **als schwer messbar** gilt. Stattdessen wird zur Bemessung der Qualität der Arbeit eher auf den Einsatz an Räumen, Personal und Sachkosten – auch als „Strukturqualität" bezeichnet – und Aspekte der Prozessqualität zurückgegriffen. Es gibt aber Ansätze, auch in der sozialen Arbeit zu einer Bewertung der Ergebnisse der Tätigkeit zu kommen. Diese Bewertung ist dann, wenn sie die Arbeitsergebnisse tatsächlich abbilden und vergleichbar machen soll, sehr aufwendig; die unterschiedlichen individuellen und sozialen Ausgangslagen müssen genau so berücksichtigt werden wie die verschiedenen Dimensionen, in denen sich soziale Arbeit als Verbesserung von Lebenslagen auswirken kann. Als **Wirkung im Einzelfall** ist diese Sicht für die Hilfeplanung z. B. nach § 36 von Bedeutung. Als **Wirksamkeit einer Einrichtung oder eines Dienstes** gerät auch eine einzelfallunabhängige Perspektive in den Blick. Praktisch nutzbringend kann hier eine **Bewertung** der Ergebnisse der sozialen Arbeit insbesondere sein, wenn sie sich darauf beschränkt, plausible **Anhaltspunkte für den Erfolg** zu definieren und diese in dem Wissen um die Ungenauigkeit abzufragen.

Ein wichtiger Anhaltspunkt hat dabei stets die **Einschätzung der Adressaten** der Arbeit zu sein. Unter der Rücksicht, dass diese spüren können, wenn etwas gut für sie ist, werden sie zu Recht als „Experten für eigenes Leben" bezeichnet.

Auch die Frage, ob die **öffentlich definierte Mangellage** abgestellt ist, ist ebenfalls ein wichtiger Orientierungspunkt bei der Bewertung der Ergebnisse sozialer Arbeit.

Schließlich nennen die einzelnen Leistungsnormen nicht selten weitere Anhaltspunkte für die Ergebnisorientierung. Praktisch sind solche ergebnisorientierten Ansätze bisher kaum eingeführt.

Weiterführende Literatur:
S. Albus u. a., Wirkungsorientierte Jugendhilfe, Münster 2010; *W. Gernert*, Was ist „Erfolg" in der Jugendhilfe?, JuWo 1989, S. 206; *U. Maas*, Hilfe zur Erziehung zwischen unbestimmtem Rechtsbegriff und Ermessen, RsDE 39, S. 1; *ders.*, Leistungen der Jugendhilfe als Sozialleistungen, NDV 1993, S. 465; *J. Münder*, Ansprüche auf Leistungen im Jugendhilferecht, ZfJ 1991, S. 285; *P. Mrozynski*, Der Rechtsanspruch auf Leistungen im Kinder- und Jugendhilferecht, ZfJ 1999, S. 403; *H.-J. Wolff/O. Bachoff/R. Stober*, Verwaltungsrecht Bd. 1, 11. Aufl. München 1999

Kapitel 4: Der erste Abschnitt des Leistungskapitels: Jugendarbeit, Jugendsozialarbeit, erzieherischer Kinder- und Jugendschutz (§§ 11–15 SGB VIII)

In dem ersten Abschnitt des Leistungskapitels werden die Angebote der Jugendarbeit, der Jugendsozialarbeit und des erzieherischen Jugendschutzes genannt. Die innere Verbindung dieser Leistungen ist eher lose, nicht umsonst werden sie in der Überschrift des Abschnittes parallel aufgezählt. **38**

A. Jugendarbeit (§ 11 SGB VIII) und Jugendverbandsarbeit (§ 12 SGB VIII)

I. Was ist Jugendarbeit (§ 11 SGB VIII)

In dem ersten Abschnitt wird in der ersten Vorschrift des Leistungskapitels von der **Jugendarbeit** gesprochen. Bei den Leistungen der Jugendarbeit handelt es sich um die unter mehrerlei Rücksicht **allgemeinsten Leistungen** der Jugendhilfe: Leistungen der Jugendarbeit haben eine große Breite; praktisch alle Kinder und Jugendliche kommen irgendwann einmal mit ihnen in Berührung, und sie werden ohne besondere Voraussetzungen an alle erbracht. Bei ihnen handelt es sich um **allgemeine Förderungsangebote**. Diese Leistungen stehen deshalb am Beginn des Leistungskapitels. **39**

1. Absatz 1

Die erforderlichen Angebote sollen, so sieht es § 11 **Abs. 1** SGB VIII vor, **allen jungen Menschen** gemacht werden und sie **zu Selbst- und Mitbestimmung** und zu **sozialem Engagement** befähigen. Satz 2 betont, was schon galt: ein Angebot für alle junge Menschen muss auch jungen Menschen mit Behinderungen zugänglich sein. **40**

2. Absatz 2

Abs. 2 Satz 1 nennt als **Anbieter** der Jugendarbeit **Verbände, Gruppen** und **Initiativen der Jugend**, andere **freie Träger** und **öffentliche Träger** der Jugendhilfe. **41**
Damit ist die Vorschrift eine der wenigen im SGB VIII, die **einzelne Trägergruppen** anspricht. Dieses **widerspricht** der **Grundtendenz** des **Gesetzes**, eine möglichst **weitgehende Öffnung** aller Leistungsbereiche für alle Träger der Jugendhilfe (und inzwischen auch privatgewerbliche Anbieter) zuzulassen. Ihre Rechtfertigung findet die besondere Nennung der Verbände, Gruppen und Initiativen der Jugend aber in dem Umstand, dass es sich bei diesen Jugendhilfeträgern um „Selbsterziehungsprojekte" junger Menschen handelt, bei denen anders als bei anderen Trägern bereits ihr Vorhandensein Jugendhilfe darstellt.

3. Absatz 2 Satz 2

Als **Formen** der Jugendarbeit nennt **Abs. 2 Satz 2** die für **Mitglieder bestimmten Angebote**, die nur bei Verbänden, Gruppen und Initiativen denkbar sind, offene Kinder- und Jugendarbeit und gemeinwesenorientierte Projekte. **42**

4. Absatz 3

43 **Thematische Schwerpunkte** der Jugendarbeit werden in **Abs. 3** genannt. Dies sind
- die **außerschulische Jugendbildung** mit verschiedenen Themenfeldern,
- die Jugendarbeit in „**Sport, Spiel und Geselligkeit**",
- **lebensweltbezogene** Angebote,
- **internationale** Jugendarbeit,
- **Kinder- und Jugenderholung** und **Jugendberatung**.

Die Angebote von Jugendarbeit in „Sport, Spiel und Geselligkeit" formulieren in einer ungebräuchlich gewordenen Sprache den Kern und die zugleich **wichtigste Methode** der Jugendarbeit: **die Bildung von Gruppen** junger Menschen. Die außerschulische Jugendbildung und lebensweltbezogenen Angebote bedienen sich dieser Methode vielfach, lediglich in der Jugendberatung spielt sie eine untergeordnete Rolle.

5. Absatz 4

44 Abs. 4 der Vorschrift bestimmt in Reaktion auf eine Lebensrealität vor allem in Verbänden, Gruppen und Initiativen der Jugend, dass Angebote der Jugendarbeit auch Personen, die keine jungen Menschen im Sinne § 7 SGB VIII mehr sind, einbeziehen können. Damit werden Möglichkeiten zur **Mitwirkung Ehrenamtlicher** verbessert.

II. Erhebung von Teilnahmebeiträgen

45 Für die Angebote der Jugendarbeit können die öffentlichen Träger **Kostenbeiträge** nach § **90 SGB VIII** erheben. Freie Träger decken ihre Kosten regelmäßig auch aus z. B. „Teilnahmebeitrag" genannten zivilrechtlichen Entgelten und Mitgliedsbeiträgen.

III. Jugendverbandsarbeit (§ 12 SGB VIII)

46 Dem „**Selbsterziehungsprojek**t" der Verbände, Gruppen und Initiativen der Jugend ist der § **12 SGB VIII** gewidmet.

1. Absatz 1

47 Abs. 1 verleiht nach der hier vertretenen Auffassung der **Gesamtheit der Jugendverbände** ein subjektives öffentliches Recht auf Förderung ihrer eigenen Tätigkeit.

2. Absatz 2

48 In **Abs. 2** werden die Jugendverbände und -gruppen und ihre **Arbeit beschrieben**. Ihre Interessenvertretungsfunktion für junge Menschen wird betont. Die Beschreibung der Jugendverbände und -gruppen mit den Merkmalen
- Selbstorganisation,
- gemeinschaftliche Gestaltung,
- Mitverantwortung,
- Angelegtsein auf Dauer und
- Mitgliederbezug

ist für die **Anerkennung** dieser Träger nach § **75 SGB VIII** und damit für die Berechtigung, Vorschläge für die Wahl in den Jugendhilfeausschuss zu machen, von praktischer Bedeutung.

3. Absatz 3

49 Zu dem Bereich der Jugendarbeit und der Jugendverbandsarbeit besteht vielfältiges **Landesausführungsrecht**, welches vor allem die Förderverpflichtungen konkretisiert und zivilrechtliche Ansprüche auf Sonderurlaub normiert. Der **Landesrechtsvorbehalt** in § **15 SGB VIII** weist auf diese Möglichkeit hin.

Jugendarbeit (§ 11 SGB VIII) und Jugendverbandsarbeit (§ 12 SGB VIII)

Weiterführende Literatur:
L. Böhmisch/H. Gängler/T. Rauschenbach, Handbuch Jugendverbände, Weinheim 1991; *U. Deinet/B. Sturzenhecker(Hrsg.)*, Handbuch Offene Kinder- und Jugendarbeit, Wiesbaden 2013; *M. Icking/U. Deinet*, Jugendarbeit zeigt Profil in Kooperation mit Schule, np 2009, S. 385; *P.-C. Kunkel*, Zur Frage der Gewährleistungspflicht am Beispiel der Jugendarbeit und Jugendsozialarbeit, ZfJ 1997, S. 180; *D. Kreft*, Sport im Rechtsrahmen der Kinder- und Jugendhilfe, ZfJ 2001, S. 327; *M. Nörber*, Bildung und Erziehung in der Jugendarbeit, uj 1994, S. 476; *U. Schwab*, Evangelische Jugendarbeit: Konzepte, Klärungen, Arbeitsfelder, Stuttgart, 2021; *B. Sturzenhecker*, Ehrenamtliche fördern – konkrete Vorschläge für die Jugendarbeit, UJ 1993, S. 277; *R. Wabnitz*, Internationale Jugendarbeit und Deutschisraelischer Jugendaustausch, RdJB 1998, S. 490; *R. Wiesner/ C. Bernzen/ M. Kößler*, Jugendverbände sind zu fördern, Berlin 2013

Einen möglichen Konfliktfall in der Jugendarbeit illustriert der Fall 2.

Fall 2: Anspruch auf Förderung?
23 Jugendliche, zwischen 16 und 21 Jahren alt, haben den gemeinnützigen und im Vereinsregister eingetragenen „J-Verein" gegründet. Der J-Verein veranstaltet Fahrten und Freizeiten. Er erhält mehrere Jahre hintereinander finanzielle Unterstützung von dem Jugendamt, in dessen Bereich der J-Verein seinen Sitz hat.
Der 17 Jahre alte A, der nicht Mitglied des J-Vereins ist, will zu einer Freizeit mitfahren. Dies lehnt der J-Verein ab, ohne einen Grund zu nennen.
Das Jugendamt lehnt den Förderungsantrag des J-Vereins für das kommende Jahr durch schriftlichen Bescheid mit Rechtsmittelbelehrung nach Anhörung des J-Vereins ab, weil nach seiner Auffassung der Verein allen Jugendlichen zu den Freizeiten Zugang gewähren müsse.

Frage 1
Hat A einen Anspruch darauf, von dem J-Verein mitgenommen zu werden?

Frage 2
Ist das Handeln des Jugendamtes von dem geltenden Recht gedeckt?

Frage 3
Welche außergerichtlichen rechtlichen Möglichkeiten hat der J-Verein, gegen das Verhalten des Jugendamtes vorzugehen?

Lösung zu Fall 2
Lösung zu Frage 1
Voraussetzung dafür, dass A einen Anspruch gegen den J-Verein geltend machen kann, ist, dass ihm eine Anspruchsgrundlage zur Verfügung steht. Als Anspruchsgrundlage kommen alle Rechtsnormen in Betracht, die einen intendierten Anspruch – hier die Mitnahme zu der Freizeit – verleihen können. Quellen solcher Anspruchsgrundlagen können vor allem zivilrechtliche Verträge, das rechtlich geschützte Vertrauen auf ein bestimmtes Verhalten und Gesetze sein.
A ist eine natürliche und der J-Verein eine juristische Person, beides sind Personen privaten Rechts. Vertragliche Beziehungen bestehen zwischen ihnen nicht, der J-Verein weigert sich ja gerade, mit A einen privatrechtlichen Vertrag zu schließen.
Ob A darauf vertrauen durfte, dass der J-Verein ihn zu seiner Freizeit mitnimmt, hängt wesentlich von den weiteren Umständen des Falles ab. Wäre A z. B. bereits mehrfach mit dem J-Verein verreist oder wäre der J-Verein weit und breit der einzige Anbieter von Freizeiten und hätte A nur seiner Hautfarbe wegen nicht mitgenommen, würde vieles dafür sprechen, dass A gegen den J-Verein einen Anspruch auf Mitnahme hätte. Anders wäre es, wenn der J-Verein einer von mehreren Anbietern wäre und A schon mehrfach durch massive Gewalttätigkeiten aufgefallen wäre.
Der Sachverhalt schildert solche Umstände, die zweifelsohne interessant wären, nicht. Deshalb dürfen sie für eine Lösung auch nicht hinzu erfunden werden. Anders als im wirklichen Leben ist in den juristischen Arbeiten im Rahmen akademi-

scher Ausbildung der geschilderte Sachverhalt stets als abschließend zugrunde zu legen; es ist zu unterstellen, dass weitere Ermittlungen ergebnislos bleiben. Anders gesagt: Statt Menschen aus Fleisch und Blut sind in den Übungsfällen Strichmännchen unterwegs; ohne richtige Namen, große Buchstaben müssen reichen.

Für die konkrete Frage bedeutet dies, dass Anhaltspunkte dafür, dass A gegen den J-Verein einen Anspruch aus Vertrauensschutz haben könnte, nicht bestehen.

Als gesetzliche Anspruchsgrundlage könnte § 11 Abs. 1 Satz 1 SGB VIII in Verbindung mit (i. V. m.) § 11 Abs. 3 Nr. 1, 2 SGB VIII in Betracht kommen. Nach diesen Rechtsregeln sind jungen Menschen, zu denen A als Jugendlicher (vgl. § 7 SGB VIII) gehört, die zur Förderung ihrer Entwicklung erforderlichen Jugendbildungs- und Jugendarbeitsangebote zur Verfügung zu stellen. Aber in § 3 Abs. 2 Satz 2 SGB VIII ist bestimmt, dass Bürgerinnen und Bürger Ansprüche aus dem SGB VIII nur gegen öffentliche Träger der Jugendhilfe haben können. Der J-Verein ist ein freier Träger und damit kein Anspruchsgegner für Ansprüche aus dem SGB VIII. Auch eine gesetzliche Anspruchsgrundlage kommt somit nicht in Betracht.

Ergebnis zu Frage 1
A hat gegen den J-Verein keinen Anspruch, zu der Freizeit mitgenommen zu werden. (Die ausdrückliche Mitteilung des Ergebnisses der Prüfung ist stets erforderlich; der Korrigierende darf nicht raten müssen, zu welchem Ergebnis der Bearbeitende gelangt ist; zumal die ernsthafte Gefahr besteht, dass völlig falsch geraten wird.)

Lösung zu Frage 2
Mit geltendem Recht vereinbar wäre das Verhalten des Jugendamtes, wenn es formal oder materiell rechtswidrig wäre.

Bei Prüfung der Rechtmäßigkeit des Handelns der öffentlichen Verwaltung ist stets zwischen der formalen und der materiellen Rechtmäßigkeit zu unterscheiden.

Fomell rechtmäßig ist das Handeln, wenn die Vorschriften über die Zuständigkeit, das Verfahren und die Form beachtet wurden.

Materiell rechtmäßig ist es, wenn die Verwaltung nicht durch rechtliche Regeln zu einem anderen Verhalten verpflichtet war.

Zuständig für eine Förderung des J-Vereins ist wegen seiner Gesamtverantwortung nach § 79 SGB VIII jeder örtliche Träger, in dessen Tätigkeitsbereich der Verein eine relevante Tätigkeit auf dem Gebiet der Jugendhilfe entfaltet. Dieses kann für den Bereich des Jugendamtes, in dessen Zuständigkeitsbereich er seinen Sitz hat, unterstellt werden.

Als wesentliche Verfahrensvorschrift ist zu beachten, dass der Jugendhilfeträger die beteiligte juristische Person vor einer Entscheidung gem. § 24 SGB X anzuhören hat. Dieses ist laut Sachverhalt geschehen.

Das Jugendamt hat dem J-Verein einen schriftlichen Bescheid mit Rechtsmittelbelehrung erteilt. Die erforderliche Form ist damit gewahrt.

Das Verhalten des öffentlichen Trägers der Jugendhilfe ist somit formell rechtmäßig. Materiell wäre es rechtmäßig, wenn der Jugendhilfeträger weder verpflichtet wäre, den J-Verein zu fördern, noch über dessen Förderungsantrag ermessensfehlerfrei zu entscheiden und seine Entscheidung ermessensfehlerhaft wäre.

Eine Förderungsverpflichtung könnte sich aus § 12 Abs. 1 SGB VIII i. V. m. § 11 Abs. 1 Satz 1, Abs. 3 Nr. 5 SGB VIII ergeben. Bei dem J-Verein handelt es sich um einen von jungen Menschen selbst organisierten Jugendhilfeträger, der ohne ein bereits von vornherein feststehendes Ende seiner Tätigkeit auf dem Gebiet der Jugendhilfe wirkt. Es handelt sich also um einen Jugendverband oder eine Jugendgruppe. (Welcher von beiden Organisationstypen vorliegt – hier wohl eine Jugendgruppe – kann bei der Lösung des Falles offen bleiben.)

Bei der Freizeit des J-Vereins handelt es sich um eine Maßnahme der Jugendarbeit im Sinne des § 11 Abs. 3 Nr. 1, 2 SGB VIII.
Der öffentliche Träger ist verpflichtet, die Gesamtheit der selbst organisierten Träger zu fördern. Ob dies der Fall ist, geht aus dem Sachverhalt nicht hervor. Es ist deshalb davon auszugehen, dass der öffentliche Träger seine gesetzlichen Verpflichtungen erfüllt.
Der öffentliche Träger ist darüber hinaus verpflichtet, über einen Antrag eines freien Trägers ermessensfehlerfrei zu entscheiden. Die Entscheidung wäre ermessensfehlerfrei, wenn sie in voller Kenntnis des Sachverhaltes und des Entscheidungsspielraums aus den richtigen Motiven getroffen worden wäre. Anhaltspunkte dafür, dass der öffentliche Träger den Sachverhalt unvollständig ermittelt oder seinen Entscheidungsspielraum verkannt hätte, liegen nicht vor. Fraglich ist jedoch, ob er aus den zulässigen Motiven gehandelt hat. Er hat seine Entscheidung damit begründet, dass der J-Verein A nicht zu seiner Freizeit mitgenommen hat. Wie oben gezeigt, hat der J-Verein dabei rechtmäßig gehandelt. Dafür, dass der Wunsch des öffentlichen Trägers, auch A möge mitgenommen werden, eine zulässige Motivation bei der Entscheidung über eine Förderung darstellt, spricht, dass der öffentliche Träger in geeigneter Weise dafür sorgen muss, dass für alle Jugendlichen Angebote der Jugendarbeit zur Verfügung stehen. Auf der anderen Seite ist jedoch zu beachten, dass der öffentliche Träger die Autonomie der freien Träger gem. § 4 Abs. 1 Satz 2 SGB VIII achten muss. Dieser Gesichtspunkt muss bei der notwendigen Entscheidung den Vorrang haben: Könnte der öffentliche Träger jedes ihm nicht genehme Verhalten eines freien Trägers mit dem Entzug der Förderung sanktionieren, würden die freien Träger ihre gesetzlich garantierte Selbstständigkeit faktisch verlieren. Hinzu kommt, dass dem öffentlichen Träger als milderes Mittel zur Durchsetzung seiner Ziele die Möglichkeit zur Verfügung steht, die Förderung mit einer Nebenbestimmung zu versehen, die dem J-Verein auferlegt, über die Mitnahme einzelner junger Menschen zu seinen Maßnahmen in einem transparenten Verfahren nach vorher feststehenden Kriterien zu entscheiden.

Ergebnis zu Frage 2
Die Entscheidung des öffentlichen Trägers der Jugendhilfe ist formell rechtmäßig, materiell ist sie nicht rechtmäßig.

Lösung zu Frage 3
Gegen den Bescheid könnte der J-Verein entsprechend der Rechtsmittelbelehrung Widerspruch einlegen. Damit wird das sogenannte Vorverfahren oder auch Widerspruchsverfahren in Gang gesetzt. Es schließt mit einem Widerspruchsbescheid ab. Als Anspruchsgrundlage könnte er sich zum einen auf § 12 SGB VIII beziehen. Das Gericht müsste dann entscheiden, ob es der Auffassung eines Teils der juristischen Literatur folgt und in der Norm ein subjektives öffentliches Recht erkennt, oder ob es diese Auffassung ablehnt. Sollte es zu dem Ergebnis kommen, dass die Norm ein subjektives öffentliches Recht enthält, müsste es sich mit dem Inhalt der in der Norm formulierten „Muss-Verpflichtung" auseinander setzen. Vieles spricht dafür, dass ein öffentlicher Träger diese Verpflichtung bereits erfüllt, wenn er überhaupt in nennenswertem Umfang selbst organisierte Träger der Jugendhilfe fördert.
Als weitere Anspruchsgrundlage steht zweifelsfrei § 74 SGB VIII zur Verfügung. Daran, dass die Anspruchsvoraussetzungen der Nummern 2–4 des § 74 Abs. 1 Satz 1 SGB VIII vorliegen, gibt es keine begründeten Zweifel. Diese könnten an dem Vorliegen der Voraussetzung nach der Nummer 1 der Vorschrift bestehen. Die fachlichen Voraussetzungen würde der J-Verein nicht erfüllen, wenn er die Mitnahme des A aus unter Gesichtspunkten der Jugendhilfe in jeder Hinsicht sachwidrigen Gründen abgelehnt hätte. Solche sind aber nicht ersichtlich und dürfen wie oben gezeigt (Lösung zu Frage 1) auch nicht unterstellt werden. Bei dem Vorliegen der Förde-

rungsvoraussetzungen hätte der J-Verein einen Anspruch auf fehlerfreie Ausübung des Ermessens. Dieser ist – wie oben gezeigt (Lösung zu Frage 2) – nicht erfüllt worden.

Ergebnis zu Frage 3
Der J-Verein könnte gegen den Bescheid Widerspruch einlegen und ggf. mit Aussicht auf Erfolg eine Bescheidungsklage erheben.

B. Jugendsozialarbeit (§ 13 SGB VIII) und Schulsozialarbeit (§ 13a SGB VIII)

51 Mit der in **§ 13 SGB VIII** genannten Jugendsozialarbeit wird ein traditionelles Feld der Tätigkeit der Jugendhilfe angesprochen. Seit es Jugend als eigenständige Lebensphase gibt und sich private und öffentliche Stellen um die Jugend gekümmert haben, galt deren besondere Aufmerksamkeit dem **Übergang von schulischer Bildung in Berufsausbildung und Berufstätigkeit.** Die Lehrlingsheime, die auf Initiative des katholischen Priesters Adolph Kolping entstanden sind, sind ein Beispiel dafür.

I. Begrifflichkeit

52 Der **Rechtsbegriff** der Jugendsozialarbeit nimmt auf dieses traditionelle Tätigkeitsfeld Bezug: Jugendsozialarbeit dient als **Jugendberufshilfe** der Verbesserung der Möglichkeiten, einen Einstieg in das Berufsleben zu finden, und als **Schulsozialarbeit** dazu, auf diesen Einstieg zielgerichtet vorzubereiten. Regelungen zur Jugendsozialarbeit finden sich kaum im Landesausführungsrecht, teilweise sind jedoch noch aus der ersten Nachkriegszeit stammende Jugendaufbauwerke in der Jugendsozialarbeit tätig. In einem weiter gefassten Tätigkeitsfeld der Jugendsozialarbeit sind auch die Berufsbildungswerke tätig, für deren Arbeit sozialrechtliche Grundlagen außerhalb des SGB VIII bestehen.

II. Abgrenzung

1. Jugendsozialarbeit – Jugendarbeit

53 Jugendsozialarbeit unterscheidet sich von der **Jugendarbeit** nach § 11 SGB VIII dadurch, dass sie zum einen ein **wesentlich engeres Tätigkeitsfeld** und zum anderen einen **eingeschränkten Adressatenkreis** hat. Sie ist ein Angebot für junge Menschen mit **besonderen Schwierigkeiten.**

2. Hilfen zur Erziehung

54 Von den **Hilfen zur Erziehung** und deren **Fortsetzung** als Hilfe für junge Volljährige unterscheidet sich die Jugendsozialarbeit vor allem dadurch, dass sie nicht auf **Erziehungsschwierigkeiten der Eltern** reagiert, und durch ihr eingeschränktes Instrumentarium.

III. Adressaten

55 Als Adressaten der Hilfe werden in **Abs. 1 die jungen Menschen selbst** genannt. Sie sind anders als bei den Hilfen zur Erziehung Anspruchsinhaber und **leistungsberechtigt.**

IV. Anspruchsvoraussetzungen, Absatz 1

In **Abs. 1** werden zudem die **Anspruchsvoraussetzungen** angegeben: **56**
Dies ist entweder die Notwendigkeit des **Ausgleichs** von **sozialen Benachteiligungen** oder die **Erforderlichkeit von Hilfe** zum Überwinden von individuellen Beeinträchtigungen. Damit werden die Gruppen junger Menschen angesprochen, die erfahrungsgemäß besondere Schwierigkeiten bei dem Übergang von Schule zu Beruf haben.
Als sozial benachteiligt gelten derzeit vor allem junge Menschen mit Migrationshintergrund, als individuell beeinträchtigt junge Menschen, deren Problemlagen auffällig sind, ohne das Gewicht einer Behinderung zu haben. Wird von Mädchen(jugend)sozialarbeit gesprochen, kann diese sich nur an Mädchen aus diesen Gruppen wenden; Mädchen und junge Frauen sind nicht generell als benachteiligt oder beeinträchtigt im Sinne des § 13 SGB VIII anzusehen.

V. Ziel und Inhalt

Als Ziel und Inhalt der Hilfe und Förderung nach § 13 SGB VIII gibt Abs. 1 die Förderung der schulischen und beruflichen Ausbildung und der Eingliederung in die Arbeitswelt und die soziale Integration an. **57**

VI. Maßnahmen

Neben anderen Maßnahmen können zur Erreichung dieses Zweckes gem. **Abs. 2** auch **58** **eigene Ausbildungs- und Beschäftigungsmaßnahmen** vorgesehen werden. Ob für diese aber nach dem Inkrafttreten des SGB II, dessen Leistungen nach § 10 SGB VIII **Vorrang vor den Leistungen nach** § **13 SGB VIII** haben, noch Bedarf besteht, ist offen und lokal im Einzelfall zu entscheiden.
Während der Teilnahme an einer schulischen oder beruflichen **Bildungsmaßnahme** kann den jungen Menschen die Unterkunft in einer sozialpädagogisch begleiteten Wohnform angeboten werden. Dabei handelt es sich um mehr als eine Hotelleistung. Zu einer Jugendhilfemaßnahme wird diese Unterkunft erst durch ihre **sozialpädagogische Begleitung**, genauso wie eine Ausbildungs- oder Beschäftigungsmaßnahme erst durch die sozialpädagogische Begleitung zu einer Jugendhilfemaßnahme wird. Die sozialpädagogische Begleitung soll die Fähigkeiten und den Entwicklungsstand der jungen Menschen berücksichtigen und an diesen Merkmalen ansetzen.

VII. Abstimmungsgebot

Die Angebote der Jugendsozialarbeit sollen mit **59**
- Maßnahmen der Schulverwaltung,
- Maßnahmen der Bundesagentur für Arbeit,
- Maßnahmen von Trägern betrieblicher Ausbildung und
- Maßnahmen von Trägern außerbetrieblicher Ausbildung

abgestimmt werden. Die **Verpflichtung** zur Abstimmung ist allerdings lediglich **einseitig**, sie trifft nur die Jugendhilfeträger. Schwierigkeiten bereitet die Abstimmung vielfach mit den Trägern der Schulverwaltung und den ausbildenden Betrieben.

VIII. Finanzierungsbeitrag

Wird eine **stationäre Hilfe** nach § **13 SGB VIII** in Anspruch genommen, müssen die **60** Minderjährigen, deren Eltern und junge Volljährige nach ihren finanziellen Möglichkeiten zu deren Finanzierung beitragen. Hierzu werden sie gem. §§ **91 ff. SGB VIII** zu den Kosten herangezogen. Genaueres hierzu findet sich im 14. Kapitel.

IX. Schulsozialarbeit

60a Im systematischen Kontext der Jugendsozialarbeit nennt § 13a die Schulsozialarbeit, die als sozialpädagogisches Angebot für junge Menschen an Schulen begrifflich gefasst wird. Leistungen der Schulsozialarbeit können auf der Basis des SGB VIII oder aber aufgrund von Landesrecht auch auf der Basis schulrechtlicher Regelungen erbracht werden.

Weiterführende Literatur zur Jugendarbeit und Schulsozialarbeit:
AGJ, Jugend und Wohnen, Bonn, 1993; *G. Fieseler,* Jugendberufshilfe in freier Trägerschaft – Rechtsstellung junger Menschen, ZfJ, 1997, S. 271, 306; *T. Gurr/Y. Kaiser/L. Kress/J. Merchel,* Schwer erreichbare junge Menschen: eine Herausforderung für die Jugendsozialarbeit, 2016, Weinheim; *T. Hofmann/N. Struck,* Die Auswirkungen von Hartz IV auf die Kinder- und Jugendhilfe, JHilfe 2004, S. 237; *A. Just,* Handbuch Schulsozialarbeit, Münster 2016; *P.-C. Kunkel,* Gesetzliche Verankerung von Schulsozialarbeit, Dezember 2016, URL: http://www.kv-schulsozialarbeit.de/Gesetzliche_Verankerung_von_SchuSoz.pdf; *P. Mollenhauer,* Jugendsozialarbeit zwischen Jugendarbeit und Erziehungshilfen, JuWo 1990, S. 64; *J. Münder/P. Schruth,* Zur Rechtsqualität von § 13 Abs. 1 SGB VIII, ZfJ 2002, S. 125; *F. Welti,* Auswirkungen des SGB II auf Ausbildung und Praxis sozialer Arbeit, NDV 2005, S. 426

61 Eine juristische Lösung von Schwierigkeiten bei der Realisierung von jugendsozialarbeiterischen Angeboten illustriert Fall 3.

Fall 3: Sozialarbeiterin für Zuwandererin?
A, 17 Jahre alt, deren Familie aus Syrien kommt, kann keinen Ausbildungsplatz finden. Sie hört von einem Angebot der Jugendhilfe zu einer überbetrieblichen Ausbildung. Dort wird sie aufgenommen. Nach kurzer Zeit kündigt die Sozialpädagogin, die die Begleitung durchgeführt hatte. Eine neue Fachkraft wird nicht eingestellt, die Begleitung entfällt. A wendet sich an das Jugendamt mit der Bitte um Hilfe. Ihr wird erklärt, hier sei das Jugendamt unzuständig, zudem habe sie ohnedies keinen einklagbaren Anspruch auf eine sozialpädagogische Begleitung.

Frage:
Ist die Auskunft des Jugendamtes zutreffend?

Lösung zu Fall 3
Sinnvollerweise ist bei der Bearbeitung der Fallfrage zwischen der Auskunft zur Zuständigkeit und zur Leistungsgewährung zu unterscheiden. Dann sind folgende (Teil-)Fragen zu beantworten:
1. Ist das Jugendamt unzuständig und 2. hat A einen Anspruch auf eine sozialpädagogische Begleitung?
1. Zuständigkeit des Jugendamtes?
Die Klärung der Zuständigkeit geschieht in zwei Schritten. Zunächst ist zu klären, ob örtliche oder überörtliche Träger zuständig sind. Dies nennt man die „sachliche Zuständigkeit", geregelt ist sie in § 85 SGB VIII. Gem. Abs. 1 der Vorschrift ist für die Gewährung von Leistungen der örtliche Träger zuständig, soweit nicht der überörtliche Träger zuständig ist. Tatbestand dieser Norm ist also, dass es um die Gewährung von Leistungen geht. Streitig ist ein Anspruch aus § 13 SGB VIII. Dieses ist eine Norm aus dem Leistungskapitel, es geht also um die Gewährung einer Jugendhilfeleistung. Als Rechtsfolge gilt deshalb, dass grundsätzlich der örtliche Träger und damit das Jugendamt zuständig ist.
Weiter ist jedoch zu prüfen, ob sich nicht aus § 85 Abs. 2 SGB VIII eine Zuständigkeit des überörtlichen Trägers und damit des Landesjugendamtes ergibt. Hierzu sind

die einzelnen in § 85 Abs. 2 SGB VIII abschließend aufgezählten Fälle sorgfältig zu prüfen; diese Prüfung ergibt, dass keiner der Ausnahmetatbestände vorliegt. Als Zwischenergebnis kann deshalb festgestellt werden, dass der örtliche Träger und damit das Jugendamt zuständig ist.
Die örtliche Zuständigkeit richtet sich nach den Bestimmungen der §§ 86 ff. SGB VIII. Im Ergebnis ist das Jugendamt zuständig, in dessen Zuständigkeitsbereich die Eltern ihren gewöhnlichen Aufenthalt haben.
Als Ergebnis ist festzustellen, dass das Jugendamt sachlich und örtlich zuständig ist. Im Übrigen ist darauf hinzuweisen, dass das Jugendamt auch bei Unzuständigkeit einen Antrag nicht hätte ablehnen dürfen; es wäre verpflichtet, diesen gem. § 16 Abs. 1 Satz 2 SGB I an den nach seiner Auffassung zuständigen Sozialleistungsträger weiterzuleiten.
2. Anspruch der A auf eine sozialpädagogische Begleitung?
Zunächst ist zu klären, welches geeignete Anspruchsgrundlagen für die von A erstrebte sozialpädagogische Begleitung sind.
Geeignete Anspruchsgrundlage ist jede Rechtsnorm, die als Rechtsfolge die begehrte Hilfe vorsieht. Dabei kommt es nicht darauf an, ob auch die Anspruchsvoraussetzungen vorliegen. Dieses wird erst in einem nächsten Schritt geprüft.
In Betracht kommt hier also nur § 13 Abs. 1 SGB VIII, der eine „Soll-Verpflichtung" enthält i. V. m. § 13 Abs. 2 SGB VIII, welcher eine „Kann-Verpflichtung" formuliert. Diese Anspruchsgrundlage vermittelt ein subjektives öffentliches Recht.
Folgende Anspruchsvoraussetzungen müssen für einen Anspruch aus diesen Normen vorliegen:
– Es muss sich um einen jungen Menschen im Sinne des § 7 Abs. 1 Nr. 4 SGB VIII handeln,
– eine Beeinträchtigung im Sinne des § 13 Abs. 1 SGB VIII muss bestehen und
– die Ausbildung darf nicht sichergestellt sein.
Bei A handelt es sich um einen jungen Menschen. Sie ist als Migrantin im Sinne des § 13 Abs. 1 SGB VIII beeinträchtigt. Die Ausbildung ist ohne eine jugendsozialarbeiterische Hilfe nicht gesichert.
Als Anspruchsinhalt besteht die Verpflichtung des örtlichen Trägers der Jugendhilfe zu einer pflichtgemäßen Ermessensentscheidung bei der Entscheidung über das Angebot sozialpädagogisch begleiteter Ausbildung für A. Dieser Anspruch ist bislang nicht erfüllt worden; das Jugendamt hatte einen Anspruch der A unter falschen Voraussetzungen geprüft und verneint.

Ergebnis zu Fall 3
Die Auskunft des Jugendamtes ist unzutreffend: Es ist zuständig und A hat einen durchsetzbaren Anspruch auf eine ermessensfehlerfreie Entscheidung über ein sozialpädagogisch begleitetes Ausbildungsangebot.

C. Erzieherischer Kinder- und Jugendschutz (§ 14 SGB VIII)

Der Gedanke der **Förderung junger Menschen** und ihrer **Erziehungsberechtigten** wird in § 14 SGB VIII besonders betont.

I. Repressiver Jugendschutz

Im Bereich des Jugendschutzes will der Staat seine Bemühungen **nicht** auf das im Wesentlichen **repressive Handeln** auf der Grundlage insbesondere des **Jugendschutzgesetzes** (JuSchG) und des **Jugendarbeitsschutzgesetzes** (JuArbSchG) beschränken.

II. Erzieherischer Kinder- und Jugendschutz

64 Vielmehr sollen wichtige Säulen des Schutzes die Schutzfähigkeit der Erziehungsberechtigten und vor allem die Schutzfähigkeit der jungen Menschen selbst sein. Diese sollen durch den **erzieherischen Kinder- und Jugendschutz** gestärkt werden. Damit reagiert der Gesetzgeber auf zwei Umstände:
- Zum einen können die **Ziele** des Jugendschutzes nur im generellen **Einvernehmen** mit den **Erziehungsberechtigten** und auch den **jungen Menschen** selbst erreicht werden.

Effektiver Jugendschutz gegen deren Einsicht ist nicht realisierbar. In der Realität können Erwachsene junge Menschen den unterschiedlichsten, auch jugendgefährdenden Einflüssen aussetzen, sofern dies gesellschaftlich in etwa akzeptiert wird.
- Zum anderen ist die Frage, welche Einflüsse **jugendgefährdend** sind, stetigem **gesellschaftlichen Wandel** unterworfen.

Die Anwesenheit bei Tanzveranstaltungen – es ging um Standardtänze – galt in der ersten Hälfte des vergangenen Jahrhunderts selbstverständlich als jugendgefährdend. Heute ist das offenkundig anders. Auch im Umgang mit der Sexualität insgesamt haben sich die Maßstäbe seit dem Ende des zweiten Weltkrieges fundamental gewandelt; hier ist es insgesamt zu einer Liberalisierung gekommen. Das gleiche gilt für den Bereich des Jugendarbeitsschutzes: dass Kinder und Jugendliche gegen Entgelt tätig werden, etwa Zeitungen austragen und als Babysitter arbeiten, stößt kaum auf Bedenken. Hingegen sind die Restriktionen im Umgang mit Gewalt und Fremdenfeindlichkeit eher strenger geworden.

III. Methoden

65 Zur Erreichung ihrer Ziele wenden Träger des erzieherischen Kinder- und Jugendschutzes eine Vielzahl von Methoden an, die oft eine große **Streuwirkung** haben. Angebote des erzieherischen Kinder- und Jugendschutzes können nach **§ 74 SGB VIII** gefördert werden. Gefördert werden z. B. Werbekampagnen, Informationsbroschüren oder Bildungsveranstaltungen. Zur Absicherung des Jugendschutzes ist die **Jugendhilfeplanung** nach **§ 80 SGB VIII** ein geeignetes Mittel.

Weiterführende Literatur:
G. Bienemann/M. Hasebrink/B. Nikles, Handbuch des Kinder- und Jugendschutzes, Münster 1995; *W. Gernert,* Jugendschutz, Stuttgart 1993; *ders.,* Gesetzlicher Jugendschutz als Ansatz zur Prävention, ZfJ 1998, S. 108; *M. Liesching/R. Scholz,* Jugendschutz, 5. Aufl., München 2011; *B. Nikles,* Kinder- und Jugendschutz – nur eine Fiktion, JuWo 1996, S. 67; *ders.,* Online Handbuch Jugendschutz, URL: https://www.uni-due.de/~hl0028/index.php?postid=237&search=&abc=G.; *Bundesarbeitsgemeinschaft Kinder und Jugendschutz e.V.,* Kinder und Jugendschutz in Wissenschaft und Praxis, München, 2020

Kapitel 5: Der zweite Abschnitt des Leistungskapitels: Förderung der Erziehung in der Familie (§§ 16–21 SGB VIII)

A. Hintergrund und Ausgestaltung

Der **Sinn** der Vorschriften dieses Abschnittes liegt darin, dass sie – wie die Leistungen der Jugendarbeit – Leistungen **für alle formuliert**, unabhängig davon, ob irgendeine Mangellage in der erzieherischen Fähigkeit der Eltern vorliegt. Sie formulieren also **Angebote**, die normalerweise und bei allen Eltern sinnvoll sein können. Damit nimmt die Jugendhilfe an einer Entwicklung teil, die auch bei anderen Sozialleistungen beschreibbar ist: So sieht § 20 SGB V die Prävention und Gesundheitsförderung als Aufgabe der Krankenkassen vor. Solche Jugendhilfeleistungen sind auch Ausdruck des staatlichen Wächteramtes aus Art. 6 GG, das dem Staat nicht nur die Aufgabe zuweist, in Notsituationen zu intervenieren, sondern auch Bedingungen für gelingende Erziehung in Elternverantwortung zu schaffen.

66

Leistungen nach dem 2. Abschnitt des Leistungskapitels können aber auch – ähnlich wie die Jugendsozialarbeit – an **objektiven Schwierigkeiten** ansetzen.

Die Anordnung dieser Leistungsbestimmungen in einem eigenen Abschnitt ist wesentlich dem Einfluss des **7. Jugendberichts** (s. § 84 SGB VIII) auf das KJHG zu verdanken. Mit diesem Jugendbericht war die Bedeutung der Familie für die Jugendhilfe in den Fokus der Fachdiskussion geraten. Deutlich wurde, dass ein wirksamer Ansatzpunkt für Leistungen der Jugendhilfe die **Erziehungsberechtigten** selbst sein können. In der Jugendhilferechtsreformdebatte war die Ausrichtung des Gesetzes auch auf diesen Aspekt im Ergebnis zu Unrecht als „Familienlastigkeit" kritisiert worden. Diese Diskussion ist inzwischen irrelevant geworden. Zu klären bleibt aber, welche Tätigkeiten zur Förderung der Erziehung in der Familie und welche zur Erwachsenenbildung gehören. Hintergrund für diese Überlegungen ist die verfassungsrechtliche Regelung der Bundeskompetenzen: Nur für die Jugendhilfe als Teil der öffentlichen Fürsorge hat der Bund gem. Art. 74 Nr. 7 GG die Gesetzgebungskompetenz, für die Erwachsenenbildung steht die Gesetzgebungskompetenz hingegen den Ländern zu.

In dem Abschnitt wird **von den allgemeinen** Angeboten für alle **zu den Angeboten in speziellen Lebenslagen übergegangen**. Entsprechend sind die Vorschriften dieses Abschnitts des Leistungskapitels folgendermaßen im Gesetz angeordnet:
- allgemeine Förderung (§ 16 SGB VIII) und
- Formen der besonderen Förderung (§§ 17–21 SGB VIII).

B. Allgemeine Förderung der Erziehung in der Familie (§ 16 SGB VIII)

I. Förderungspflicht

§ 16 Abs. 1 Satz 1 SGB VIII formuliert im Sinne der obigen Erläuterungen die **allgemeine Pflicht** der öffentlichen Jugendhilfeträger zur **Förderung der Erziehung in der Familie**.

67

II. Zweck

In **Satz 2** der Vorschrift wird durch die Benennung des **Zweckes** der Leistung, nämlich die **Verbesserung** der Möglichkeiten, die **Erziehungsverantwortung** wahrzunehmen,

68

der Charakter der Leistung als Jugendhilfeleistung deutlich. Die Regelung benennt für die Kinderbetreuung und Erziehung erforderliche Kenntnisse und Fähigkeiten. **Satz 3** betont die Bedeutung der Gewaltprävention.

III. Angebote

69 In **Abs. 2** der Vorschrift werden **Angebote** der allgemeinen Förderung aufgezählt. In der Einleitungsformulierung wird das Wort „insbesondere" verwendet. Dieses bedeutet stets, dass die **Aufzählung nicht abschließend ist**; auch weitere Leistungen können also zur Förderung der Erziehung in der Familie beitragen. Genannt werden
1. die Familienbildung,
2. die Familienberatung und
3. Familienfreizeiten und -erholung.

Ausdrücklich wird damit im Gesetz benannt, was seit langem Bestandteil der Arbeit einer Reihe von freien Trägern der Jugendhilfe ist. Das Gesetz enthält auch Orientierungen für die Entwicklung der Angebotsstruktur. Diese Tätigkeit wird zusammenfassend auch mit dem wenig schönen Wort „Familienarbeit" bezeichnet.

1. Familienbildungsangebote

70 Diese bestehen regelmäßig **in Kursen, Seminaren und Gruppen** und werden z. B. in Familienbildungsstätten, Elternschulen oder Kinder- und Familienzentren durchgeführt. Sie sind – wie oben dargestellt – von allgemeinen Angeboten der Erwachsenenbildung abzugrenzen.

2. Familienberatung

71 Die **allgemeine Familienberatung** ist theoretisch von Beratungsangeboten nach dem SGB XII und innerhalb des SGB VIII von der **Jugendberatung** nach **§ 11 Abs. 3 Nr. 6 SGB VIII** und der **Erziehungsberatung** nach **§ 28 SGB VIII abzugrenzen**. Praktisch sind die Grenzen zwischen den verschiedenen Leistungsformen schwerer zu finden; insbesondere können die Leistungen von einem Träger und innerhalb einer Einrichtung angeboten werden. Die Bedeutung der Beratung wird in Abs. 3 unterstrichen.

3. Familienfreizeiten und Familienerholung

72 Auch Erholungsmaßnahmen sind Teil der Leistungen nach § 16 SGB VIII. Diese sind von allgemeinen **touristischen Angeboten abzugrenzen**, der Gesetzgeber hält sie insbesondere in belasteten Familiensituationen für erforderlich.

IV. Landesrecht

73 In **Abs. 3** der Vorschrift wird darauf hingewiesen, dass im **Landesrecht weitere Regelungen** getroffen werden können. Die Länder haben allerdings über die bundesrechtliche Weisung hinaus der Verwaltung kaum Vorgaben gemacht.

V. Teilnahmebeiträge

74 Für **Maßnahmen** der Familienbildung, Familienfreizeiten und Erholungsmaßnahmen der öffentlichen Träger kann gem. **§ 90 Abs. 1 Nr. 2 SGB VIII** eine **pauschalierte Kostenbeteiligung** festgesetzt werden; Entgelte oder Teilnahmebeiträge freier Träger können unter den Voraussetzungen des **§ 90 Abs. 2 SGB VIII** vom öffentlichen Träger **übernommen** werden.

Weiterführende Literatur:
J. Baltz, Ächtung der Gewalt in der Erziehung, ZfJ 2000, S. 213; *BMFSFJ*, Familienbildung als Angebot der Jugendhilfe: rechtliche Grundlagen, familiale Problemlagen, Innovationen, Berlin, 2005; *H.-J. Kessmann*, Familienarbeit als Aufgabe der Jugendhilfe, JuWo 1988, S. 110; *M. Rothe*, Möglichkeiten der Jugendhilfe zur Entwicklungsförderung, ZfJ 2003, S. 432; *M. Textor*, Stärkung der Bildungsfunktion von Familien – eine Aufgabe der Familienbildung, ZKJ 2006, S. 35

C. Beratung in Fragen der Partnerschaft, Trennung und Scheidung (§ 17 SGB VIII)

I. Beratungsform

In **§ 17 Abs. 1 SGB VIII** wird eine besondere Form der Beratung in Fragen der Partnerschaft als Jugendhilfeleistung benannt: **Kindeswohlbezogen** sollen diejenigen, die tatsächlich erziehen, eine Beratung erhalten. Mit dieser Beratung wird die Jugendhilfe parteilich für Kinder und Jugendliche tätig, indem sie die Chance gibt, dass in Konflikten der erziehenden Erwachsenen die Perspektive der Kinder und Jugendlichen gleichrangig und in einer gleichgeordneten Gesprächssituation zur Sprache kommen kann.

II. Ziele

Daraus bestimmen sich auch die **Ziele** dieser Beratung: Sie soll helfen,
– ein partnerschaftliches Verhältnis in der Familie aufzubauen,
– Konflikte und Krisen zu bewältigen und im Falle der Trennung eine möglichst weitgehende Berücksichtigung des Kindeswohles zu sichern.

III. Hilfe durch Beratung

Die **Leistung** nach **Abs. 2** soll eine **Hilfe** in der zuletzt angesprochenen Situation bringen: Die Beratung soll bei der Entwicklung eines Sorgekonzeptes unterstützen. Praktisch nicht ohne Bedeutung ist, dass das Jugendamt in familiengerichtlichen Verfahren gem. § 50 SGB VIII zu Berichten und zum Stellen von Anträgen an das Gericht verpflichtet ist. Deshalb ist bei allen Beratungen nach § 17 SGB VIII streng auf die Einhaltung des Datenschutzes gem. §§ 61, 65 SGB VIII zu achten, anderenfalls wird das Beratungsziel, nämlich die Erteilung eines sachgerechten Rates an die Eltern und die Akzeptanz des Beratungsergebnisses durch die Eltern, erheblich gefährdet.

IV. Ausgestaltung in Absatz 3

Die kindeswohlorientierte Ausrichtung des Leistungsangebotes kommt auch dadurch zum Ausdruck, dass gem. **Abs. 3** der Vorschrift die **Gerichte verpflichtet** sind, den Jugendämtern mitzuteilen, wenn in **Ehescheidungssachen minderjährige Kinder** mit betroffen sind. Das Jugendamt macht dann den Eltern ein Beratungsangebot.

Weiterführende Literatur:
F. Dickmeis, Gefahren für das Kindeswohl ehelicher Kinder, ZfJ 1991, S. 164; *S. Kerkhoff*, Das Rechtsberatungsgesetz und die Scheidungsberatung der Jugendhilfe, Hamburg 2004; *U. Lohrentz*, Aufgaben des Jugendamtes bei Elterntrennung nach der Kindschaftsrechtsreform, Kind-Prax 2001, S. 43; *K. Menne*, Zwischen Beratung und Gericht – Aufgaben der Erziehungsberatungsstellen und des Allgemeinen Sozialen Dienstes bei Trennung und Scheidung, ZfJ 1992, S. 66; *K. Menne/ K. Webe*, Beratung in Fragen der Partnerschaft, Trennung und Scheidung, ZfJ 1998, S. 85; *U-K Meyer*, Trennungs- und Scheidungskindergruppen in der Erziehungs- und Familienberatung: Grundlagen, Konzeption und Evaluation, Marburg, 2014; *M. Weber*, Beteiligung von Kindern an

der Beratung in Fragen von Trennung und Scheidung, Kind-Prax 2004, S. 48; *T. Trenczek*, Trennungs- und Scheidungsmediation, ZKJ 2007, S. 138; *W. Viefhues*, Von der Trennung bis zur Scheidung: Familienrecht nach Lebenslagen, Bonn, 2018

D. Beratung und Unterstützung bei der Ausübung der Personensorge (§ 18 SGB VIII)

I. Beratungs- und Unterstützungsanspruch

79 Die häufig schwierige Lage **Alleinerziehender** ist Ausgangspunkt für den **Beratungsanspruch in § 18 Abs. 1 Satz 1 SGB VIII**: Alle, die tatsächlich allein erziehen, sollen bei der **Wahrnehmung der Erziehungsverantwortung beraten und unterstützt** werden, womit **finanzielle Unterstützungen nicht gemeint** sind.

Besonders schwierig kann eine solche Beratung vor allem dann werden, wenn die familienrechtliche Situation unklar ist und beide Elternteile für sich in Anspruch nehmen, die Personensorge ganz oder teilweise auszuüben. Hier ist in der Beratungspraxis besonders darauf zu achten, dass die Parteilichkeit der Jugendhilfe den Minderjährigen, und zwar im Zweifel auch gegen die Interessen ihrer Eltern, zu gelten hat. Dieses ist ein wichtiger Unterschied zu anwaltlicher Beratung, die stets ganz den Interessen des Mandanten verpflichtet ist.

II. Unterstützungsanspruch bei der Geltendmachung des Unterhalts und der Herstellung gemeinsamer elterlicher Sorge

80 Elternteile, die nicht mit dem anderen Elternteil verheiratet sind, also Eltern von Kindern, die früher nichtehelich genannt wurden, haben einen Anspruch auf Unterstützung bei der Durchsetzung des **Unterhaltsanspruches (§ 18 Abs. 1 SGB VIII) und bei Sorgeerklärungen** sowie der **Herstellung gemeinsamer elterlicher Sorge (§ 18 Abs. 2 SGB VIII)**. Das Gesetz versucht den gesamten Beratungsbedarf in diesem Feld nach der Pluralisierung von Lebensformen in den Blick zu nehmen.

III. Beratungs- und Unterstützungsanspruch bzgl. des Umgangsrechts

81 **Kinder und Jugendliche** haben **gem. § 18 Abs. 3 SGB VIII** einen Anspruch auf **Beratung und Unterstützung bei der Ausübung des Umgangsrechts**.

Dies kann auch als begleiteter Umgang – auch in den Räumen des Jugendhilfeträgers – stattfinden. Diese sehr zeitintensive Form der Unterstützung ist vor allem bei der Anbahnung von regelmäßigen Umgangskontakten nicht selten erforderlich; hinreichende Kapazität steht allerdings häufig nicht zur Verfügung.

IV. Unterstützungsanspruch bei Unterhalts- und Unterhaltsersatzansprüchen

82 Nach Abs. 4 der Vorschrift haben junge Volljährige bis zur Vollendung des 21. Lebensjahres einen eigenen Anspruch auf Unterstützung bei der Geltendmachung von Unterhalts- und Unterhaltsersatzansprüchen (i. d. R. Waisenrenten).

Weiterführende Literatur:
R. Balloff/E. Walter, Möglichkeiten und Grenzen beratender Intervention am Beispiel der Mediation nach den §§ 17, 28, 18 Abs. 4 KJHG, ZfJ 1993, S. 65; *G. Mitgrega*, Betreuter Umgang, FuR 1999, S. 212; *M. Klinkhammer/S. Prinz*, Handbuch begleiteter Umgang: pädagogische, psychologische und rechtliche Aspekte, Köln, 2017; *M. Reichel/H. Trittel*, Das Verhältnis von § 18 zu § 52a

SGB VIII in der täglichen Praxis des Jugendamtes, Kind-Prax 1998, S. 113; *P. Schruth*, Schnittstellen der Kooperation beim „Begleiteten Umgang", ZfJ 2003, S. 14; *M. Voelker/M. Clausius*, Sorge- und Umgangsrecht: Handbuch für die familienrechtliche Praxis: Rechtsgrundlagen, Erläuterungen, Muster, Baden-Baden, 2021; *S. Willutzki*, Die Umgangspflegschaft, ZKJ 2009, S. 281

E. Gemeinsame Wohnformen für Mütter/Väter und Kinder (§ 19 SGB VIII)

I. Regelungsgegenstand

Sogenannte **Mutter-Kind-Einrichtungen** sind der Regelungsgegenstand des § 19 SGB VIII. Sie dienen praktisch dazu, vor allem sehr jungen, alleinerziehenden Müttern zu ermöglichen, einerseits ihre eigene Persönlichkeit zu entwickeln und eine Ausbildung zu beginnen oder abzuschließen und andererseits ihrer eigenen Elternverantwortung gerecht zu werden. Auch alleinerziehende Väter können diese Angebote nutzen. Der jeweils andere Elternteil kann in den Hilfeprozess einbezogen werden. **83**

II. Anspruchsinhalt

1. Soll-Verpflichtung

Abs. 1 verleiht alleinerziehenden Eltern, die solche Hilfen brauchen, einen **Förderungsanspruch** in der Form der **Soll-Verpflichtung**. Die Leistung wird in der Erwartung erbracht, dass die Verbesserung der Lage des Elternteiles unmittelbar dem Kind zugutekommt. Dies rechtfertigt die Beschreibung der Leistung als Jugendhilfeleistung. **84**

2. Anspruch

Es besteht ein Anspruch auf **gemeinsame Unterkunft**, im Wesentlichen sozialpädagogische Maßnahmen zur **Persönlichkeitsentwicklung** und **Unterstützung**en im Bereich **Ausbildung** und **Berufstätigkeit**. **85**

3. Betreuung von Geschwisterkindern

Geschwisterkinder können mit betreut werden. **86**

4. Aufnahme von bereits schwangeren jungen Frauen

Aufnahme von bereits schwangeren jungen Frauen in Einrichtungen, die Hilfe nach § 19 SGB VIII leisten. **87**

III. Ende der Hilfe

Die **Hilfe endet nicht**, wenn das jüngste **Kind**, dem die Hilfe mittelbar nützen soll, das **sechste Lebensjahr** vollendet hat; sie soll so lange gewährt werden, wie dies fachlich erforderlich ist. **88**

IV. Umfang

Zur **Hilfe gehört**, wie bei vielen stationären Angeboten, der notwendige **Lebensunterhalt** und **Krankenhilfe** (vgl. Abs. 3). Die Gewährung dieser Hilfen ist so auszurichten, dass die Eltern lernen, zunehmend selbstständig zu leben. **89**

V. Kosten

90 Wird eine Hilfe **nach** § 19 SGB VIII in Anspruch genommen, müssen die **Leistungsempfänger** und **deren Eltern** zur Finanzierung beitragen. Hierzu müssen sie **gem. §§ 91 ff. SGB VIII Kostenbeiträge** zahlen.

Weiterführende Literatur:
BzGA, Wenn Teenager Eltern werden, Köln 2005; *R. Hahn*, Männer außen vor?: Möglichkeiten und Grenzen der Teilhabe von Männern am Alltag in gemeinsamen Wohnformen für Mütter/Väter und Kinder, Baden-Baden, 2017; *A. Trumm*, Minderjährige Mütter in Einrichtungen der Jugendhilfe, JAmt 2003, S. 6; *R. Wiesner*, § 19 SGB VIII als Grundlage für die Hilfegewährung in gemeinsamen Wohnformen für Mütter/Väter und Kinder aus der Sicht des Gesetzgebers, NDV 1998, S. 225

F. Betreuung und Versorgung des Kindes in Notsituationen (§ 20 SGB VIII)

I. Regelungsinhalt

91 Familien können in Situationen kommen, in denen überraschend die **Betreuung** und **Versorgung der Kinder nicht sichergestellt** ist. Der wichtigste Grund hierfür sind ernsthafte Erkrankungen.
Für diese Fälle sieht das SGB VIII in § 20 eine **Pflicht** der öffentlichen Träger der Jugendhilfe zur **Unterstützung** des anderen Elternteils bei der **Erfüllung der Betreuungs- und Versorgungspflicht** vor (**Abs. 1**). Die Hilfe kann auch niedrigschwellig und durch ehrenamtliche Kräfte geleistet werden.

II. Voraussetzungen und zeitlicher Rahmen

92 Voraussetzungen für die öffentliche Unterstützung ist, dass
- der überwiegend betreuende Elternteil aus zwingenden Gründen für die Betreuung ausfällt,
- der andere Elternteil berufsbedingt nicht in der Lage ist, die Betreuung zu übernehmen,
- der familiäre Lebensraum erhalten bleiben soll und
- Angebote der Kindertagesbetreuung nicht ausreichen.

Es geht also um die **Betreuung und Versorgung von Kindern in Notsituationen in der vertrauten Umgebung**. Diese können auch länger andauern; zeitliche Limitierungen (etwa auf drei Monate, in der Praxis stellenweise üblich) sind mit dem Gesetz nicht vereinbar.
Der Anspruch kann auch bei dem Ausfall des allein erziehenden Elternteiles oder bei dem Ausfall beider Elternteile bestehen.

III. Kosten

93 Wird eine **Hilfe** nach § 20 SGB VIII in Anspruch genommen, müssen die **Minderjährigen** und deren **Eltern** nach ihren **finanziellen Möglichkeiten** zu deren **Finanzierung** beitragen. Hierzu müssen sie gem. **§§ 91 ff. SGB VIII Kostenbeiträge** zahlen.

Weiterführende Literatur:
P. Frings, Betreuung und Versorgung von Kindern in Notsituationen gemäß § 20 KJHG, Sozialrecht aktuell1 1992, S. 4; *P. Stein*, § 38 SGB V und § 20 SGB VIII – ein Vergleich, ZfJ 1991, S. 579

G. Unterstützung bei der notwendigen Unterbringung zur Erfüllung der Schulpflicht (§ 21 SGB VIII)

Als letzte Leistung nennt der Abschnitt den Beratungs- und Unterstützungsanspruch zur **Erfüllung** der **Schulpflicht**.

I. Adressaten

1. Eltern, die berufsbedingt häufig ihren Aufenthalt wechseln müssen

Dazu zählen bspw. Schausteller, Binnenschiffer oder Artisten. Können sie die Erfüllung der Schulpflicht nicht ohne Hilfe sicherstellen, haben sie einen **Beratungs- und Unterstützungsanspruch**. Dieser kann sich auch als Anspruch auf Übernahme von Internatskosten oder Anspruch auf Gewährung von besonderen stationären Hilfen für die betroffenen Kinder darstellen.

2. Weitergewährung von Hilfe

Die **Hilfe** nach § 21 SGB VIII kann auch **jungen Menschen unter 21** Jahren **weiter gewährt** werden, um ihnen den Abschluss der Schulausbildung zu ermöglichen.

II. Kosten

Wird eine **Hilfe** nach § 21 SGB VIII in Anspruch genommen, müssen die **Minderjährigen**, deren **Eltern** und **junge Volljährige** nach ihren **finanziellen Möglichkeiten** zu deren Finanzierung beitragen. Hierzu müssen sie gem. §§ **91 ff.** SGB VIII **Kostenbeiträge** zahlen.

Weiterführende Literatur:
C. *Bernzen*, Was passiert mit dem Kind der alleinerziehenden Kapitänin?, Sozialrecht aktuell 2005, S. 86; G. *Happe*, Leistungsrecht im Übergang vom JWG zum KJHG, JuWo 1991, S. 414, 420

Einem realen Fall nachgebildet ist der Fall 4, der sich mit der Betreuung und Versorgung von Kindern in Notsituationen beschäftigt.

Fall 4: Ersatz für die Mutter?
Die Eheleute A leben mit ihren drei Kindern (4, 7 und 9 Jahre alt) zusammen. Frau A betreut die Kinder, Herr A ist Geschäftsführer einer Spedition, was Arbeitszeiten von deutlich mehr als 40 Stunden in der Woche mit sich bringt. Bei einem Autounfall im Ausland kommt Frau A zu Tode. Schuld an dem Unfall ist allein der Fahrer eines Motorrades. Herr A wendet sich an das Jugendamt und bittet um Hilfe. Er möchte, dass die Kinder in Anbetracht der tiefgreifenden Veränderungen in ihrem Leben möglichst weitgehend im gewohnten Umfeld betreut werden können und will deshalb von der Haftpflichtversicherung des Unfallverursachers unter anderem die Kosten für eine Kinderbetreuungs- und Haushaltskraft ersetzt bekommen. Eine Einigung mit der Versicherung konnte er noch nicht erreichen. Nun möchte er von dem Jugendamt die genannten Kosten bis zur Regulierung durch die gegnerische Haftpflichtversicherung übernommen haben. Er bietet an, den Schadenersatzanspruch insoweit abzutreten. Das Jugendamt leistet zunächst, stellt aber nach 10 Wochen die Hilfe ein. Es begründet dies damit, dass Herr A nun selbst für eine Betreuung sorgen müsse und zur Not seine Berufstätigkeit anders organisieren solle.
Frage:
Ist die Auffassung des Jugendamtes zutreffend?

Lösung zu Fall 4
1. Anspruchsgrundlage für die Hilfe
Geeignete Anspruchsgrundlage ist jede Norm, die einen Anspruch auf die gewünschte Leistung verleiht. Deshalb scheiden die speziellen Hilfeansprüche der §§ 18–19, 21 SGB VIII aus. Auch die speziellen Hilfeansprüche aus § 17 Abs. 2 SGB VIII und 17 Abs. 1 scheiden aus. Schließlich scheidet auch § 16 SGB VIII als Anspruchsgrundlage aus, jedenfalls vermittelt diese Vorschrift kein subjektives öffentliches Recht
Als Anspruchsgrundlage kommt allein § 20 Abs. 1 SGB VIII in Betracht.
2. Anspruchsvoraussetzungen
Anspruchsvoraussetzung für eine Leistung nach § 20 Abs. 1 SGB VIII sind:
– der Ausfall des überwiegend die Kinder betreuenden Elternteils,
– die berufsbedingte Abwesenheit des anderen Elternteils,
– die kindeswohlbedingte Erforderlichkeit einer Hilfe und
– keine hinreichende Bedarfsdeckung durch Angebote der Tagesbetreuung.
Die erste Anspruchsvoraussetzung liegt vor, die Mutter, die die Kinder im Wesentlichen betreut hatte, steht dauerhaft nicht mehr zur Kinderbetreuung zur Verfügung. Auch die zweite Anspruchsvoraussetzung liegt vor, der Vater ist berufsbedingt nicht dazu in der Lage, die Kinderbetreuung zu übernehmen. Würde er dies auch nur teilweise tun, müsste er eine andere berufliche Tätigkeit übernehmen, die wenigstens mit regelmäßigen Arbeitszeiten verbunden wäre.
Sicher steht aufgrund des Sachverhalts auch fest, dass des Kindeswohles wegen eine Hilfe erforderlich ist; damit liegt auch die dritte Voraussetzung vor.
Fraglich ist, ob auch die vierte Voraussetzung vorliegt, nämlich dass Angebote der Kindertagesbetreuung keine hinreichende Hilfe darstellen. Zur Deckung des Betreuungsbedarfes könnte es hinreichend sein, dass das jüngste Kind eine Ganztagseinrichtung besucht und die beiden anderen Kinder nach der Schule in einem Hort betreut werden. Die Frage ist, ob dies hinreichend ist. Der Vater sieht dies nicht so. Aber auch die gegenteilige Auffassung könnte vertreten werden. Mit juristischen Mitteln ist die Frage nicht zu beantworten. Dieses ist nur mit pädagogischen, psychologischen oder sozialarbeiterischen Erkenntnissen möglich. Ständen keine weiteren Erkenntnisse zur Verfügung, so hier der Sachverhalt, würde ich mich wohl der Auffassung des Vaters anschließen und damit auch die vierte Voraussetzung als gegeben ansehen.
Dann lägen die Anspruchsvoraussetzungen vor.
3. Anspruchsinhalt
Die Pflicht zur Unterstützung des Elternteils ist als „Soll-Verpflichtung" Anspruchsinhalt. Anhaltspunkte dafür, dass atypische Umstände vorliegen, sind nicht zu erkennen; so wird aus der „Soll-Verpflichtung" eine „Muss-Verpflichtung". Welche geeignete Unterstützung das Jugendamt gewähren will, steht in seiner pflichtgemäßen Entscheidung. Rechtswidrig ist es, wenn es ohne das Hinzutreten weiterer Umstände die Hilfe schlicht wegen Ablauf eines Zeitraumes beendet.

Ergebnis zu Fall 4
Die Auffassung des Jugendamtes ist rechtlich unzutreffend. Der Jugendhilfeträger muss nach § 20 SGB VIII leisten, kann aber den Vater gem. § 91 ff. SGB VIII zu den Kosten heranziehen (vgl. Kapitel 14) oder sich den Schadenersatzanspruch abtreten lassen.

Kapitel 6: Der dritte Abschnitt des Leistungskapitels: Förderung von Kindern in Tageseinrichtungen und Kindertagespflege (§§ 22–26 SGB VIII)

Im dritten Abschnitt des Leistungskapitels wird die Förderung von Kindern auf drei unterschiedliche Weisen angesprochen; es geht um die **Förderung** in **Kindertageseinrichtungen**, um die **Kindertagespflege** und die Förderung in von den Eltern **selbst organisierten Angeboten**. 99
Insbesondere die Kindertageseinrichtungen sind ein Bereich der Jugendhilfe, der hoher öffentlicher und politischer Aufmerksamkeit ausgesetzt ist. Dies führt dazu, dass in diesem Bereich vielfältiges Landesrecht den tatsächlichen Leistungsinhalt entscheidend prägt und die Verwendung der einheitlichen Begriffe des Bundesrechtes mehr Einheitlichkeit nahegelegt, als tatsächlich vorhanden ist.

A. Grundsätze der Förderung (§ 22 SGB VIII)

I. Form und Zweck

1. In **Abs. 1** der Vorschrift werden Kindertageseinrichtungen und Kindertagespflege gesetzlich umrissen. Zugleich wird auf die Bedeutung des Landesrechts hingewiesen. 100
2. **Abs. 2** der Norm benennt die Zwecke von **Kindertageseinrichtungen**.

Als Zweck der Kindertagesbetreuung wird in Abs. 2 die Förderung der Entwicklung zu eigenverantwortlichen und gemeinschaftsfähigen Persönlichkeiten genannt. In den beiden folgenden Nummern werden die Ergänzung der Erziehung und Bildung durch die Eltern und die Erleichterung der Vereinbarkeit von Familientätigkeit und Beruf bei den Eltern genannt. Zugleich wird auf die organisatorischen Rahmenbedingungen gelingender Inklusion hingewiesen.

II. Umsetzung

Zur Verwirklichung dieser Aufgaben wird in **Abs. 3** die **Aufgabentrias** 101
– Betreuung,
– Bildung und
– Erziehung
beschrieben. Die Beschreibung ist eingebettet in Formulierungen, die einerseits den Einzelfall in den Blick rücken und andererseits allgemeine gesellschaftliche Normen fokussieren. Auf die Bedeutung von Qualitätsentwicklung und Sicherung verweist Abs. 4. der Norm.

III. Der Betreuungsauftrag

Das Ziel des **Betreuungsauftrages** ist am leichtesten zu beschreiben: Hier geht es darum, dass die **Kinder** in der Zeit, in der sie in der Einrichtung sind, **gut versorgt und beaufsichtigt** werden. Schwierig ist hierbei vor allem das rechte Verhältnis zwischen verantwortbarem Risiko und notwendiger Kontrolle zu finden. 102

IV. Inhalt des Auftrages zur Erziehung und Bildung

103 Wesentlich problematischer ist die Bestimmung des **Inhalts des Auftrages** zur Förderung der Erziehung und Bildung: Diese Aufträge werden zum einen durch die oben beschriebenen **bundesrechtlichen Erziehungsziele** gefüllt. Zum anderen werden **landesrechtlich weitere Bildungs- und Erziehungsziele** hinzugefügt: von der Achtung Menschen unterschiedlicher Rassen und Religionen bis zur Erziehung zu regelmäßiger Zahnpflege. Landesrechtlich bestehen sehr unterschiedliche Regelungen zur Beschreibung von Erziehungszielen und Bildungsanforderungen für Kindertageseinrichtungen. Sie alle haben zudem zu respektieren, dass die **Jugendhilfe insgesamt** und damit auch die Kindertagesbetreuung anders als die Schule **keinen eigenständigen Erziehungsauftrag** hat und deshalb ihre **Ziele** stets **im Dialog mit den Eltern** bestimmen muss (vgl. dazu auch Kapitel 2). Schließlich ist zu beachten, dass erziehungswissenschaftlich streitig ist, ob überhaupt allgemeinverbindliche Erziehungsziele formuliert werden können.

Weiterführende Literatur:
BAGLJÄ, Flexible Angebotsformen der Tagesbetreuung, ZKJ 2008, S. 373; *Deutsche Liga für das Kind*, Bildungs- und Erziehungspartnerschaft in der Kindertagesbetreuung, Berlin, 2018; *D. Diskowski*, Die Qualitäts- und Bildungsdebatte in der Kindertagesbetreuung, RdJB 2009, S. 93; *H.-L. Fichtner*, Bildungsprozesse im Kindergarten: Handbuch zur Reflexion und Einschätzung pädagogischer Arbeit mit Kindern, Köln, 2007; *M. Jestaedt*, Ein Grundrecht auf Kinderbetreuung?, ZfJ 2000, S. 281; *H. J. Laewen u. a.*, Bildung und Erziehung in der frühen Kindheit, Weinheim 2002; *W. Rüfner*, Rechtsgutachten zur Kindergartenfinanzierung, JuWo 1996, S. 7; *M. Textor*, Elternarbeit im Kindergarten, Norderstedt 2005

B. Förderung in Tageseinrichtungen (§ 22a SGB VIII)

104 In **§ 22a SGB VIII** werden **Voraussetzungen** dafür beschrieben, dass diese die Aufträge der Kindertagesförderung erfüllen können.
1. **Verpflichtung zur Qualitätsentwicklungs- und Qualitätssicherungsmaßnahmen** der öffentlichen Träger für ihre eigenen Einrichtungen in Abs. 1
2. **Verpflichtung zur Zusammenarbeit mit den Erziehungsberechtigten und Schulen** der Träger und deren Mitarbeiterinnen und Mitarbeiter in Abs. 2
3. **Verpflichtung zu einem pädagogischen und organisatorisch an den Bedürfnissen der Kinder und ihrer Familien orientierten Leistungsangebot**
   Eine entscheidende **Schwierigkeit** bei der Erfüllung dieser Verpflichtung liegt darin, dass **nicht** schlechthin davon ausgegangen werden darf, dass **Kinder** und **ihre Eltern stets parallele Interessen** haben. Dies gilt nicht einmal gegenüber dem Kindergartenträger. Für die Kinder dürfte sehr wichtig sein, dass sie drinnen und draußen spielen können und dass die anderen Kinder nett sind. Eltern hingegen werden vielfach daran interessiert sein, dass die Einrichtung auf ihren aus beruflichen Gründen wechselnden Betreuungsbedarf flexibel reagieren kann. Das **Gesetz** nimmt diese Spannung auf, indem es von **pädagogischen** und **organisatorischen Bedürfnissen** spricht; aufgehoben wird sie durch eine Priorisierung der einen oder anderen Interessen zu Recht nicht. Die Entscheidung ist also jeweils im Einzelfall zu treffen.
4. **Auftrag zur Integration**
   Die gemeinsame und personenzentrierte Förderung junger Menschen mit und ohne Behinderungen ist Auftrag nach Abs. 4.
5. **Verpflichtung freier Träger**
   Abs. 5 verpflichtet die öffentlichen Träger, dafür zu sorgen, dass auch die freien Träger ihre Arbeit an den in § 22a formulierten Zielen ausrichten.

Weiterführende Literatur:
H. v. Hentig, Die vermessene Bildung, Neue Sammlung 2003, S. 211; *A. Hilke*, Der Waldkindergarten als (Tages-)Einrichtung der Kinder- und Jugendhilfe?, ZfJ 2000, S. 271; *R. Ollman*, Aufsicht

und Haftung in Kindertagesstätten, ZfJ 2004, S. 1; *F. Schoch*, Kompetenz- und Finanzierungsfragen „zwischen" Schule und Jugendhilfe, ZfJ 2003, S. 301; *M. Textor*, Der Kindergarten sucht eine Heimat, ZfJ 2003, S. 210; *S. Seltz u. a.*, Vielfalt von Anfang an: Inklusion in Krippe und Kita, 2014, Freiburg

C. Der Rechtsanspruch auf einen Kindergartenplatz (§ 24 SGB VIII)
I. Die Inhaber des Anspruchs

Das Kindertagesbetreuungsangebot in Deutschland war lange Zeit – insbesondere in den alten Bundesländern – nicht ausreichend. Deshalb war (und ist) die Frage, wie die öffentlichen Leistungen verteilt werden und bei welchen Angeboten Bürgerinnen und Bürger das Handeln der Verwaltung aufgrund subjektiver öffentlicher Rechte selbst kontrollieren können, praktisch außerordentlich bedeutsam. In der Jugendhilferechtsreformdiskussion war ein **subjektives öffentliches Recht** auf den Besuch des Kindergartens vorgesehen. Dieses wurde jedoch nach Interventionen aus dem Bundesrat nicht Gesetz. Nachdem aber das Bundesverfassungsgericht deutlich gemacht hatte, dass Voraussetzung für die Rechtmäßigkeit der Straffreiheit von Schwangerschaftsabbrüchen ein umfassendes staatliches Schutzkonzept ist, wurde dieser Rechtsanspruch in § 24 in das SGB VIII durch das Schwangeren- und Familienhilfegesetz (wieder) eingefügt. Dadurch war folgende neue Situation entstanden:
Die **Kinder selbst** haben einen **Anspruch** auf einen **Kindergartenplatz und Kindertagesförderung.**

II. Anspruchsvoraussetzungen

Der Gesetzgeber hat die Anspruchsvoraussetzungen und -inhalte in § 24 nach dem Lebensalter der Anspruchsinhaber angeordnet.
Von der Geburt an hat jedes Kind einen Anspruch auf den Besuch einer Kindertageseinrichtung oder Tagespflege, wenn dies entweder zur Entwicklung oder aber wegen der Arbeit, der Ausbildung oder des Studiums der Eltern notwendig ist (Abs. 1).
Von dem ersten bis zum dritten Lebensjahr besteht ein Anspruch auf den Besuch einer Kindertageseinrichtung oder Tagespflege. Anspruchsvoraussetzung ist allein die Vollendung des ersten Lebensjahres. Der Anspruch nach Abs. 2 erlischt mit der Vollendung des dritten Lebensjahres.
Nach Abs. 3 hat jedes Kind dann einen Anspruch auf den Besuch einer Kindertageseinrichtung. Die Anspruchsvoraussetzungen dafür sind schlicht:
– Die Person, die den Anspruch geltend macht, muss das **dritte Lebensjahr vollendet** haben.
– Sie darf noch **nicht in die Schule** eingetreten sein.

Praktisch ist es erforderlich, dass die **Anspruchsinhaber**, also die Kinder, bei der Durchsetzung ihres Anspruches durch ihre **Personensorgeberechtigten vertreten** werden.

III. Anspruchsinhalt

Ganz ungenau ist das Bundesrecht hingegen bei dem **Anspruchsinhalt**:
1. Das Gesetz **garantiert** den **Besuch** eines Kindergartens. Damit ist sicher mehr als ein einmaliger Besuch gemeint, mit **hoher Wahrscheinlichkeit** geht es um einen **regelmäßigen Besuch an fünf Werktagen** in der Woche. Gar nichts wird über die praktisch wichtige Frage gesagt, wie viele Wochen im Jahr der Kindergarten geschlossen sein darf; stets in den Schulferien oder nur drei Wochen? Vor allem für berufstätige Eltern ist die Antwort auf diese Frage von großer Bedeutung.

2. Durch das Gesetz **nicht geklärt** ist auch die Frage, **was** überhaupt eine **Kindertageseinrichtung** ist: Ein Gebäude ist für ihn noch nicht einmal Voraussetzung, wie sich an den Waldkindergärten erkennen lässt. Aus der **Aufgabentrias** Betreuung, Bildung und Erziehung lässt sich **ableiten**, dass **Personal zur Verfügung** stehen muss. Über dessen Ausbildung und auch über die Größe der Gruppen schweigt das den sog. Rechtsanspruch verleihende Bundesrecht aber.

IV. Bedarfsentsprechende Einrichtung von Krippen-, Hort- und Ganztagesplätzen

108 Als Teil des **objektiven Leistungsrechts** werden die öffentlichen Träger der Jugendhilfe durch **Abs. 4** der Norm verpflichtet, **bedarfsentsprechend Krippen-, Hort- und Ganztagsplätze** anzubieten.

V. Kostenbeiträge

109 Wird eine **Leistung** nach § 24 SGB VIII in Anspruch genommen, findet regelmäßig eine **pauschalierte Kostenbeteiligung** gem. § 90 SGB VIII statt.

Weiterführende Literatur:
H. Gerstein, Änderungen im SGB VIII durch das Tagesbetreuungsausbaugesetz, ZfJ 2005, S. 267; *K. Harms,* Die Gesetzgebungskompetenz des Bundes zur Begründung eines Rechtsanspruchs auf einen Kindergartenplatz, RdJB 1996, S. 99; *J. Hoffmann,* Verfassungsfragen einer Kindergartenpflicht, ZKJ 2006, S. 426; *A. Oehlmann-Austermann,* Rechtsanspruch auf einen Kindergartenplatz vor der Haustür – oder was?, ZfJ 1996, S. 7; *J. Struk,* Zum Rechtsanspruch auf einen Kindergartenplatz und seine Modifizierung, ZfJ 1996, S. 157; *M. Schuler-Harms,* Gutschein und Familienkasse als ökonomische Instrumente moderner Familienpolitik?, RdJB 2009, S. 131; *M. Textor,* Das Recht auf frühkindliche Bildung und seine ungerechte Umsetzung in den Bundesländern, Berlin, 2012, S. 52-62; *R. Wiesner,* Das Kinderförderungsgesetz, ZKJ 2009, S. 224

D. Kindertagespflege (§ 23 SGB VIII)

I. Begriff

110 **Kindertagespflege** ist die **Betreuung eines Kindes durch eine Tagesmutter** (selten auch einen Tagesvater) **in deren oder auch dem elterlichen Haushalt**: So ist sie in § 22 Abs. 1 Satz 2 legal definiert.

II. Regelungen

111 Die Regelungen zur Tagespflege in § 23 Abs. 1 SGB VIII reagieren auf die unterschiedlichen Möglichkeiten, in denen Tagespflege zustande kommen kann. Stets liegt dem **Tagespflegeverhältnis** ein **zivilrechtlicher Vertrag zwischen den Personensorgeberechtigten und der Kindertagespflegeperson** zugrunde. Der **öffentliche Träger** der Jugendhilfe kann entweder **vermitteln** oder aber einen bereits geschlossenen privatrechtlichen **Vertrag** als Tagespflege im Sinne des SGB VIII **anerkennen**.

III. Kostentragung

1. Kostenart

112 Abs. 2 und Abs. 2a der Vorschrift regeln abschließend, **welche Kosten** als Geldleistung bei Tagespflege von den öffentlichen Trägern der Jugendhilfe zu tragen sind:

- die Erstattung des **Sachaufwandes**
- ein Betrag zur **Anerkennung der Förderleistung** und
- die Erstattung von **Sozialversicherungs- und Altersvorsorgeaufwendungen.**

Mit diesen Regelungen wird deutlich, dass die Tätigkeit einer Kindertagespflegeperson ein Beruf im Entstehen ist.

2. Kostenübernahme bei Vermittlung durch den öffentlichen Träger

Unproblematisch ist die **Übernahme** dieser **Kosten** durch die öffentlichen Träger der Jugendhilfe, wenn **diese selbst die Kindertagespflegeperson vermittelt** hat: Die öffentlichen Träger werden nur **Personen** vermitteln, die nach ihrer Auffassung entsprechend Abs. 3 der **Norm geeignet** sind.

3. Kostenübernahme ohne Vermittlung durch den öffentlichen Träger

Anders ist dies in den Fällen, in denen der zivilrechtliche **Vertrag ohne Vermittlung** des Jugendhilfeträgers geschlossen wurde: Hier ist nicht nur die **Erforderlichkeit** der Hilfe, sondern auch die **Eignung** der Kindertagespflegeperson gem. Abs. 3 als Voraussetzung einer Kostenübernahme zu prüfen.

IV. Beratungsanspruch

Abs. 4 verleiht Kindertagespflegepersonen und **Personensorgeberechtigten** einen **Anspruch auf Beratung (Satz 1)**, welchem ein **subjektives öffentliches Recht** zugeordnet ist. **Zusammenschlüsse** von Kindertagespflegepersonen sollen beraten und unterstützt werden (**Satz 3**). Praktisch schwierig zu bewältigen dürfte die Aufgabe nach **Satz 2** sein, nämlich die Sicherung der Betreuung der Kinder in den Zeiten, in denen die Kindertagespflegeperson ausfällt.

V. Kosten

Wird eine **Leistung** nach **§ 23 SGB VIII** in Anspruch genommen, findet eine **pauschalierte Kostenbeteiligung** gem. **§ 90 SGB VIII** statt.

VI. Beratungsanspruch von Zusammenschlüssen

Abs. 4 der Norm bestimmt, dass Zusammenschlüsse von Pflegepersonen einen Anspruch auf Beratung und Unterstützung durch den öffentlichen Träger der Jugendhilfe haben; auch dieser Verpflichtung ist **ein subjektives öffentliches Recht** zugeordnet.

Weiterführende Literatur:
B. Geck, Die Begründung von Beschäftigungsverhältnissen bei der Beschäftigung von Tagespflegepersonen im Sinne des § 23 SGB VIII, NDV 1999, S. 40, 43, 46; *C. Grube,* Förderung von Kindern in Tagespflege nach § 23 SGB VIII, ZfJ 1997, S. 361; *G. Happe,* Zur Tagespflege bei Großeltern, JuWo 1997, S. 464; *R. Kemper,* Erwerbstätigkeit und Tagespflege, ZfJ 1992, S. 371; *H. Schmid/R. Wiesner,* Rechtsfragen in der Kindertagespflege nach dem Tagesbetreuungsausbaugesetz, ZKJ 2005, S. 274; *G. Schoyerer,* Kindertagespflege zwischen Anspruch und Wirklichkeit, Marburg, 2014

E. Selbstorganisierte Angebote (§ 25 SGB VIII)

Als Teil des **objektiven Leistungsrechts** bestimmt § **25 SGB VIII**, dass **Erziehungsberechtigte**, die **Tagesförderung von Kindern selbst organisieren**, gefördert und unterstützt werden sollen. Solche Angebote unterliegen **keiner** eigenen **Aufsicht**, sie brauchen nicht immer eine **Betriebserlaubnis** nach **§ 45 SGB VIII**; sie stehen allein in der

Elternverantwortung. Entsprechend können öffentliche Stellen auch erst intervenieren, wenn durch sie das Kindeswohl im Sinne des § 1666 BGB gefährdet wird.

Weiterführende Literatur:
P. Mrozynski, Die materiellen Kriterien des Einrichtungsbegriffs im Kinder- und Jugendhilferecht, ZfJ 1994, S. 145

F. Landesrecht (§ 26 SGB VIII)

119 Aus juristischen Gründen ist der **Landesrechtsvorbehalt** in **§ 26 SGB Satz 1 VIII überflüssig**: Die Regelung teilt nur das mit, was ohnehin gilt. Soweit der Bund von seiner **konkurrierenden Gesetzgebungskompetenz nicht Gebrauch** gemacht hat, liegt die **Gesetzgebungskompetenz bei den Ländern.** Die Regelung hat aber eine andere Funktion: Sie weist darauf hin, dass insbesondere die kindergartenrechtlichen Regelungen nur anwendbar werden, wenn sie durch Landesrecht ergänzt werden.

Entsprechend finden sich in den unterschiedlichen Regelungen der Bundesländer vielfältige Bestimmungen zu Erziehungszielen, Gruppengrößen, Betreuungsschlüsseln, Öffnungszeiten, Mindestausstattung, Eltern- und Kinderbeteiligung und öffentlicher Mitfinanzierung von Kindertageseinrichtungen in freier und anderer privater Trägerschaft. Teilweise sind auch deutlich über die bundesrechtlichen Vorgaben hinaus gehende subjektive öffentliche Rechte formuliert.

Satz 2 der Norm soll dem Bundesland **Bayern** ermöglichen, an seiner Rechtsauffassung festzuhalten, nach der das **Kindergartenrecht** als **Bildungsrecht** nicht in den Bereich der Bundeskompetenz fällt. Dieser Auffassung folgend ist in Bayern das Kindergartenwesen dem Kultusbereich zugeordnet.

120 Wo ein Kindergarten liegt und mit welchen anderen Kindern ein Kind zum Kindergarten geht, kann große Bedeutung haben. Fall 5 schildert vor dem Hintergrund eines praktischen Falles hierzu einzelne Schwierigkeiten.

Fall 5: Kindergarten am Wohnort?
A, drei Jahre alt, wohnt in A-Dorf. Er will in den kommunalen Kindergarten in A-Dorf. In der einzigen Gruppe sind bereits 24 Kinder. Nach einer Landesrichtlinie soll die Gruppenstärke in Kindergärten regelmäßig 24 nicht übersteigen, in Ausnahmefällen können auch bis zu 26 Kinder aufgenommen werden. In den Vorjahren waren meistens 25 Kinder in der Gruppe. Das Jugendamt teilt den Eltern von A mit, er könne in den Kindergarten in A-Dorf nicht aufgenommen werden, da die zulässige Gruppengröße erreicht sei, und stellt einen Kindergartenplatz in dem sechs Kilometer entfernten öffentlichen Kindergarten in B-Dorf zur Verfügung.
Die Eltern von A wollen wissen, ob sie einen Anspruch auf Aufnahme ihres Kindes im Kindergarten A-Dorf haben und was ggf. zu unternehmen ist.

Lösung zu Fall 5
Die in dem Sachverhalt aufgeworfenen Fragen sind als Fallfragen bzw. wie folgend zu formulieren:
1. Hat A einen Anspruch auf Aufnahme?
2. Welche (rechtlichen) Möglichkeiten hat A, seinen Anspruch durchzusetzen?

Frage 1: Hat A einen Anspruch auf Aufnahme?
1. Anspruchsgrundlage
Einzig denkbare Anspruchsgrundlage für A ist § 24 Abs. 3 SGB VIII.
2. Anspruchsinhaber
Das Kind A ist Anspruchsinhaber, es müsste bei der Geltendmachung seines Anspruches sich als Minderjähriger, aber von seinen Personensorgeberechtigten, vertreten lassen.

Landesrecht (§ 26 SGB VIII) **120**

3. Anspruchsvoraussetzungen
Für einen Anspruch aus § 24 Abs. 3 SGB VIII bestehen folgende Voraussetzungen:
- Vollendung des dritten Lebensjahres und
- kein Schuleintritt.

A hat laut Sachverhalt das dritte Lebensjahr vollendet und er ist noch nicht in die Schule eingetreten. Die Anspruchsvoraussetzungen liegen vor.

4. Anspruchsinhalt
Der Anspruch ist auf den Besuch eines Kindergartens gerichtet. Die Frage, ob dieser am Wohnort gelegen sein muss, ist gesetzlich nicht geklärt. Bei der Entscheidung muss von dem Zweck des Kindergartens (Betreuung, Bildung, Erziehung) und dem bundesrechtlichen Erziehungsziel (eigenverantwortliche und gemeinschaftsfähige Persönlichkeit) ausgegangen werden. Vor diesem Hintergrund spricht nichts dagegen, dass ein Kindergarten fünf Kilometer von dem Wohnort des Kindes entfernt liegen kann; anders als Grundschulkinder werden Kindergartenkinder praktisch ohne Ausnahme zum Kindergarten gebracht und von dort abgeholt. Ob jedoch das Erziehungsziel der Gemeinschaftsfähigkeit durch die Lage des Kindergartens im Nachbarort verwirklicht werden kann, erscheint als fraglich. Insbesondere im Hinblick auf die Grundschulzeit ist es problematisch, dass der Kontakt des Kindes zu den Kindern, mit denen es auch nachmittags spielen kann, nicht hergestellt wird; es besteht eine nicht unerhebliche Gefahr, dass A in eine Außenseiterrolle gedrängt wird. Aus diesem Grund darf er nur auf die Einrichtung in B-Dorf verwiesen werden, wenn es keine Möglichkeit gibt, ihn in die Einrichtung in A-Dorf aufzunehmen. Diese Möglichkeit besteht aber: Bisher sind 24 Kinder in der Gruppe, eine Gruppengröße bis zu 26 Kindern ist nach Landesrecht zulässig.

5. Ergebnis zu Frage 1
A hat einen Anspruch auf Aufnahme in den Kindergarten in A-Dorf.

Frage 2: Welche (rechtlichen) Möglichkeiten hat A, seinen Anspruch durchzusetzen?
A muss einen Antrag auf Aufnahme in den Kindergarten in A-Dorf stellen. Wird dieser abgelehnt, muss er gegen die Ablehnung Widerspruch einlegen. Wird der Widerspruch zurückgewiesen, muss A innerhalb eines Monats nach Zugang des Widerspruchsbescheides gegen den öffentlichen Jugendhilfeträger vor dem Verwaltungsgericht Klage erheben.

Im Verwaltungsprozessrecht werden die Klagearten in der Verwaltungsgerichtsordnung (VwGO) in zwei Gruppen unterschieden: Klagen, deren Streitgegenstand durch Verwaltungsakt zu regeln ist, und solche, bei denen dieses nicht der Fall ist. Der Grund dafür ist, dass die öffentliche Verwaltung berechtigt ist, abschließende Regelungen von Rechtsverhältnissen im Einzelfall durch Verwaltungsakte herbei zu führen. Für und gegen diese Regelungen bedarf es eines besonderen Rechtsschutzsystems.

Dieses besteht in den Möglichkeiten der
- Anfechtungsklage, § 42 Abs. 1 VwGO,
- Verpflichtungsklage, § 42 Abs. 1 VwGO,
- Nichtigkeitsfeststellungsklage, § 43 Abs. 2 Satz 2 und
- Fortsetzungsfeststellungsklage, § 113 Abs. 1 Satz 4 VwGO.

In den anderen Fällen sind folgende Klagearten denkbar:
- allgemeine Leistungsklage,
- Unterlassungsklage,
- Normenkontrollklage und
- Feststellungsklage, § 43 VwGO.

Richtige Klageart ist hier die Verpflichtungsklage, mit der A beantragt, den öffentlichen Jugendhilfeträger zu verpflichten, ihn in den Kindergarten in A-Dorf aufzunehmen. Die Verpflichtungsklage müsste zulässig und begründet sein.

Diese Klage ist zulässig. Bei dem SGB VIII handelt es sich um öffentliches Recht; der Rechtsweg zu der Verwaltungsgerichtsbarkeit ist eröffnet. Auch die besonderen Sachurteilsvoraussetzungen liegen vor: A ist Inhaber eines Rechtes aus § 24 SGB VIII, ein Vorverfahren wurde durchgeführt und die Klage innerhalb der Monatsfrist erhoben.
Begründet wäre die Klage, wenn A einen Anspruch auf Aufnahme in den Kindergarten in A-Dorf hätte. Dieses wurde unter der Frage 1 bejaht.

Ergebnis zu Fall 5
A hat einen Anspruch darauf, den Kindergarten in A-Dorf zu besuchen. Er kann ihn erforderlichenfalls auch mit gerichtlicher Hilfe durchsetzen.

Kapitel 7: Der vierte Abschnitt des Leistungskapitels: Hilfen zur Erziehung, Eingliederungshilfe für seelisch behinderte Kinder und Jugendliche, Hilfe für junge Volljährige (§§ 27–41 SGB VIII)

Die Regelungen dieses Abschnitts sind am besten zu verstehen, wenn man sie fünffach aufteilt. Es ist zu sprechen über **121**
- § 27 SGB VIII als Grundnorm,
- die ambulanten Angebote,
- die Vollzeitangebote,
- die Eingliederungshilfe und
- die Hilfe für junge Volljährige

A. Mitwirkung, Hilfeplan (§ 36)

Zuvor muss aber auf eine Reihe von Normen hingewiesen werden, die sichern sollen, **122** dass **nur** sinnvolle und erfolgversprechende Hilfe zur Erziehung geleistet wird: Dies leisten die §§ 36 bis 36b SGB VIII, die eine qualifizierte **Hilfeplanung im Einzelfall** vorschreiben. Teil dieser Planung ist ein **Beratungsvorgang** der Personensorgeberechtigten und der Minderjährigen **von Amts wegen (vgl. § 36 Abs. 1 SGB VIII)**. Auf die Verständlichkeit der Beratung legt der Gesetzgeber wert. Auch praktisch problematisch ist, dass der beratende öffentliche Träger der Jugendhilfe **nicht ohne eigene Interessen** berät und anders als beispielsweise bei ärztlicher oder anwaltlicher, die Beratung im Rahmen der Hilfeplanung nach § 36 SGB VIII für die zu Beratenden nicht freiwillig erfolgt. Zudem wird die Verknüpfung von Beratungsverpflichtung und Entscheidungskompetenz des Jugendamtes von Betroffenen nicht selten als unangenehm empfunden. **Hilfreich** kann es sein, wenn sich die Personensorgeberechtigten in dieser für sie schwierigen Situation von einer **Person ihres Vertrauens (vgl. § 13 Abs. 4 SGB X)** oder einem anwaltlichen Bevollmächtigten begleiten lassen.

I. Sachverhaltsermittlung

Grundlage einer sinnvollen Hilfegewährung ist eine angemessene Ermittlung des Sachverhalts (vgl. auch § 20 SGB X). § 36 Abs. 2 konkretisiert den Untersuchungsgrundsatz **123** des Sozialverwaltungsrechts für den Bereich der Kinder- und Jugendhilfe. An der Ermittlung des Sachverhalts sollen auch – wenn dies erforderlich und datenschutzrechtlich zulässig ist – andere Sozialleistungs- und Rehabilitationsträger sowie Schulen beteiligt werden. Auch nicht personensorgeberechtigte Eltern können beteiligt werden.

II. Hilfeplan als Ergebnis

Als Ergebnis der Hilfeplanung soll ein **Hilfeplan** entstehen, der bei länger andauernder **124** Hilfe im **Zusammenwirken mehrerer Fachkräfte** in einer **Erziehungskonferenz** zu erstellen ist (vgl. **§ 36 Abs. 2 SGB VIII**). In dem Hilfeplan sollen auch Geschwisterbeziehungen beachtet werden. Auch beteiligte Leistungserbringer sollen beteiligt werden, diese können aber nur sinnvoll tätig werden, wenn sie von den Leistungsberechtigten die Erlaubnis haben, umfassend über die Leistungsberechtigten und ihre Familien zu berichten. Eine besondere Aufmerksamkeit ist auf die Willensäußerungen der Kinder und Jugendlichen zu legen.

Wenn zwischen den Personensorgeberechtigten erhebliche Kommunikationsschwierigkeiten bestehen, kann es sinnvoll und auch des Kindeswohls wegen geboten sein, **statt** einer **Erziehungskonferenz** mit allen Beteiligten einzelne Beteiligte getrennt anzuhören und die Entscheidung lediglich im Rahmen eines **Fachgespräches** der beteiligten Fachkräfte vorzubereiten.

Für niedrigschwellige ambulante Hilfe wie Erziehungsberatung ist eine Hilfeplanung nach § 36 SGB VIII nicht erforderlich. Gem. § 36b SGB VIII sollen im Rahmen der Hilfeplanung auch Vorkehrungen zur Sicherstellung der Hilfekontinuität bei einem Zuständigkeitswechsel getroffen werden.

In den §§ 37 ff SGB VIII werden detaillierte Regelungen für Hilfen getroffen, bei denen die jungen Menschen außerhalb der Herkunftsfamilie leben.

III. Hilfeziel

125 Schwierigkeiten macht vielfach eine sinnvolle Beschreibung des Hilfeziels. Damit nimmt die Hilfeplanung an der allgemeinen Schwierigkeit teil, Ziele von Jugendhilfeleistungen zu formulieren. Gleichwohl ist es sinnvoll, dass sich die beteiligten Fachkräfte um eine **möglichst konkrete Beschreibung** eines **Hilfezieles** bemühen. Eine gelungene Beschreibung eines Hilfezieles bringt für die **Minderjährigen** und die **Personensorgeberechtigten Klarheit** über die Hilfe; dieses ist für ihr Mitwirken und die Akzeptanz der Hilfe von entscheidender Bedeutung. Eine konkrete Beschreibung eines Hilfezieles bringt aber auch für den **Träger** der Hilfe wichtige Klarheit: Er weiß, was im Vordergrund stehen soll, und kann seine Bemühungen auf das ausrichten, was für prioritär gehalten wurde. Schließlich ist eine gelungene Beschreibung des Hilfezieles auch für den öffentlichen Träger der Jugendhilfe von großer Bedeutung; nur so kann er im Rahmen einer weiteren Hilfeplanung bewerten, ob der Träger im Einzelfall erfolgreich gearbeitet hat. Wird, wie praktisch bei einer stationären Maßnahme erlebt, als Ziel der Hilfe lediglich „Weitergewährung der Hilfe" angegeben, kann zwar leicht jeder Tag Aufenthalt in der Einrichtung als voller Erfolg bewertet werden, die Aussagekraft dieser Feststellung ist aber recht gering.

IV. Eingliederungshilfe für seelisch behinderte Kinder und Jugendliche

126 Bei Entscheidungen über Eingliederungshilfemaßnahmen für Kinder und Jugendliche mit **seelischen Behinderungen** soll ein **fachkundiger Arzt** an der Planung beteiligt werden; geht es um **berufliche Eingliederung**, soll die **Arbeitsverwaltung** einbezogen werden, wie sich aus § 36 Abs. 3 bzw. Abs. 2 Satz 4 SGB VIII ergibt.

V. Fehler

127 Fehler in der Hilfeplanung sind ärgerlich, sie haben aber **keinen Einfluss** auf die **Rechtmäßigkeit** der Hilfegewährung, wie das Bundesverwaltungsgericht entschieden hat (vgl. die Entscheidung im Anhang dieses Buches, dort Ziffer II. 4 der Entscheidungsgründe). Wichtige Regelungen zur Selbstbeschaffung von Hilfe zur Erziehung trifft § 36a SGB VIII.

B. Die Grundnorm der Hilfen zur Erziehung: § 27 SGB VIII

128 Die entscheidende Norm für **alle Leistungen** der Hilfe zur Erziehung ist **§ 27 Abs. 1 SGB VIII**. Sie bestimmt **Anspruchsinhaber, Anspruchsvoraussetzungen** und **Anspruchsinhalt**.

I. Anspruchsinhaber

129 Anspruchsinhaber sind, was im Einzelfall – z. B. bei der Heimerziehung – manchmal eigentümlich erscheint, **stets** und **ausschließlich** die **Personensorgeberechtigten**. Als Eselsbrücke mag der Gedanke dienen, dass es sich nicht um Hilfe beim Erzogen werden, sondern um Hilfe bei der Erziehung handelt. Die Regelung ist immer wieder kritisch diskutiert worden und soll überprüft werden.

II. Anspruchsvoraussetzung

130 Die **Anspruchsvoraussetzung** für eine Hilfe zur Erziehung ist juristisch einfach zu bestimmen: Die **kindeswohlentsprechende Erziehung** darf **nicht gewährleistet** sein. Wann dies tatsächlich der Fall ist, entzieht sich einer juristischen Bewertung weitgehend. Manchmal liegt es auf der Hand, es ist offenkundig, z. B. in Fällen der Verwahrlosung. In anderen Fällen ist es für Juristen nur durch gutachterliche Äußerungen aus den Bereichen der Sozialarbeit, Pädagogik oder Psychologie erkennbar. Stets aber ist erforderlich, dass die Schwierigkeiten infolge erzieherischen Handelns oder dessen Fehlen entstanden sind.

III. Anspruchsinhalt

131 Der **Anspruchsinhalt** ist ebenfalls juristisch leicht zu beschreiben: Die **Hilfe** muss **geeignet** und **notwendig** sein. Diese Definition des Anspruchsinhalts macht eine **Prüfung** in **zwei Stufen** erforderlich: Zunächst muss festgestellt werden, **welche Hilfen geeignet** sind, dann muss geprüft werden, **welche** dieser **Hilfen ausreichen**, den Hilfebedarf zu decken. Der Gesetzgeber hat für diese Prüfung vorgesehen, dass zunächst einmal die Eignung der **im Gesetz selbst** in den **§§ 28–35 SGB VIII** genannten Hilfearten zu prüfen ist. Die Prüfung darf sich aber **nicht** auf diese Hilfen **beschränken**; dies hat der Gesetzgeber dadurch angeordnet, dass er in § 27 Abs. 2 SGB VIII auf den Hilfekatalog in den **§§ 28 ff. SGB VIII** unter Verwendung des Wortes „**insbesondere**" hinweist. Deshalb ist stets im Rahmen der Hilfeplanung zu prüfen, ob andere Leistungen nach dem SGB VIII, Hilfen anderer Sozialleistungsträger oder Maßnahmen ganz anderer Art in Betracht kommen. Bemerkenswerte Erfolge können erreicht werden, wenn Hilfen gewährt werden, die nur geringe stigmatisierende Auswirkungen haben; so dürfte es beispielsweise stets als besonderer Erfolg angesehen werden, wenn die Integration eines Kindes mit einem schwierigen sozialen Hintergrund in einen Sportverein gelingt.

IV. Pädagogische und therapeutische Leistungen

132 Abs. 3 der Vorschrift betont, dass die Hilfe zur Erziehung vor allem in **pädagogischen Leistungen** und damit verbundenen therapeutischen Leistungen besteht. Sie kann **Ausbildungs-** und **Beschäftigungsmaßnahmen** nach § 13 Abs. 2 SGB VIII einbeziehen.

Weiterführende Literatur:
C. *Bernzen*, Internatsausbildung als Jugendhilfe?, ZfJ 2002, S. 422; F. *Eger/G. Hensen*, Das Jugendamt in der Zivilgesellschaft, Weinheim und Basel 2013; G. *Happe*, Anordnung von Hilfe zur Erziehung durch das Vormundschaftsgericht?, JuWo 1994, S. 94; V. *Harnach-Beck*, Psychosoziale Diagnostik bei „Hilfe zur Erziehung", ZfJ 1995, S. 484; R. *Kemper*, Normzweck des § 27 KJHG, ZfJ 1993, S. 574; A. *Krölls*, Budgetierung per Kartellabsprache?, NDV 2000, S. 56; P.-C. *Kunkel*, Das Weisungsrecht des öffentlichen Trägers bei Hilfe zur Erziehung, ZfJ 2000, S. 60; M. *Macsenaere u. a.*, Handbuch der Hilfen zur Erziehung, Freiburg 2014; U. *Maas*, Leistungen der Jugendhilfe als Sozialleistungen, NDV 1993, S. 465; P. *Mrozynski*, Die Feststellung des erzieherischen Bedarfs bei den Hilfen zur Erziehung als materiell- und verfahrensrechtliches Problem, ZfJ 1999, S. 467; S. *Nonninger*, Entscheidungskompetenz des öffentlichen Trägers der Hilfe nach den §§ 27 ff. SGB VIII, JAmt 2002, S. 495; R. *Ollmann*, Fachkompetenz und Beurteilungsspielraum, ZfJ 1995, S. 45; R. *Proksch*, Prävention als Leitlinie des neuen Kinder- und Jugendhilferechts – Konsequenzen für die sozialpädagogische Praxis, ZfJ 1995, S. 89; T. *Schreiber/ C. Giere*, Individuelle Hilfeplanung, Köln, 2014

C. Ambulante Angebote

133 Als ambulante Angebote nennt das Gesetz in
- § 28 SGB VIII Erziehungsberatung,
- § 29 SGB VIII soziale Gruppenarbeit,
- § 30 SGB VIII Erziehungsbeistand und Betreuungshelfer,
- § 31 SGB VIII sozialpädagogische Familienhilfe.

Als teilstationäres Angebot nennt das Gesetz in
- § 32 SGB VIII Erziehung in einer Tagesgruppe.

I. Erziehungsberatung (§ 28 SGB VIII)

1. Zweck

134 **Zweck** der Beratung ist die **Stärkung** der **Erziehungsfähigkeit** der Erziehungsberechtigten. Damit ist die Erziehungsberatung eine Jugendhilfeleistung, die Kindern und Jugendlichen indirekt zu Gute kommt. Um die Sorgeberechtigten stärken zu können, muss die Erziehungsberatung Problemlagen identifizieren, Hilfe bei individuellen und familienbezogenen Problemen entwickeln und so zur Lösung von Erziehungsfragen beitragen wollen. Sie kann auch – nämlich dann, wenn die Voraussetzungen des § 27 Abs. 1 SGB VIII vorliegen – intensiver, als dies regelmäßig bei Hilfen nach § 17 SGB VIII möglich ist, Hilfe bei Trennung und Scheidung geben. Mit dem **Beratungsauftrag** sind die wichtigsten Inhalte der Beratung bereits vorgegeben: Es geht um **Lebensberatung** unter vielfältiger Rücksicht. Dazu können auch in Randbereichen Rechtsfragen gehören; eine umfassende Rechtsberatung sollte von den Erziehungsberatungsstellen schon wegen der fehlenden Haftpflichtversicherung für Schäden aus Beratungsfehlern nicht vorgenommen werden. Hier sollte mit vertrauenswürdigen Rechtsanwältinnen und Rechtsanwälten und anderen professionellen Rechtsberaterinnen und Rechtsberatern kooperiert werden.

2. Form der Beratung

135 Das **Gesetz** legt die Träger der Erziehungsberatung **nicht** auf eine bestimmte **Form** der **Beratung** fest, weder in der Organisation noch in der Methode oder in der Frage, ob und wie therapeutische Ansätze einbezogen werden. Das Gesetz **verpflichtet** die Träger aber **zu interdisziplinärer Zusammenarbeit** verschiedener Fachkräfte. In der methodischen Offenheit kann die Erziehungsberatung als Eingangsstufe eine Art Lotsenfunktion für die Angebote der Jugendhilfe insgesamt übernehmen. Schwierig wird es hingegen, wenn Erziehungsberatungsstellen im Zusammenwirken mit der Jugendgerichtshilfe Gutachterfunktionen wahrnehmen. Hierdurch kann zwar erheblicher Nutzen für die

Hilfeempfängerinnen oder Hilfeempfänger entstehen, zugleich kann aber auch das für eine effektive Beratung erforderliche Vertrauensverhältnis gefährdet werden.
Problematisch könnte derzeit sein, dass Angebote der Erziehungsberatung Menschen aus **sozial schwächeren Schichten nicht** in dem **erforderlichen Umfang** offen stehen.

3. Mitfinanzierung

Angebote der Erziehungsberatung in freier Trägerschaft können durch **Förderungen** nach § **74 SGB VIII** oder auch durch **Vereinbarungen** nach § **77 SGB VIII** öffentlich **mitfinanziert** werden.

136

Weiterführende Literatur:
A. *Haid-Loh/N.-G. Schultze*, Zukunftssicherung für die institutionelle Beratung – Mit Fallpauschalen, Sozialraumbezug und dynamischen Budgets in eine neue Ära, ZfJ 2001, S. 451; *A. Hundsalz*, Die Erziehungsberatung, Weinheim 1995; *F. Kaufmann*, Beratung in Fragen der Trennung und Scheidung als Aufgabe von Erziehungsberatungsstellen, JuWo 1993, S. 132; *U. Maas*, Erziehungsberatung und Hilfe zur Erziehung, ZfJ 1995, S. 387; *K. Menne*, Möglichkeiten und Grenzen der Integration aus der Sicht der Erziehungsberatung, ZfJ 1995, S. 481; *ders.*, Erziehungsberatung als Hilfe zur Erziehung, Weinheim, 2017; *ders.*, Erziehungsberatung und gemeinsame elterliche Sorge nach Trennung und Scheidung, ZfJ 2001, S. 217; *N. Struck*, Erziehungsberatungsstellen in der Diskussion, ZfJ 1994, S. 71; *A. Walter*, Inklusive Erziehungs- und Familienberatung: Familien mit Kindern und Jugendlichen mit einer Behinderung, Göttingen, 2020; *R. Wiesner*, Wie sieht das KJHG die Stellung der Erziehungsberatung in freier Trägerschaft insbesondere im Verhältnis zum Jugendamt?, JuWo 1993, S. 108; *A. Zimmer u. a.*, Zukunft der Erziehungsberatung: Herausforderungen und Handlungsfelder, Weinheim; München, 2006

II. Soziale Gruppenarbeit (§ 29 SGB VIII)

1. Entwicklung der Angebote

Angebote der **sozialen Gruppenarbeit** haben sich zum Teil im Zusammenhang mit der **Heimerziehung**, zum Teil aus Formen **der Erlebnispädagogik** entwickelt. Nicht selten bestand ein enger Zusammenhang mit jugendstrafrechtlichen Verfahren. Sie eignen sich insbesondere für Jugendliche, deren soziale Fähigkeiten erhebliche Defizite aufweisen, die von ihren Sorgeberechtigten nicht ausgeglichen werden können. Diesen soll mit Erziehungs- und Trainingskursen entgegengewirkt werden.

137

2. Abgrenzung

Diese **Angebote** sind von den Angeboten der Jugendarbeit dadurch **abzugrenzen**, dass sie erst dann greifen sollen, wenn die bestehenden Schwierigkeiten **nicht** innerhalb eines Angebotes nach § **11 SGB VIII** bewältigt werden können. Sie können mit Angeboten der Erziehung **außerhalb** der **Familie** nach den §§ **33–35 SGB VIII** kombiniert werden.

138

3. Zweck

Ihr **Zweck** liegt darin auf den Minderjährigen in seinem **aktuellen Umfeld** einzuwirken.

139

4. Form

Die soziale Gruppenarbeit kann in **Blockform**, aber auch z. B. einmal wöchentlich über einen längeren Zeitraum stattfinden.

140

Weiterführende Literatur:
M. Behnisch, Soziale Gruppenarbeit mit Kindern und Jugendlichen: theoretische Grundlage – methodische Konzeption – empirische Analyse, Weinheim, 2013; *J. Bizer*, Kostentragungspflicht für die jugendgerichtliche Weisung, einen Sozialen Trainingskurs zu besuchen, ZfJ 1992, S. 616; *W. Kühl*, Soziale Gruppenarbeit in der öffentlichen Jugendhilfe – elaborierte Konzepte, aber nicht

gerade Konjunktur, ZfJ 1993, S. 565; *I. Schwenkel-Omar*, Die Jugendgerichtshilfe zwischen Jugendhilfe und Justiz, ZfJ 1990, S. 493; *T. Simon/P.-U. Wendt*, Lehrbuch Soziale Gruppenarbeit: Eine Einführung, Weinheim; Basel, 2019

III. Erziehungsbeistandschaft, Betreuungshelfer (§ 30 SGB VIII)

141 Dieses Leistungsangebot ist seit langem Bestandteil des Jugendhilfeangebots; die Regelung des § 30 SGB VIII hat sich aus Vorschriften des **RJWG** entwickelt. Es nimmt Bezug auf **§ 10 Abs. 1 Satz 3 Nr. 5 Jugendgerichtsgesetz.** Als niedrigschwelliges Angebot soll vor allem Jugendlichen die Chance gegeben werden, zu einer neuen Bezugsperson ein persönliches Vertrauensverhältnis aufzubauen. Dadurch soll für diese Jugendlichen in ihrem Wohnumfeld eine integrierende Wirkung erzeugt werden.

Weiterführende Literatur:
R. Klier, Jugendhilfe in Strafverfahren – Jugendgerichtshilfe: Handbuch für die Praxis sozialer Arbeit, Regensburg, 2002; *R. Lempp*, JGG und KJHG – Konkurrenz oder Ergänzung?, ZfJ 1994, S. 367; *P. Mrozynski*, Kinder- und jugendhilferechtliche Fragen jugendstrafrechtlicher Erziehungsmaßregeln, ZfJ 1992, S. 445; *T. Trenczeck*, Strafe, Erziehung oder Hilfe?, Bonn 1996

IV. Sozialpädagogische Familienhilfe (§ 31 SGB VIII)

1. Zweck

142 Durch die sozialpädagogische Familienhilfe soll die **Fortsetzung** der **Erziehung in der Ursprungsfamilie** unabhängig davon ermöglicht werden, ob die bestehenden Schwierigkeiten aufgrund einer Einzelkrise oder einer Strukturkrise die Erziehungsfähigkeit beeinträchtigen. Sie **dient** damit der **Festigung** des **Zusammenhaltes** der Familie und soll diese auf Dauer in Stand setzen, ohne Hilfe zur Erziehung ihre Aufgaben wahrzunehmen. Deshalb kann im Rahmen von sozialpädagogischer Familienhilfe auch zur Weiterführung des Haushalts angeleitet werden – darin erschöpfen darf sich diese Hilfe zur Erziehung nicht.

2. Anwendungsvoraussetzungen

143 Einen Katalog von „Indikationen" für sozialpädagogische Familienhilfe **gibt es nicht**; sie kann beispielsweise sinnvoll sein bei Überforderung der Personensorgeberechtigten, in leichteren Fällen der Vernachlässigung der Minderjährigen, auch im Zusammenhang mit sexuellem Missbrauch, bei der Rückkehr eines Elternteils zum Beispiel nach Haftentlassung, zum Ausgleich einer Behinderung, die nicht nur in einer körperlichen Beeinträchtigung besteht, oder auch bei erheblichen Schwierigkeiten in einem neuen sozialen Umfeld. In besonderem Maß soll sie zur **Selbsthilfe befähigen**.

3. Zeitraum

144 In der Regel ist sozialpädagogische Familienhilfe für eine **längere Zeit** und mit **einer substanziellen Zahl an Stunden pro Woche** erforderlich. Wird sie nur kurzfristig oder mit zu geringen Wochenstunden gewährt, dürften wegen der entstehenden Enttäuschungen die schädlichen Effekte überwiegen. Aus diesem Grund können von einer Fachkraft mit einer Vollzeitstelle auch kaum mehr als drei sozialpädagogische Familienhilfen gleichzeitig sinnvoll geleistet werden. In der Praxis wird dagegen häufig eine größere Zahl eingeplant.

4. Geheimnisschutz

145 Bei der **Durchführung** einer sozialpädagogischen Familienhilfe erfährt die eingesetzte Fachkraft notwendigerweise viele sehr persönliche Dinge der Menschen, für die sie tätig ist. Da diese Informationen häufig unabsichtlich weitergegeben werden, gewinnt der

Geheimnisschutz in dieser Form der Hilfen zur Erziehung eine besondere Bedeutung (siehe hierzu auch Kapitel 9.1).

Weiterführende Literatur:
P. Bringewat, Zur Garantenstellung von Angehörigen des Jugendamtes für das Leben von Kindern aus von dem Jugendamt betreuten sozial schwierigen Familien, Strafverteidiger 1997, S. 135; *U. Meyer*, Arbeitnehmereigenschaft einer Familienhelferin, AiB 1999, S. 111; *R. Ollmann*, Rechtsfragen im Zusammenhang mit einem Hausbesuch, ZfJ 2001, S. 1; *L. Stadelmann/P. Marquardt*, Neuorganisation der Sozialpädagogischen Familienhilfe, NDV 2000, S. 234; *R. Wiesner*, Die jugendpolitisch Bedeutung der SPFH als Leistungsangebot für Familien, JuWo 1998, S. 312

V. Erziehung in einer Tagesgruppe (§ 32 SGB VIII)

1. Zweck

Die Erziehung in einer Tagesgruppe kann als teilstationäres Angebot verstanden werden. Im Bereich der gesamten Hilfen zur Erziehung gibt es – unter Kostengesichtspunkten – einen Trend zur Abkehr von stationären **Angeboten**. Erziehung in der **Tagesgruppe** soll eine **Förderung** für **etwa zehn Kinder** und **Jugendliche an allen Wochentagen als wohnortnahes Freizeitangebot** bieten. Es soll Kindern und Jugendlichen, in deren Familien erhebliche Störungen vorhanden sind, eine Erziehung in ihrer Ursprungsfamilie und in ihrem vertrauten Umfeld ermöglichen. Im Alltag der jungen Menschen ergänzt eine Tagesgruppe auch das Lernen in der Schule. Deshalb muss in der Tagesgruppe ein besonderes Augenmerk auf die Sicherung des Schulerfolges, z.B. durch Hausaufgabenhilfe, gelegt werden.

2. Kosten

Wird eine Hilfe nach § 32 SGB VIII in Anspruch genommen, müssen die **Minderjährigen**, deren **Eltern** und **junge Volljährige** nach ihren finanziellen Möglichkeiten zu deren **Finanzierung** beitragen. Hierzu werden sie gem. §§ 91 ff. SGB VIII zu den **Kosten** herangezogen.

Weiterführende Literatur:
A. Bittler/K. Späth, Tagesgruppen in der Heimerziehung, JuWo 1990, S. 69; *E. Krüger*, Erziehungshilfe in Tagesgruppen: Entwicklung, Konzeption, Perspektiven, Frankfurt a. M., 2001; *M. Grupp/P. Kaufeisen/A. Adam*, Integratives pädagogischtherapeutisches Arbeiten mit einer Tagesgruppe, JuWo 1991, S. 93; *M. Schmid u. a.*, Wie unterscheiden sich Kinder aus Tagesgruppen von Kindern aus der stationären Jugendhilfe, in: Praxis der Kinderpsychologie und Kinderpsychiatrie, Göttingen, 2006, S 544 - 558; *K. Späth*, Zur Geschichte und Entwicklung von Tagesgruppen als Angebot in der Erziehungshilfe, UJ 1995, S. 77

Fall 6: Heimerziehung statt sozialpädagogischer Familienhilfe?

Als sechster Fall soll ein praktischer Fall aus anwaltlicher Tätigkeit dokumentiert werden. Hier musste möglichst rasch eine gerichtliche Entscheidung über eine Jugendhilfeleistung herbeigeführt werden. Deshalb wurde der Erlass einer einstweiligen Anordnung beantragt. Mit einer solchen Eilentscheidung kann eine vorläufige gerichtliche Regelung erreicht werden; Voraussetzung für deren Zulässigkeit ist allerdings, dass für den Antragsteller ein Abwarten nicht zumutbar ist. In Jugendhilfesachen kann dies insbesondere deshalb der Fall sein, weil Jugendhilfeleistungen für die Vergangenheit nicht gewährt werden können. Trotzdem muss in jedem Einzelfall von dem Antragsteller dargelegt werden, warum ausnahmsweise eine gerichtliche Eilentscheidung zum Abwenden wesentlicher Nachteile erforderlich ist.

Als zu lösender Fall kann der Sachverhalt des Antrags an das Gericht gelesen werden. Als Lösung ist die gerichtliche Entscheidung im Originalwortlaut wiedergegeben. Sie enthält auch Passagen (z. B. die Literaturhinweise) die für das Verständnis des Falles nicht unbedingt erforderlich sind, aber ein Gefühl dafür vermitteln, wie gerichtliche Entscheidungen in Jugendhilfesachen klingen.

Antrag auf Erlass einer einstweiligen Anordnung
In Sachen
der Frau A. W., ...

– Antragstellerin –

Proz.-Bev.:......
gegen
die Freie und Hansestadt Hamburg, ...

– Antragsgegnerin –

beantragen wir namens und in Vollmacht der Antragstellerin,

als Vormund von K. D., geb. am ..., und M. D, geb. ..., Hilfe zur Erziehung in Form von sozialpädagogischer Familienhilfe nach § 31 SGB VIII in einem Umfang von 15 Stunden pro Woche zu gewähren.

Begründung:
1. Sachverhalt
Die Antragstellerin ist seit dem 13. Februar 2004 Pflegerin der in dem Antrag bezeichneten Kinder. Ihre Aufgabenkreise ergeben sich aus den als

– Anlage: AST 1 –

in Kopie beigefügten Urkunden. Die Kinder leben bei ihrer Mutter G. D. in der .... Die Eltern der Kinder ... sind miteinander verheiratet. Sie leben seit einiger Zeit getrennt. Beide Eltern sind sich ihrer Verantwortung für die Kinder bewusst. Aufgrund verschiedener Probleme (Beziehungsprobleme/Trennungsproblematik, Suchtproblematik bei dem Vater) sind sie jedoch nicht in der Lage, ihrer Erziehungsverantwortung vollständig gerecht zu werden.

In der Vergangenheit war mehrfach jugendamtliches Handeln erforderlich. Vor ca. 3 Jahren mussten die Kinder in Obhut genommen werden. Seitdem hat immer wieder die Notwendigkeit bestanden, Jugendhilfeleistungen zu gewähren. Ab dem August 2002 ist bis zum Oktober 2003 sozialpädagogische Familienhilfe in einem Umfang von 10 Stunden gewährt worden. Diese Hilfe ist ohne Beteiligung der Eltern eingestellt worden. Stattdessen ist ab Oktober 2003 bis zum 2. April 2004 Beistandschaft nach § 30 SGB VIII mit einem Umfang von 5 Wochenstunden gewährt worden. Auch diese ist nunmehr eingestellt worden. Der Bescheid hierüber ist als

– Anlage: AST 2 –

in Ablichtung beigefügt.

Hintergrund für dieses Handeln des Jugendamtes ist die bei dem Jugendamt bestehende Auffassung, dass die Kinder von der Mutter getrennt werden sollen und eine stationäre Erziehungshilfe nach § 34 SGB VIII notwendig sei. Eine solche ist aber weder durch die Eltern der Kinder noch durch die Pflegerin beantragt worden. Es ist auch nicht beabsichtigt, eine solche Hilfe zu beantragen.

Das Jugendamt hat seine Auffassung davon, was für die Kinder erforderlich ist, zum Gegenstand eines familiengerichtlichen Verfahrens gemacht. Das Amtsgericht Hamburg hatte zunächst die elterliche Sorge teilweise entzogen und auf das Jugendamt übertragen. Die Eltern haben die vollständige Rückübertragung der elterlichen Sorge gerichtlich betrieben. Sie waren dann im Zuge des Verfahrens damit einverstanden, dass ein Vormund bestellt wird. Hintergrund dafür war auch, dass im Rahmen des gerichtlichen Verfahrens deutlich wurde, dass eine

Trennung der Kinder von ihrer Mutter wenigstens derzeit noch nicht erforderlich ist. Ob eines oder beide Kinder in Zukunft in einer stationären Jugendhilfeeinrichtung betreut werden müssen, kann noch nicht abgesehen werden. Hintergrund dafür ist insbesondere auch, dass M. D. eine autistische Behinderung hat. Das Protokoll der amtsgerichtlichen Verhandlung vom 15. Januar 2001 ist in Ablichtung als
– Anlage: AST 3 –
beigefügt.
2. Rechtliche Würdigung
Die allgemeinen Zulässigkeitsvoraussetzungen liegen vor. Für das Verfahren ist der Verwaltungsrechtsweg gegeben. Streitig ist, ob der öffentliche Träger der Jugendhilfe verpflichtet ist, die beantragte Jugendhilfeleistung zu gewähren.
Die Hilfe ist zur Abwehr wesentlicher Nachteile nötig.
Es drohen nicht nur allgemeine, sondern besondere Nachteile. Eine Versagung der Hilfe würde den Anspruch der Pflegerin in der Zeit bis zu einer Verwaltungsentscheidung über eine Hilfe dauerhaft vereiteln. Darüber hinaus würde erheblicher Schaden für die von der Hilfe eigentlich Letztbegünstigten, nämlich die Kinder, eintreten. Deren Verbleib bei ihrer Mutter würde erheblich gefährdet werden.
Wesentlich sind die zu erwartenden Nachteile insbesondere ihrer Intensität wegen. Es droht eine Vereitelung der bestehenden Elternrechte aus Art. 6 GG. In dem vorliegenden Fall ist es so, dass das Jugendamt seine eigene Entscheidung darüber, was für die Kinder am günstigsten wäre, an die Stelle der Entscheidung der Personensorgeberechtigten gesetzt hat. Es kann dahinstehen, ob die Entscheidung des Jugendamtes sachgerechter ist als die der Personensorgeberechtigten. Jedenfalls ist das Jugendamt nicht dazu befugt, diese eigene Einschätzung der Sachlage durchzusetzen. Die staatsferne Gestaltung der Rechte zur Erziehung Minderjähriger nach der Verfassung und der Zivilrechtsordnung der Bundesrepublik Deutschland soll davor schützen, dass der Staat anstelle der Personensorgeberechtigten handelt und eigene Zweckmäßigkeitserwägungen an die Stelle der Erwägungen der Personensorgeberechtigten setzt. Die beantragte Hilfe ist sicher geeignet, eine wesentliche Verbesserung der Situation herbeizuführen. Ohne jeden Zweifel wird die Antragstellerin, in dem Falle, in dem die Hilfe nicht mehr geeignet sein wird, die Beendigung der Hilfe beantragen und eine neue geeignete Hilfe beantragen.
Die Sache hat auch in der Hauptsache überwiegend Erfolgsaussichten. Dieses resultiert daraus, dass der Bedarf an Hilfe zur Erziehung durch den Jugendhilfeträger nicht bestritten wird. Streitig ist allein die Frage, ob die Hilfe geeignet ist. Eine Ablehnung der beantragten Hilfe kann nicht mit einer Erfahrung in der Vergangenheit begründet werden. Eine Hilfe in dem beantragten Umfang ist noch nie gewährt worden. Zudem ist zu beachten, dass die Eltern inzwischen anders als noch vor 2 Jahren getrennt leben.
Durch die beantragte Entscheidung würde eine Entscheidung in der Hauptsache nicht vorweggenommen werden. Sobald eine Entscheidung in der Hauptsache möglich ist, kann die Hilfe jederzeit für die Zukunft beendet werden.

Eine auf uns lautende Vollmacht ist beigefügt.
XXXX-Rechtsanwälte
durch:
(Unterschrift)

Lösung zu Fall 6
13 E 2269/04

Beschluss

Verwaltungsgericht Hamburg

In der Verwaltungsrechtsache

Frau A. W.,
(Anschrift)
– Antragstellerin –
Proz. Bev.: XXXX. Rechtsanwälte,
(Anschrift),

gegen

Bezirksamt Hamburg-Mitte
Rechtsamt, Az: XXXXXXXXX,
(Anschrift),

– Antragsgegner –

hat das Verwaltungsgericht Hamburg, Kammer 13, am 17. Mai 2004 durch

den Vorsitzenden Richter am Verwaltungsgericht N.N., die Richterin am Verwaltungsgericht N.N., die Richterin am Verwaltungsgericht N.N.
beschlossen:
Die Antragsgegnerin wird im Wege der einstweiligen Anordnung verpflichtet, den Kindern K. J. D. und M. D. Hilfe zur Erziehung in Form von sozialpädagogischer Familienhilfe in einem Umfang von vorerst 15 Std. pro Woche zu gewähren.
Die außergerichtlichen Kosten des Verfahrens hat die Antragsgegnerin zu tragen.
Gerichtskosten werden nicht erhoben.

Rechtsmittelbelehrung:
Gegen diesen Beschluss steht den Beteiligten und sonst von der Entscheidung Betroffenen die Beschwerde an das Oberverwaltungsgericht zu. Sie ist innerhalb von zwei Wochen nach Bekanntgabe des Beschlusses schriftlich beim Verwaltungsgericht Hamburg, Lübeckertordamm 4, 20099 Hamburg, einzulegen.
Die Beschwerdefrist wird auch gewahrt, wenn die Beschwerde innerhalb der Frist beim Hamburgischen Oberverwaltungsgericht, Lübeckertordamm 4, 20099 Hamburg, eingeht.
Die Beschwerde ist innerhalb eines Monats nach Bekanntgabe der Entscheidung zu begründen. Die Begründung ist, sofern sie nicht bereits mit der Beschwerde vorgelegt worden ist, bei dem Hamburgischen Oberverwaltungsgericht, Lübeckertordamm 4, 20095 Hamburg, einzureichen. Sie muss einen bestimmten Antrag enthalten, die Gründe darlegen, aus denen die Entscheidung abzuändern ist oder aufzuheben ist, und sich mit der angefochtenen Entscheidung auseinander setzen.
Die Beschwerde in Streitigkeiten über Kosten, Gebühren und Auslagen ist nur zulässig, wenn der Wert des Beschwerdegegenstandes 200,00 € übersteigt.
Der Beschwerde sowie allen Schriftsätzen sollen Abschriften für die Beteiligten beigefügt werden.
Die Beschwerde kann wirksam nur durch einen bevollmächtigten Rechtsanwalt oder einen Rechtslehrer an einer deutschen Hochschule im Sinne des Hochschulrahmengesetzes mit Befähigung zum Richteramt, für juristische Personen des öffentlichen Rechts und Behörden auch durch Bedienstete mit der Befähigung zum Richteramt sowie Diplomjuristen im höheren Dienst, für Gebietskörperschaften auch durch Beamte und Angestellte mit Befähigung zum Richteramt der zuständigen Aufsichtsbehörde oder des jeweiligen kommunalen Spitzenverbandes des Landes, dem sie als Mitglied zugehören, gestellt werden. Daneben sind in Angelegenheiten der Kriegs-

opferfürsorge und des Schwerbehindertenrechts sowie der damit in Zusammenhang stehenden Angelegenheiten des Sozialhilferechts, in Angelegenheiten, die Rechtsverhältnisse im Sinne des § 52 Nr. 4 VwGO betreffen, die in einem Zusammenhang mit einem gegenwärtigen oder früheren Arbeitsverhältnis von Arbeitnehmern im Sinne von § 5 ArbGG einschließlich Prüfungsangelegenheiten stehen sowie in Personalvertretungsangelegenheiten auch die in § 67 Abs. 1 Satz 4 und VwGO genannten bevollmächtigte Steuerberater und Wirtschaftsprüfer zur Vertretung vor dem Oberverwaltungsgericht zugelassen.

Gründe:
Der zulässige Antrag hat auch in der Sache Erfolg.
Unstreitig benötigen die Kinder M. und K. J. D. Hilfe zur Erziehung. Dies galt für die Vergangenheit und gilt erst recht in der aktuell vorliegenden Krisensituation, die durch die Trennung der Eltern gekennzeichnet ist. Der Streit, insbesondere über die Art der Hilfe, darf aber auch nicht zu Lasten der Kinder ausgetragen werden mit der Folge, dass statt der von der Antragsgegnerin befürworteten Hilfe nach § 34 SGB VIII überhaupt keine Hilfe, auch nicht die von der Pflegerin beantragte Hilfe nach § 31 SGB VIII gewährt wird. Wenn die Antragsgegnerin allein eine Heimerziehung für die geeignete Hilfe hält, muss sie entsprechende familiengerichtliche Schritte zur Entziehung des Sorgerechts einleiten. Gegen den Willen und ohne Antrag der Pflegerin, die durch Beschluss des Familiengerichtes vom 15.1.2004 mit dem Wirkungskreis „Gesundheitsfürsorge, Aufenthaltsbestimmungs- und Erziehungsrecht" bestellt worden ist, ist eine Hilfe nach § 34 SGB VIII nicht zu verwirklichen. Ob ein Sorgerechtentziehungsverfahren Erfolg im Sinne der Antragsgegnerin haben wird, ist anbetrachts der Gutachtenlage zumindest offen, wenn nicht gar fraglich.
Da dieses Verfahren nicht einmal eingeleitet, geschweige denn ein Ergebnis abzusehen ist, aber dringender Handlungsbedarf glaubhaft gemacht worden ist, muss umgehend Hilfe geleistet werden. Entgegen der Annahme der Antragsgegnerin hat die Hilfe nach § 31 SBG VIII im Umfang von seinerseits zehn Stunden pro Woche nach Ansicht des Gutachters, dessen Beurteilung das Gericht folgt, durchaus zu gewissen Erfolgen wie dem regelmäßigen Schul- und Hortbesuch der Kinder, zur Durchführung einer Therapie für den behinderten M. und zur Verbesserung von Außenkontakten der Familie geführt. Diese Hilfeart kann deshalb nicht als völlig ungeeignet abgelehnt werden, sondern ist als vorläufige Hilfe bis zu einer Entscheidung des Familiengerichts in einem Sorgerechtverfahren oder bis zu einem auf Hilfe nach § 34 SGB VIII gerichteten Antrag der Inhaber des Erziehungs- und Aufenthaltsbestimmungsrechts zu gewähren. Die zuletzt geleistete Hilfe gem. § 30 SGB VIII in Form einer Erziehungsbeistandschaft nur für das Kind K. J. D. im Umfang von 5 Stunden pro Woche, die wegen Meinungsverschiedenheiten zwischen der Fachkraft der Antragsgegnerin einerseits und dem Betreuungshelfer und der Antragstellerin als Pflegerin andererseits Mitte April 2004 eingestellt wurde, war in der akuten Krisensituation offensichtlich unzureichend. Die von der Antragstellerin beantragte sozialpädagogische Familienhilfe im Umfang von 15 Stunden pro Woche erscheint zumindest vorläufig zur Bearbeitung der umfangreichen Problematik erforderlich.
Die Kostenentscheidung folgt aus §§ 154 Abs. 1, 188 VwGO.
(Unterschriften der Richter und Richterinnen)

VI. Stationäre Angebote

Stationäre Angebote, also Leistungsangebote der Erziehung **außerhalb** der **Familie**, stellen auch Angebote der **Hilfe zur Erziehung** dar: Sie sind dann eine geeignete Hilfe,

wenn die Herkunftsfamilie den Minderjährigen nicht mehr angemessen erziehen und betreuen kann (zu den besonderen Anforderungen an die Hilfeplanung vgl. §§ 37 ff SGB VIII). Folgende Formen sieht das Gesetz vor:
1. Vollzeitpflege, § 33 SGB VIII,
2. Heimerziehung, sonstige betreute Wohnform, § 34 SGB VIII und
3. intensive sozialpädagogische Einzelbetreuung, § 35 SGB VIII.

1. Vollzeitpflege (§ 33 SGB VIII)

150 a) **Pflegekinder** sind **Kinder** und **Jugendliche, die für eine längere Zeit in einer anderen Familie als ihrer Herkunftsfamilie leben,** nämlich in einer Pflegefamilie. Grundlage dieser Lebenssituation ist stets ein **privatrechtlicher Pflegevertrag** zwischen den Personensorgeberechtigten und der aufnehmenden Familie. Deshalb finden sich in den §§ 1630, 1632 BGB rechtliche Rahmenregelungen für diese Verträge. Personensorgeberechtigte, die diese Verantwortung als Vormünder z. B. nach Sorgerechtsentzügen gem. § 1666 BGB erhalten haben, haben einen großen Bedarf an stationären Leistungsangeboten. So werden bis zu einem Drittel der Pflegefamilienverhältnisse im Zusammenhang mit Verfahren nach § 1666 BGB begründet.

151 b) **Pflegeverhältnisse** können als **befristete Hilfe** oder als **Hilfe auf Dauer** organisiert werden. Kurzfristige Pflegeverhältnisse können eher ausnahmsweise, z. B. für sehr kleine Kinder als Bereitschaftspflege zur Vermeidung von kurzzeitigen Heimaufenthalten, organisiert werden. Regelmäßig werden aber Pflegeverhältnisse auf längere Zeit angelegt und setzen nicht voraus, dass ein Kontakt zwischen Herkunftsfamilie und den Kindern besteht. Beide Formen setzen aber voraus, dass die Pflegeeltern die Pflegekinder wie eigene Kinder betreuen, d. h., dass zwischen Pflegeeltern und Pflegekindern auf Dauer ein familienadäquates emotionales Näheverhältnis entsteht. Das ist dann ohne Vorbehalt gut, wenn Kontakte der Kinder zu der Herkunftsfamilie nicht oder kaum bestehen. Wollen die leiblichen Eltern aber Kontakte, führen bereits regelmäßige Besuchskontakte zu erheblichen Belastungen der Pflegeeltern, wie sie sonst nur geschiedenen oder getrennt lebenden Eltern bekannt sind. Gerade vor diesem Hintergrund sollen Pflegeeltern und leibliche Eltern zusammenarbeiten.

152 c) Für einen gravierenden Konflikt zwischen **leiblichen Eltern** und **Pflegeeltern** stellt das BGB ein besonderes **Regelungsinstrument** zur Verfügung: Kündigen die Personensorgeberechtigten den Pflegevertrag mit dem Ziel der Rückführung des Kindes in die Herkunftsfamilie, können die Pflegeeltern beantragen, dass ein Zivilgericht zum Wohl des Kindes entscheidet, dass das Kind der Pflegefamilie trotz des entgegenstehenden Willens der leiblichen Eltern in der Pflegefamilie verbleibt. Die Verfahren zum Erlass einer Verbleibensanordnung nach § 1632 Abs. 4 BGB stellen für alle Beteiligten eine große Belastung dar und sind ohne gründliche Gutachten kaum sinnvoll zu führen.

Da eine stationäre Betreuung eines Kindes oder Jugendlichen nach § 33 SGB VIII deutlich billiger ist als Heimerziehung, werden in einigen Jugendämtern unter Kostenrücksicht verstärkt Hilfen nach § 33 statt nach § 34 SGB VIII bewilligt, ohne dass die Rückkehrwahrscheinlichkeit bei der Entscheidung berücksichtigt wird. Dieses führt dazu, dass belastende und unnötige Konflikte zwischen Herkunfts- und Pflegefamilien entstehen.

153 d) Für **Kinder mit besonderen Problemen**, z. B. Kinder mit einigen Arten von Behinderungen oder anderen besonderen Belastungen, können normale Pflegestellen nicht hinreichend sein. **Sonderpflegestellen**, die in Satz 2 der Norm genannt sind, können hier geeignete Hilfeangebote sein. Die Einrichtung solcher Pflegestellen setzt voraus, dass zumindest einer der Pflegeeltern über eine besonders qualifizierende Ausbildung verfügt.

154 e) **Pflegeeltern vertreten** die **Personensorgeberechtigten** bei Ausübung der Personensorge, **soweit** es um **Angelegenheiten des alltäglichen Lebens** geht; dieses ist in § **1688 BGB** und auch § **38 SGB VIII** genauer geregelt.

Sie erhalten vom öffentlichen Träger der Jugendhilfe einen **finanziellen Ausgleich** für den notwendigen Unterhalt des Pflegekindes und die Kosten der Erziehung. Einzelheiten hierzu finden sich in § **39 SGB VIII**. Da die einzelnen Jugendämter diese Beträge in unterschiedlicher Höhe festsetzen, kommt es in diesem Bereich nicht selten zu Unklarheiten und Auseinandersetzungen. Zur Verwandtenpflege schafft nun § 27 Abs. 2a SGB VIII Klarheit.

155 f) Wird eine **Hilfe** nach § 33 SGB VIII in Anspruch genommen, müssen die Minderjährigen, deren **Eltern** und **junge Volljährige** nach ihren **finanziellen Möglichkeiten** zu deren Finanzierung beitragen. Die §§ **91 ff.** **SGB VIII** treffen die Regelungen zu den **Kostenbeiträgen**.

Weiterführende Literatur:
J. Blandow, Pflegefamilien und ihre Familien, Weinheim 2004; *A. Doukkani-Bördener,* Zur Gewährung von Jugendhilfeleistungen bei Verwandtenpflege, ZfJ 2002, S. 363; *C. Ehlke,* Care Leaver aus Pflegefamilien: die Bewältigung des Übergangs aus der Vollzeitpflege in ein eigenverantwortliches Leben aus Sicht der jungen Menschen, Weinheim, 2020; *L. Fischer/H. Mann,* Zur Kostentragung bei der selbstorganisierten Tages- und Vollzeitpflege unter Berücksichtigung der Verwandtenpflege, FuR 1998, S. 201; *M. Happ,* Wirtschaftliche Hilfe zur Erziehung und Unterhaltspflicht der Großeltern, NJW 1998, S. 2409; *G. Happe,* Bezug von Erziehungsgeld neben dem Bezug von Pflegegeld?, JuWo 1996, S. 480; *ders.,* Zur Vollzeitpflege durch den Vormund, JuWo 1997, S. 514; *E. Jordan,* „Vollzeitpflege" als Hilfe zur Erziehung, ZfJ 1992, S. 18; *T. Meysen,* „Erziehungsstellen" als Vollzeitpflege oder Heimerziehung, JAmt 2002, S. 326; *M. Macsenaere,* Pflegekinderhilfe: zwischen Profession und Familie, Freiburg im Breisgau, 2016; *C. Steding,* Das Rechtsverhältnis zwischen Pflegefamilie und Jugendamt, ZfJ 1993, S. 576; *Stiftung zum Wohl des Pflegekindes (Hrsg.),* Wie Pflegekindschaft gelingt, Idstein, 2014; *B. Veit,* Die Rechtsstellung der Pflegeperson nach dem Kinder- und Jugendstärkungsgesetz sowie dem Gesetz zur Reform des Vormundschafts- und Betreuungsgesetz, FamRZ 2021, 1501; *P. Windel,* Zur elterlichen Sorge bei Familienpflege, FamRZ 1997, S. 713; *H. Zeitler,* Vollzeitpflege bei Großeltern, NDV 1997, S. 249

2. Heimerziehung (§ 34 SGB VIII)

156 a) Die Heimerziehung ist ein **traditionsreiches Angebot** der Jugendhilfe; Waisenhäuser gibt es seit vielen Jahrhunderten; sie können als Vorläufer von Heimerziehung gelten.

In der Tradition der Heimerziehung wird in besonderem Maße deutlich, wie in der Jugendhilfe **Förderung** und **Kontrolle**, **Prävention** und **Repression** miteinander verschränkt sind. Dieses Verhältnis wurde in Westdeutschland in den siebziger Jahren sehr kritisch reflektiert. Mit einer Heimreform sollte auch in dieser Form öffentlichen Handelns ein Zustand geschaffen werden, in dem Menschenwürde und Autonomie Ausgangspunkt des erzieherischen Bemühens sind. Viele Zustände in der Heimerziehung insgesamt, insbesondere aber die traditionellen Formen geschlossener Heimerziehung, wurden ausführlich kritisiert. Vielfach wurde die völlige Abschaffung von geschlossenen Heimen gefordert und teilweise auch durchgesetzt. Mit dem Ende dieser Form von zwangsweise „gewährter" Jugendhilfe wurde ein wichtiger Fortschritt für die Jugendhilfe insgesamt geschaffen.

157 b) Heimerziehung ist eine **Leistung** der Jugendhilfe, die in einer **Einrichtung „über Tag und Nacht"** stattfindet (s. § 34 Satz 1 SGB VIII). Sie und Hilfe in sonstigen betreuten Wohnformen sollen Kinder und Jugendliche durch eine Verbindung von Alltagserleben und pädagogischen und therapeutischen Angeboten fördern (s. § 34 Satz 2 SGB VIII). In dieser Beschreibung des Gesetzes ist Hilfe nach § 34 SGB VIII insbesondere dann geeignet, wenn eine außerfamiliäre Unterbringung erforderlich ist und eine

Rückkehroption besteht. Erforderlich kann sie auch sein, wenn andere Formen von Hilfen zur Erziehung nicht zur Verfügung stehen.
In der oben dargestellten Weite des Satzes 1 ist das Gesetz für praktisch außerordentlich unterschiedliche Formen von stationärer Hilfe offen, vom betreuten Einzelwohnen bis zum klassischen Heim. Allen Formen gemeinsam ist die für diese Hilfe konstitutive Verbindung von Erziehung, Betreuung und Wohnangebot.

158 c) Hilfe nach § 34 SGB VIII dient **drei alternativen Zielen:**
- **Vorbereitung** der **Rückkehr** des Minderjährigen in seine Herkunftsfamilie,
- **Vorbereitung** der **Erziehung** in einer anderen Familie und
- Angebot einer langfristigen Hilfe mit der **Perspektive** eines **eigenständigen Lebens.**

159 d) **§ 34 Satz 3 SGB VIII verpflichtet** die Anbieter dieser Hilfe dazu, die Minderjährigen in Fragen der **Ausbildung** und **Beschäftigung** zu **beraten** und zu **unterstützen.** Die Erfüllung dieser Verpflichtung stößt praktisch immer wieder auf objektive Schwierigkeiten.

160 e) Heimerziehung ist eine **traditionelle Schnittstelle** zwischen Jugendhilfe und Strafrechtspflege. So ist in **§ 12 JGG** die Möglichkeit vorgesehen, dass Jugendgerichte junge Menschen und ihre Sorgeberechtigten verpflichten, Jugendhilfemaßnahmen zu beantragen. Die Entscheidung über die Gewährung auch dieser Leistungen liegt aber bei den öffentlichen Jugendhilfeträgern.

161 f) Im Zusammenhang mit Heimerziehung wird auch über **Formen sog. geschlossener Unterbringung** diskutiert. Diese wird **teilweise** insgesamt für **unzulässig** gehalten. Nach der hier vertretenen Auffassung ist dieses nicht richtig: Über den Aufenthalt Minderjähriger entscheiden die **Personensorgeberechtigten;** eine **Entscheidung** dieser, Minderjährigen die Freiheit (vollständig) zu entziehen, ist allerdings **ohne gerichtliche Genehmigung unwirksam (vgl. § 1631b BGB).** Das Gericht darf eine Genehmigung nur erteilen, wenn und solange die Freiheitsentziehung zum **Kindeswohl** erforderlich ist. Ob dies überhaupt erforderlich sein kann, wird von manchen Autoren bestritten. Bei einer Entscheidung des Gerichts sind die **Verfahrensvorschriften nach § 167 FamFG** zu beachten. Nach diesen Vorschriften hat das Zivilgericht wie ein Verwaltungsgericht alle entscheidungserheblichen Tatsachen zu ermitteln und z. B. die Betroffenen anzuhören. Selbst wenn Sorgeberechtigte erlaubterweise für Minderjährige eine stationäre Hilfe mit Freiheitsentziehung vorsehen, ist der öffentliche Jugendhilfeträger nicht verpflichtet, diese auch anzubieten. Das Angebot an sogenannter geschlossener Unterbringung macht mit circa 200 Plätzen circa 2 Promille der Plätze für junge Menschen in Vollzeitangeboten der Hilfen zur Erziehung aus.
Die Bedeutung der Diskussion um die geschlossene Unterbringung liegt in ihren konzeptionellen Implikationen: Eine regelmäßig innerhalb der Jugendhilfe vorgesehene „geschlossene Unterbringung" würde die durch das SGB VIII getrennten Bereiche der Hilfe und der Kontrolle in problematischer Weise wieder zusammenführen und in der Logik im Wesentlichen überwundener anstaltsförmiger Hilfestrukturen liegen. Der Verzicht auf diese Angebote hingegen akzentuiert den Gedanken der Inklusion von Hilfeempfängerinnen und Hilfeempfängern und mutet der Gesellschaft den Kontakt auch mit Menschen zu, die sich erheblich normabweichend, selbst- oder fremdgefährdend verhalten. Überwunden ist mit dem SGB VIII jede Vorstellung, nach der die Freiheitsentziehung selbst bereits eine Hilfe darstellt.

162 g) Wird eine Hilfe nach § 34 SGB VIII in Anspruch genommen, müssen die **Minderjährigen,** deren **Eltern** und **junge Volljährige** nach ihren finanziellen Möglichkeiten zu deren **Finanzierung beitragen**. Die §§ 91 ff. SGB VIII enthalten die Regelungen zu den **Kostenbeiträgen**.

Weiterführende Literatur:
U. Bürger, Soziale Integration durch Heimerziehung – Wunschdenken oder realistische Perspektive?, NDV 1991, S. 429; *G. Happe*, Zur Haftung des eines Erziehungsheimes für während des Entweichens verursachter Schäden Jugendlicher, JuWo 1989, S. 298; *A. Henschel*, Jugendhilfe und Schule: Handbuch für eine gelingende Kooperation, Wiesbaden, 2009; *B. Hoffman*, Voraussetzungen und Verfahren der freiheitsentziehenden Unterbringung von Kindern und Jugendlichen, JAmt 2009, S. 473; *H.G. Homfeld*, Elternarbeit in der Heimerziehung, München, 2007; *H. Jockenhovel-Schiecke*, Migranten- und Flüchtlingskinder in Einrichtungen der Jugendhilfe, ZfJ 1997, S. 404; *G. Nothacker*, Rechtliche Grundlagen und struktureller Bedarf für betreute Wohnformen als Alternative zu traditioneller Heimerziehung, ZfJ 1996, S. 45; *H. Permien*, Erziehung zur Freiheit durch Freiheitsentzug?, München 2010; *T. Schauder*, Über die Notwendigkeit von Elternarbeit im Rahmen heilpädagogischer Heilerziehung, JuWo 1994, S. 221; *K. Späth*, Zum Umgang mit Taschengeld in der Erziehungshilfe, JuWo 1995, S. 30; *G. Trauernicht*, Eine neue Positionsbestimmung zu einem alten Thema: Geschlossene Unterbringung von Kindern und Jugendlichen, ZfJ 1991, S. 520.

3. Intensive sozialpädagogische Einzelbetreuung (§ 35 SGB VIII)

a) Für **besonders belastete Jugendliche** sieht das Gesetz intensive **sozialpädagogische Einzelbetreuung** vor. Diese kann sehr unterschiedliche Formen haben und erschöpft sich nicht in „Reisepädagogik". Sie **dient** der **sozialen Integration** und soll den Minderjährigen eine **eigenverantwortliche Lebensführung** ermöglichen. Hierzu kann sie mit anderen Hilfeangeboten verbunden werden.

b) Weil intensive sozialpädagogische **Einzelbetreuung regelmäßig** als **stationäres Angebot** ausgestaltet ist, haben deren Träger gem. § 1688 Abs. 2 BGB die Befugnis, die Minderjährigen bei dem Abschluss bestimmter Rechtsgeschäfte zu **vertreten**.

c) Wird eine Hilfe nach § 35 SGB VIII in Anspruch genommen, müssen die **Minderjährigen**, deren **Eltern** und **junge Volljährige** nach ihren finanziellen Möglichkeiten zu deren **Finanzierung beitragen**. Die §§ 91 ff. SGB VIII enthalten die Regelungen zu den **Kostenbeiträgen**.

Weiterführende Literatur:
G. Brenner, Erlebnispädagogik – ein Rettungsring, dj 1993, S. 428; *W. Elger/E. Jordan/J. Münder*, Erziehungshilfen im Wandel, Münster 1987; *D. Mastalerz*, Sicherheit und Risiko in der Erlebnispädagogik, Freiburg im Breisgau, 2012

4. Eingliederungshilfe (§ 35a SGB VIII)

a) Kinder und Jugendliche, die **seelisch behindert** oder **von seelischer Behinderung** bedroht sind, haben einen **Anspruch** auf Eingliederungshilfe nach § **35a Abs. 1 Satz 1 SGB VIII**. Diese Regelung öffnete das SGB VIII für Themen der Eingliederungshilfe, die herkömmlich im SGB IX zu erwarten waren. Im Jugendhilferecht ist dieser Anspruch gleichwohl richtig angeordnet: Gerade bei dem, was als seelische Behinderung bezeichnet wird, ist eine Abgrenzung zu Entwicklungsverzögerungen schwer sicher festzustellen. Deshalb war es sinnvoll, wenigstens für diese jungen Menschen eine einheitliche Zuständigkeit des Jugendhilfeträgers zu schaffen. Auf der anderen Seite entstanden neue Abgrenzungsschwierigkeiten zwischen seelisch behinderten und auf andere Weise behinderten jungen Menschen. Diese Abgrenzung ist insbesondere dann schwierig, wenn Mehrfachbehinderungen vorliegen. Deshalb ist es richtig, die Zuständigkeit für die Eingliederungshilfe aller jungen Menschen dem Jugendhilfeträger zuzuordnen (sog. „große Lösung"). In diesem Zusammenhang ist zu beachten, dass § **10 Abs. 4 Satz 3 SGB VIII** den **Landesgesetzgebern** die Möglichkeit eröffnet, durch **Landesrecht** auch die **Früh-**

förderung aller jungen Menschen mit Behinderungen **anderen Leistungsträgern** zuzuweisen.

167 b) Ob eine **seelische Behinderung** vorliegt, hat das **Jugendamt nach vollständiger Ermittlung des Sachverhaltes** zu entscheiden. Praktisch von einiger Bedeutung sind dabei die sog. Teilleistungsstörungen wie Lese-Rechtschreibschwäche oder Dyskalkulie (Rechenschwierigkeiten). Nach einer stabilen Rechtsprechung handelt es sich bei diesen Schwierigkeiten nicht um seelische Behinderungen; aus ihnen können aber seelische Behinderungen resultieren.

168 c) Das Gesetz nennt **vier Formen** der Hilfe:
- ambulante Formen,
- Tageseinrichtungen oder andere teilstationäre Einrichtungen,
- geeignete Pflegepersonen und
- Hilfe in Einrichtungen und anderen Wohnformen (§ 35a Abs. 2 SGB VIII).

169 d) Damit wird ein weiter Bereich möglicher Leistungen eröffnet. **Ziele** der Eingliederungshilfe nach dem SGB VIII **formuliert das Gesetz nicht** selbst; stattdessen verweist es in **§ 35a Abs. 3 SGB VIII** auf die entsprechenden **Bestimmungen des SGB IX**.

170 e) **Hilfen** nach § 35a SGB VIII sollen möglichst **aus einer Hand** erbracht werden. Werden sie in Kindertageseinrichtungen angeboten, sollen behinderte und nichtbehinderte Kinder gemeinsam gefördert werden. Für die schulische Förderung verzichtet der Bundesgesetzgeber auf ein Integrationsgebot; hier sind die Landesgesetzgeber gefordert. Besondere Schwierigkeiten bestehen praktisch darin, eine angemessene Perspektive für die berufliche Förderung der jungen Menschen mit seelischen Behinderungen zu beschreiben.

171 f) Wird eine Hilfe nach **§ 35a SGB VIII** in einer Einrichtung in Anspruch genommen, müssen die **Minderjährige**n, deren **Eltern** und **junge Volljährige** nach ihren finanziellen Möglichkeiten zu deren **Finanzierung** beitragen. Die **§§ 91 ff. SGB VIII** enthalten die Regelungen zu den **Kostenbeiträgen**.

Weiterführende Literatur:
C. Bernzen, Inklusion in der Kinder- und Jugendhilfe, np 2014, S. 233; *I. Cobua-Schwertner,* Brauchen wir den § 35a SGB VIII?, JuWo 1995, S. 77; *T. Degener,* Die UN-Behindertenrechtskonvention als Inklusionsmotor, RdJB 2009, S. 200; *J. Fegert,* Bessere Teilhabe durch Integration unter ein Dach, ZfJ 2000, S. 441; *F. Gerlach,* Das Wunsch- und Wahlrecht bei Inanspruchnahme ambulanter Maßnahmen nach § 35a SGB VIII, NDV 1997, S. 330; *V. Harnach-Beck,* Eingliederungshilfe gemäß § 35a SGB VIII bei Lese-Rechtschreibstörungen?, NDV 1998, S. 230; *W. Hingst,* Begutachtung und Therapie bei seelischer Behinderung aufgrund von Legasthenie, ZfJ 1998, S. 62; *A. Hülsberg,* Sucht bei Minderjährigen – Ein Spagat zwischen Jugendhilfe und Krankenhilfe, NDV 20012, S. 141; *P.-C. Kunkel,* Jugendhilfe bei Legasthenie?, ZfJ 1997, S. 315; *R. Lempp,* Die seelische Behinderung bei Kindern und Jugendlichen als Aufgabe der Jugendhilfe, Stuttgart, 2006; *T. Meysen,* Gesamtzuständigkeit im SGB VIII, np 2014, S. 220; *K. Richter,* Seelisch behinderte Kinder und Jugendliche im Heim – ein Jahr Erfahrung mit dem § 35a SGB VIII, JuWo, S. 281; *R. Wiesner,* Eingliederungshilfe für seelisch behinderte junge Menschen als Aufgabe der Jugendhilfe, ZfJ 1996, S. 199

5. Hilfe für junge Volljährige (§ 41 SGB VIII)

172 a) **Anspruchsberechtigt** für Leistungen der Hilfe zur Erziehung sind **ausschließlich** die **Personensorgeberechtigten**.

173 b) Dieses hat zur **Folge**, dass **alle Formen** der Hilfe zur Erziehung **enden**, wenn der junge Mensch das **18. Lebensjahr** vollendet hat. Dieses würde insbesondere dann, wenn Erziehungs- und Bildungsprozesse noch nicht abgeschlossen sind, ohne die Möglichkeit der Hilfe für junge Volljährige zu unpassenden Ergebnissen führen. Aber auch in den Fällen, in denen vor Eintritt der Volljährigkeit noch keine Hilfe gewährt wurde, kann eine Hilfe zum Erwachsenwerden für junge Volljährige notwendig sein. Dieses ist umso weniger wahrscheinlich, je älter die jungen Menschen sind. Der Gesetzgeber geht davon aus, dass bei jungen Menschen, die das **21. Lebensjahr** vollendet haben, dieser **Bedarf** nur **ausnahmsweise** besteht.

c) Hilfe nach § **41 SGB VIII** soll die **Persönlichkeitsentwicklung** und eine **eigenverantwortliche Lebensführung** ermöglichen. Dazu sind die Formen **174**
- der Erziehungsberatung (§ 28 SGB VIII),
- soziale Gruppenarbeit (§ 29 SGB VIII),
- des Erziehungsbeistands und Betreuungshelfers (§ 30 SGB VIII),
- Vollzeitpflege (§ 33 SGB VIII),
- Heimerziehung, sonstige betreute Wohnform (§ 34 SGB VIII),
- intensive sozialpädagogische Einzelbetreuung (§ 35 SGB VIII) und
- Eingliederungshilfe für seelisch behinderte Kinder und Jugendliche (§ 35a SGB VIII)
vorgesehen.
Auch **nach** der **Beendigung** der förmlichen Hilfe sollen die **jungen Menschen gem.** § **41a SGB VIII beraten** und **unterstützt** werden.

d) Praktisch bestehen oft große Schwierigkeiten, jungen Volljährigen den Zugang zu Jugendhilfeleistungen offen zu halten. Aus Kostengründen werden vielfach junge Menschen aus Pflegefamilien und Heimerziehung noch vor dem Schulabschluss „verselbständigt". Damit werden sie gegenüber jungen Menschen, die in ihrem Elternhaus aufwachsen, noch einmal benachteiligt. **175**
Junge Volljährige müssen bei einigen Leistungen nach ihren Möglichkeiten zu deren **Finanzierung beitragen.** Sie werden vor allem bei den Leistungen, bei denen die **Eltern Minderjähriger Kostenbeiträge** entrichten müssen, **ebenfalls** Kostenbeiträge leisten.

Weiterführende Literatur:
A. Doukkani-Bördner, Zur Gewährung von Jugendhilfeleistungen für behinderte junge Volljährige, ZfJ 2002, S. 364; *B. Engelke,* Hilfe für junge Volljährige als notwendiger Standard stationärer Betreuung, JuWo 1997, S. 198; *P. Mrozynski,* Hilfe für junge Volljährige, ZfJ 1996, S. 159; *D. Nüsken,* Vom Erfolgs- zum Auslaufmodell?, JAmt 2006, S. 1; *N. Struck,* Der Anspruch junger Volljähriger auf Leistungen der Jugendhilfe, ZfJ 1993, S. 183

Die Finanzierung von Hilfen zur Erziehung ist immer wieder Anlass zu Streitigkeiten. Als Fall 7 soll eine Entscheidung des Verwaltungsgerichts Hamburg zur Vollzeitpflege dienen. Sie ist auch im Zentralblatt für Jugendrecht (ZfJ) im Jahr 2001 auf Seite 394 f. abgedruckt. Eine Einführung in den Aufbau eines Urteils findet sich im Anhang. **176**
Fall 7: Nachträgliches Pflegegeld?
Urteil
d. VG Hamburg vom 12.2.2001 – 13 VG 1030/2000 –
Tatbestand:
Die Kläger (Kl.) begehren die Bewilligung von Pflegegeld nach § 39 SGB VIII.
Die Kl. nahmen eine am 3.6.1982 geborene Jugendliche, eine Nichte der Kl. zu 2., im Januar 1997 in ihre Familie auf, da die Mutter der Jugendlichen bereits verstorben war und ihr Stiefvater sich nicht mehr um sie kümmerte. Das Jugendamt Hamburg-Mitte wurde zum Amtsvormund für die Jugendliche bestellt.
Mit Schreiben vom 16.10.1998 beantragte die Vormünderin des Jugendamtes eine rückwirkende Bewilligung von Pflegegeld seit dem 28.1.1997. Daraufhin fand im März 1999 eine Erziehungskonferenz statt, deren Ergebnis es war, im vorliegenden Fall Hilfe zur Erziehung nach §§ 27, 33 SGB VIII zu gewähren. Der Beginn der Hilfe wurde rückwirkend auf den 1.10.1998 festgelegt. Mit Bescheid vom 7.6.1999 bewilligte die Beklagte (Bekl.) diese Hilfe gegenüber der Vormünderin.

Mit Schreiben vom 13.5.1999 legten die Kl. Widerspruch gegen den Bescheid ein, soweit er keine rückwirkende Bewilligung von Pflegegeld enthielt. Auch die Vormünderin legte gegen den Bescheid Widerspruch ein. Über ihn ist bisher noch nicht entschieden. Mit Widerspruchsbescheid vom 14.2.2000 wies die Bekl. den Widerspruch der Kl. zurück. Zur Begründung führte sie im wesentlichen aus, dass die Kl. nicht Inhaber des Anspruchs auf Pflegegeld seien. Im Übrigen wird auf den Inhalt des Widerspruchsbescheids verwiesen.
Die Kl. haben am 14.3.2000 Klage erhoben und stützen ihr Begehren im wesentlichen auf einen Anspruch aus dem Gesichtspunkt der öffentlich-rechtlichen Geschäftsführung ohne Auftrag. Sie beantragen, die Bekl. unter Aufhebung des Bescheids vom 23.4.1999 zu verpflichten, an die Kl. Pflegegeld für den Zeitraum vom 28.1.1997 bis zum 1.10.1998 zu zahlen.
Die Bekl. beantragt unter Bezugnahme auf ihr bisheriges Vorbringen, die Klage abzuweisen.
Die Jugendhilfeakte und die Pflegeelternakte waren Gegenstand der mündlichen Verhandlung. Wegen weiterer Einzelheiten wird auf ihren Inhalt verwiesen.

Entscheidungsgründe:
Die Klage hat keinen Erfolg.
Ob dies bereits darauf beruht, dass die Kl. nicht aktivlegitimiert sind, kann letztlich offen bleiben (s. dazu unter 1.); jedenfalls ist ein Anspruch auf Bewilligung von Pflegegeld für einen in der Vergangenheit liegenden Zeitraum aus materiell-rechtlichen Gründen nicht gegeben (s. dazu unter 2. bis 4.).
1.
Zur Frage, wer Anspruchsinhaber hinsichtlich des Pflegegeldes nach § 39 SGB VIII ist, ist anzumerken: Nach der Rechtsprechung des Bundesverwaltungsgerichts (Urteil vom 12.9.1996, NJW 1997, 2831 = FamRZ 1997, 814 = FEVS Bd. 47, 433 vom 4.9.1997, FamRZ 1998, 30 = FEVS Bd. 48, 289) steht dieser Anspruch als Annex-Anspruch zur Hilfe zur Erziehung dem Personensorgeberechtigten und nicht dem Kind oder den Pflegeeltern zu. Soweit die Kl. daher im eigenen Namen klagen, müsste ihre Klage bereits wegen fehlender Aktivlegitimation abgewiesen werden. Allerdings wird in Rechtsprechung und Schrifttum auch die Ansicht vertreten, der Anspruch auf Pflegegeld stehe dem Kind zu (vgl. OVG Münster, Urteil vom 7.11.1994, Jugendwohl 1996, 45; GK-SGB VIII/*Fieseler*, § 39 Rn. 13 m. w. N.; *Wiesner*, SGB VIII, § 39 Rn. 16; *Kunkel*, LPK-SGB VIII, § 39 Rn. 7). Es könnte somit die Annahme nahe liegen, die Kl. wollten das Pflegegeld im Namen des Kindes oder auch des Personensorgeberechtigten einklagen. Dazu müssten sie indes befugt sein. Ein gesetzliches Vertretungsrecht könnte sich insoweit aus § 38 SGB VIII a. F. (= Bekanntmachung vom 15.3.1996, BGBl. I S. 2942, durch dessen Art. 13 Nr. 6 § 38 SGB VIII geändert wurde) ergeben bzw. aus § 1688 BGB (eingefügt durch das Kindschaftsrechtsreformgesetz vom 16.12.1997; BGBl. I S. 2942, durch dessen Art. 13 Nr. 6 § 38 SGB VIII geändert wurde). Nach § 38 Abs. 1 SGB VIII a. F. war die Pflegeperson berechtigt, den Personensorgeberechtigten in der Ausübung der elterlichen Sorge zu vertreten. Ob dazu auch die Geltendmachung von Pflegegeldansprüchen gehört hat, mag zweifelhaft sein. Nach § 1688 Abs. 1 BGB ist die Pflegeperson berechtigt, den Inhaber der elterlichen Sorge in Angelegenheiten des täglichen Lebens (des Kindes) zu vertreten. Insoweit können auch „Sozialleistungen für das Kind" durch die Pflegeperson geltend gemacht werden. Insoweit wäre zweifelhaft, ob das Pflegegeld eine Sozialleistung „für das Kind" ist. Dies alles braucht indes nicht abschließend entschieden zu werden, da ein Anspruch auf Pflegegeld – wem auch immer zustehen könnte – nicht gegeben ist. Daher hat das Gericht davon abgesehen, eine Änderung des Aktivrubrums anzuregen.

2.
Ein Anspruch auf rückwirkende Bewilligung von Pflegegeld scheitert an folgendem: Da das Pflegegeld untrennbar an die Bewilligung von Hilfe zur Erziehung gekoppelt ist (Annex-Anspruch), müsste zunächst ein Anspruch auf rückwirkende Bewilligung von Hilfe zur Erziehung gegeben sein. Dies ist indes nicht der Fall. Hilfe zur Erziehung darf nur auf Antrag der Personensorgeberechtigten gewährt werden. Ein solcher Antrag mag zwar inzwischen von dem Amtsvormund gestellt worden sein, und zwar auch in dem Sinne, dass der Antrag zurückwirken soll. Ein solcher Antrag kann indes nichts mehr bewirken, da die Hilfe zur Erziehung als Gewährung einer sozialen Dienstleistung (§ 11 SGB I) aus in der Natur der Sache liegenden Gründen nicht nachträglich erbracht werden kann. Ein erzieherischer Bedarf, der bereits in der Vergangenheit liegt, lässt sich nachträglich im Wege der Gewährung einer Dienstleistung nicht mehr decken. Insofern gleicht die Rechtslage derjenigen im Sozialhilferecht, wo als Strukturprinzip der Grundsatz „Keine Hilfe für die Vergangenheit" gilt (vgl. dazu *Rothkegel*, Die Strukturprinzipien des Sozialhilferechts, S. 66 ff.). Vorliegend ist ein Bedarf an Hilfe zur Erziehung, der in der betreffenden Zeit als gegeben unterstellt werden mag, allerdings tatsächlich durch die Kl. gedeckt worden. Es könnte mithin ein Fall der sogenannten „Selbstschaffung einer Jugendleistung" vorliegen, die einen Kostenerstattungsanspruch auslösen könnte (vgl. dazu *Mrozynski*, ZfJ 1999, 403 ff.; *ders.*, NDV 2000, 110 ff.; *Oehlmann-Austermann*, ZfJ 1997, 455 ff.; *Stähr*, ZfJ 1998, 24, 28 ff.; *ders.*, in: *Hauck*, SGB VIII, § 27 Rn. 52 ff.; § 39 Rn. 7; *Sauer*, NDV 1999, 238, 240, Gutachten des Deutschen Vereins, NDV 1999, 238 ff.; aus der Rechtsprechung z. B. VG Minden, Urteil vom 13.1.2000, ZfJ 2000, 314). Das Bundesverwaltungsgericht hat sich zu den Voraussetzungen des Kostenerstattungsanspruch bei selbstbeschaffter Jugendhilfeleistung nach dem Sozialgesetzbuch Achtes Buch noch nicht ausdrücklich geäußert (s. aber Urteil vom 27.1.2000, ZfJ 2000, 235 = FamRZ 2000, 1087). Die bisher vorliegende Rechtsprechung und das Schrifttum (s. o.) verlangen ganz überwiegend für das Entstehen eines derartigen Kostenerstattungsanspruchs – übrigens wie im Sozialhilferecht –, dass der Anspruchsinhaber den zuständigen Jugendhilfeträger zunächst wegen der Jugendhilfeleistung angegangen war und erst dann zur Selbstschaffung der Leistung schreiten darf, wenn der Jugendhilfeträger nicht rechtzeitig geleistet oder die Leistung (rechtswidrigerweise) abgelehnt hat. Diese Voraussetzungen, die das Gericht für zutreffend hält, sind vorliegend nicht gegeben. Weder die Kl. noch die Bekl. waren sich überhaupt bewusst, dass vorliegend Hilfe zur Erziehung in Betracht kam. Dies mag an den rechtlichen Unsicherheiten im Zusammenhang mit Familienpflegestellen liegen (vgl. die Zusammenfassung von *Klay*, ZfJ 2000, 193 ff.).
3.
Auch auf den Rechtsgedanken der (öffentlich-rechtlichen) Geschäftsführung ohne Auftrag lässt sich der geltend gemachte Anspruch nicht stützen. Diese Anspruchsgrundlage weist eine gewisse Nähe zum Kostenerstattungsanspruch für die selbstbeschaffte Sozialhilfeleistung bzw. Jugendhilfeleistung auf (vgl. für das Sozialhilferecht *Rothkegel*, a. a. O., S. 76 ff.). Daher scheitert auch diese Anspruchsgrundlage an den zuvor dargelegten Erwägungen. Nach einhelliger Ansicht in Rechtsprechung und Schrifttum (vgl. BVerwG, Urteil vom 6.9.1988, BVerwGE 80, 170; *Erichsen*, in: *Erichsen/Martens*, Allgemeines Verwaltungsrecht, 11. Aufl., § 29 Rn. 15; *Meysen*, Die Haftung aus Verwaltungsrechtverhältnis, Berlin 2000, S. 110, 125, 133, 254, insbes. 266 ff., 327 ff.) entsteht ein Aufwendungsersatzanspruch aus öffentlich-rechtlicher Geschäftsführung ohne Auftrag nämlich allenfalls dann, wenn in einem Eilfall der Private schnell anstelle der Behörde handeln musste. Im Übrigen muss sich der Bürger wegen seiner Rechtsansprüche an die verwaltungsverfahrensrechtlichen Vorschriften und an die Möglichkeiten halten, die das primäre Rechtsschutzsystem bietet. Durch eigene Geschäftsführung des Bürgers dürfen die staatlichen Zuständigkeiten nicht umgangen werden.

4.
Schließlich kann der geltend gemachte Anspruch auch nicht auf den sozialrechtlichen Herstellungsanspruch gestützt werden (vgl. zu diesem Anspruch *Grube*, NDV 1999, 184, 185 in Fn. 13), wobei wiederum offen bleiben kann, ob die Kl. insoweit überhaupt Anspruchsinhaber wären. Ferner mag unterstellt werden, dass vorliegend die entscheidende Anspruchsvoraussetzung für einen Herstellungsanspruch, nämlich ein Beratungsfehler der Bekl., vorgelegen hat. Dennoch kann das Klagebegehren auf diesen Anspruch nicht mit Erfolg gestützt werden, denn der sozialrechtliche Herstellungsanspruch wird für die Sozialleistungsmaterien, die zur Verwaltungsgerichtsbarkeit gehören, nicht anerkannt (vgl. die Nachw. bei *Pietzner/Müller*, VerwArch. Bd. 65, 1994, S. 603). Soweit dies – wie in der Sozialhilfe und Jugendhilfe – darauf beruht, dass Leistungen für die Vergangenheit aus in der Natur der Sache liegenden Gründen nicht nachträglich erbracht werden können, ist dem jedenfalls zuzustimmen. Im Übrigen hilft bei rechtswidriger Leistungsverweigerung bzw. nicht rechtzeitiger Leistungserbringung trotz vorheriger rechtzeitiger Antragstellung der zuvor erwähnte Kostenerstattungsanspruch für die selbstbeschaffte Sozialleistung, dessen Voraussetzungen allerdings vorliegend nicht gegeben sind.
Die Kostenentscheidung folgt aus §§ 154 Abs. 1, 188 VwGO. Die Vollstreckungsentscheidungen beruhen auf § 167 VwGO i. V. mit §§ 708 Nr. 11, 711 ZPO.

Kapitel 8: Andere Aufgaben

Tätigkeitsfelder **177**
Im Bereich der **anderen Aufgaben** lassen sich folgende Tätigkeitsfelder der Jugendhilfe unterscheiden:
- Inobhutnahme und vorläufige Inobhutnahme als vorläufige Maßnahmen,
- Schutz von Kindern und Jugendlichen,
- Mitwirkung im gerichtlichen Verfahren,
- Beistandschaft, Pflegschaft, Vormundschaft, Auskunft über Nichtabgabe von Sorgeerklärungen und
- Beurkundungen, Beglaubigungen, vollstreckbare Urkunden.

A. Inobhutnahme (§ 42 SGB VIII)

Als vorläufige Maßnahme, also als Eilmaßnahme zur Gefahrenabwehr, sieht das Gesetz **178**
die Inobhutnahme von Kindern und Jugendlichen, § 42 SGB VIII, vor.

Weiterführende Literatur:
U. *Britten*, Abgehauen. Wie Deutschlands Straßenkindern leben, Bamberg 1995; *H. Bründel*, Suizidgefährdete Jugendliche, Weinheim 1993; *ders.*, Jugendsuizidalität und Salutogenese: Hilfe und Unterstützung für suizidgefährdete Jugendliche, Stuttgart, 2004; *M. Busch*, Begriff, Inhalt und Umfang der Inobhutnahme nach § 42 KJHG, ZfJ 1993, S. 129; *F. Kaufmann*, Die Jugendhilfe im Spannungsfeld zwischen Strafverfolgung und Erziehungshilfe, ZfJ 1990, S. 1; *G. Lewis*, Inobhutnahme konkret: pädagogische Aspekte der Arbeit in der Inobhutnahme und im Kinder- und Jugendnotdienst, Frankfurt a. M., 2009; *T. Meysen/G. Schindler*, Schutzauftrag bei Kindeswohlgefährdung: Hilfreiches Recht beim Helfen, JAmt 2004, S. 449; *J. Münder u. a.*, Kindeswohl zwischen Jugendhilfe und Justiz, Münster 2000; *R. Ollmann*, Rechtliche Aspekte der Aufdeckung von sexuellem Missbrauch, ZfJ 1994, S. 151; *R. Proksch*, Verfahrensbestimmungen der Inobhutnahme, JHilfe 1994, S. 26; *R. Wiesner*, Zur gemeinsamen Verantwortung von Jugendamt und Familiengericht für die Sicherung des Kindeswohls, ZfJ 2003, S. 121; *M. Zitelmann*, Inobhutnahme und Kindesschutz: Ergebnisse einer bundesweiten Studie, Frankfurt a. M., 2010

I. Voraussetzungen

In **drei Fällen** ist das **Jugendamt verpflichtet**, einem Kind oder Jugendlichen Obhut **179**
zu geben:
- Wenn dieser darum **bittet** (§ 42 Abs. 1 Satz 1 Nr. 1 SGB VIII),
- wenn er sich in einer **dringenden Gefahr** für sein Wohl befindet und diese eine Inobhutnahme erforderlich macht (§ 42 **Abs. 1 Satz 1 Nr. 2** SGB VIII) oder
- ein ausländisches Kind oder Jugendlicher unbegleitet einreist und es in Deutschland keine Personensorge- oder Erziehungsberechtigten hat (§ 42 **Abs. 1 Satz 1 Nr. 3** SGB VIII).

II. Folgen der Inobhutnahme

a) Liegt eine der Voraussetzungen für eine Inobhutnahme vor, hat der öffentliche Träger **180**
der Jugendhilfe den jungen Menschen in einer **geeigneten Unterkunft** unterzubringen (§ 42 **Abs. 1 Satz 2** SGB VIII) und für das **Wohl** des **Minderjährigen** und seinen **Unterhalt** und **Krankenhilfe** zu sorgen (§ 42 Abs. 2 Satz 3 SGB VIII).

b) Einem **jungen Menschen**, der in Obhut genommen wurde, ist die Situation verständ- **181**
lich zu erklären und ihm ist die **Möglichkeit** zu geben, eine **Person seines Vertrauens**

zu **benachrichtigen** (§ 42 **Abs. 2** SGB VIII). Ob er von diesem Recht Gebrauch machen will, ist seine Sache.

182 c) Das **Jugendamt** hingegen hat die **unbedingte Pflicht**, die **Sorgeberechtigten** von der Inobhutnahme zu **benachrichtigen** (§ 42 **Abs. 3** SGB VIII).

III. Maßnahmecharakter

183 Inobhutnahmen sind **keine Dauermaßnahmen**. Sie müssen **beendet** werden, wenn die **dringende Gefahr wegfällt** (vgl. Ziffer II. 5 der Gründe der im Anhang abgedruckten Entscheidung des BVerwG). Sie müssen auch beendet werden, wenn die **Personensorgeberechtigten** die **Zustimmung verweigern** und diese fehlende Zustimmung **nicht** durch eine **gerichtliche Entscheidung ersetzt** wird (§ 42 **Abs. 3** SGB VIII).

IV. Inobhutnahme und Freiheitsentziehung

184 a) Inobhutnahmen sind die einzigen Maßnahmen der Jugendhilfe, die jugendhilferechtlich mit einer **Freiheitsentziehung** verbunden werden; **Rechtsgrundlage** hierfür ist **§ 42 Abs. 5 SGB VIII**. Nach diesen Bestimmungen darf der öffentliche Jugendhilfeträger die Freiheit jungen Menschen entziehen. **Voraussetzung** dafür ist, dass die Freiheitsentziehung erforderlich ist, um eine **Gefahr für Leib und Leben** des Minderjährigen **oder** eines **Dritten** zu beenden. So **unterscheidet** sich die **jugendhilferechtliche** Freiheitsentziehung von **zivilrechtlichen** Freiheitsentziehungen auf Grund von **§ 1631b BGB**, die ausschließlich erfolgen dürfen, wenn und solange sie zum Kindeswohl erforderlich sind.

185 b) Freiheitsentziehung auf der Grundlage des § 42 SGB VIII ist **spätestens am Ende des Tages nach dem Tag**, an dem sie begonnen haben, **zu beenden**, wenn nicht ein Gericht etwas anderes beschlossen hat. Die richterliche Kontrolle des freiheitsentziehenden Verwaltungshandelns ist Ausdruck des Grundrechtsschutzes in einem gewaltgeteilten Staat.

V. Beteiligung

186 **Freie Träger** der Jugendhilfe können gem. § 76 SGB VIII an Inobhutnahmen **beteiligt** werden, die **Verantwortung** für diese bleibt aber stets bei den **öffentlichen Trägern**.

VI. Kosten

187 Wird eine Inobhutnahme erforderlich, müssen die **Minderjährigen** und deren **Eltern** nach ihren finanziellen Möglichkeiten zu deren **Finanzierung** beitragen. Hierzu müssen sie gem. **§§ 91 ff. SGB VIII** zu den **Kosten** beitragen.
Im Jahr 2020 wurden in Deutschland 45500 Kinder und Jugendliche in Obhut genommen, Zweidrittel davon auf Grund von Kindeswohlgefährdung, wie sich den Angaben des Statistischen Bundesamtes in der Kinder- und Jugendhilfestatistik ergibt (siehe dazu auch Kapitel 9.2).

VII. Vorläufige Inobhutnahme von ausländischen Kindern und Jugendlichen

187a 2015 ist als weitere vorläufige Maßnahme eine **vorläufige Inobhutnahme** eingeführt worden: In den §§ 42a ff. SGB VIII wurden für **unbegleitete minderjährige Ausländer**

Regelungen geschaffen, die eine Verteilung dieser Personen nach dem Königsteiner Schlüssel im gesamten Bundesgebiet bewirken sollen. Die Vorschriften regeln neben der vorläufigen Maßnahme selbst vor allem praktisch wichtige Verfahrensfragen.

B. Schutz von Kindern und Jugendlichen

Zum **Schutz** von Kindern und Jugendlichen ist die **Betreuung** Minderjähriger unter bestimmten Umständen **verboten**. Sie kann auf einen **Antrag** hin **erlaubt** werden. Diese Erlaubnisse heißen „**Pflegeerlaubnis**" und „**Betriebserlaubnis**". Bevor diese Schutzinstrumente im Einzelnen dargestellt werden, soll zunächst auf das System von Verboten und Erlaubnissen im öffentlichen Recht eingegangen werden. **188**

Exkurs: Verbote und Erlaubnisse im öffentlichen Recht
Nur ganz wenige konkrete Verhaltensweisen sind in Deutschland vollständig und unter allen Umständen durch den Staat verboten (repressive Verbote). Gleichwohl besteht für das konkrete Verhalten der einzelnen Bürgerinnen und Bürger eine Vielzahl von Verboten, von denen es allerdings Ausnahmen gibt: Durch eine öffentlich-rechtliche Erlaubnis kann man sich das ursprünglich verbotene Verhalten gestatten lassen (präventive Verbote). So ist es etwa mit dem Autofahren. Allen ist es verboten Auto zu fahren, aber alle können einen Antrag auf eine Erlaubnis stellen. Wenn sie alt genug sind, ihre Sachkunde durch eine theoretische und praktische Fahrprüfung nachgewiesen haben und zuverlässig sind, muss der Staat ihnen das zuvor verbotene Verhalten erlauben. Ähnlich ist es mit dem Errichten von Gebäuden oder dem Handel mit Drogen: allen ist es verboten; auf Antrag wird es erlaubt, wenn die Voraussetzungen vorliegen, dieses nennt man den „Erlaubnisvorbehalt". Bei allen präventiven Verboten muss der Gesetzgeber deshalb als Standardmaßnahmen Regelungen zu der Erlaubnis treffen. Er kann Nebenbestimmungen, die der Verwirklichung des Schutzzweckes dienen, vorsehen, zum Beispiel Autofahrende verpflichten, eine Brille oder Kontaktlinsen zu tragen. Solche Regelungen können als nachträgliche Anordnungen auch später getroffen werden. Liegen die Voraussetzungen für die Erlaubnis nicht mehr vor, wird sie widerrufen; so geht es der Autofahrerin oder dem Autofahrer, der den Alkoholkonsum nicht mehr kontrollieren kann. **189**

I. Erlaubnisse zur Kindertages- und Vollzeitpflege (§§ 43, 44 SGB VIII)

1. Gegenstand der Pflegeerlaubnis
Ein **zivilrechtlicher Pflegevertrag** ist Gegenstand der Pflegeerlaubnis; diesen Vertrag dürfen die Pflegepersonen erst dann erfüllen, wenn sie hierfür eine **öffentliche Erlaubnis** erhalten haben. Ihnen geht es wie Menschen, die Autofahren wollen – sie unterliegen einem präventiven Verbot mit Erlaubnisvorbehalt (siehe oben). Besondere Bestimmungen für die Erlaubnis zur Kindertagespflege trifft § 43 SGB VIII. **190**

2. Voraussetzung
a) Die Voraussetzung, unter der die Erlaubnis erteilt werden muss, ist in § **44 Abs. 2 SGB VIII** genannt: Es muss das **Kindeswohl** gewährleistet sein. Die Kontrolle von potentiell gefährlichem Tun von Bürgerinnen und Bürgern ist für den Staat eine aufwendige und für die Bürgerinnen und Bürger eine lästige Sache. Deshalb wird sinnvollerweise darauf in allen Fällen von minderer Bedeutung verzichtet, etwa wenn die Betreuung nur kurze Zeit andauert oder im Rahmen von Schüler- und Schülerinnenaustauschen stattfindet (§ 44 Abs. 1 Satz 2 SGB VIII). **191**

192 b) Das Jugendamt soll auch **vor Ort überprüfen**, ob die **Voraussetzungen** für eine Pflegeerlaubnis **vorliegen** (§ **44 Abs. 3 i. V. m.** § **87a SGB VIII**). Hierzu kann in **Grundrechte eingegriffen** werden.

3. Unterrichtungspflicht

193 Die Pflegepersonen müssen das Jugendamt über **wichtige Ereignisse** unterrichten, die das **Kindeswohl** betreffen (§ **44 Abs. 4 SGB VIII**).

4. Betreuung ohne Pflegeerlaubnis

194 Wird eine minderjährige Person betreut, ohne dass die Pflegeperson eine Erlaubnis nach § 44 SGB VIII hat, so ist das nach § **104 Abs. 1 Nr. 1 SGB VIII ordnungswidrig**, in **schweren Fällen strafbar** nach § **105 SGB VIII**.

Weiterführende Literatur:
T. Lakies, Rechtsprobleme der Pflegeerlaubnis nach § 44 KJHG, NDV 1992, S. 155; *ders.*, Zu Funktion und Inhalt der Pflege- und Betriebserlaubnis, ZfJ 1995, S. 9; *T. Meysen*, Tod in der Pflegefamilie – Verletzung von Kontrollpflichten im Jugendamt? NJW 2003, S. 3369

II. Betriebserlaubnis (§ 45 SGB VIII)

1. Tatbestand und Rechtsfolge

195 a) § 45 Abs. 1 Satz 1 SGB VIII enthält einen einfachen Tatbestand mit einer klaren Rechtsfolge: Eine **Einrichtung** zur **Betreuung** von **Kindern und Jugendlichen** darf **nur mit** einer **Erlaubnis** des öffentlichen Jugendhilfeträgers betrieben werden. Was eine Einrichtung ist, regelt § 45a SGB VIII; auch sonstige betreute Wohnformen sind gem. 48a SGB VIII in das System der präventiven Verbote einbezogen. Auch hier gilt also ein **präventives Verbot**. Erlaubnisfrei ist der Betrieb einer Einrichtung nur ausnahmsweise. Die **Ausnahmen** sind in § **45 Abs. 1 Satz 2 abschließend** aufgezählt, hier sind z. B. Jugendherbergen oder Schülerheime genannt.

196 b) Wie bei präventiven Verboten typisch, hat die Aufsichtsbehörde die **Pflicht zur Erlaubnis**, wenn die **Einrichtung geeignet** ist. Dies ergibt sich aus § 45 **Abs. 2 und 7** SGB VIII. Dies bedeutet, dass die Frage, ob Bedarf für die Einrichtung besteht, von dem öffentlichen Jugendhilfeträger bei seiner Entscheidung über die Erlaubnis nicht berücksichtigt werden darf. Er muss aber anhand der Kriterien des § 45 Abs. 2 Satz 2 SGB VIII, positiv feststellen, dass die Eignung besteht.

2. Zusätzliche Maßnahmen

197 a) In § 45 **Abs. 4** SGB VIII werden als Standardmaßnahmen mögliche **Nebenbestimmungen** und **nachträgliche Anordnungen** genannt.
Wenn für eine Einrichtung neben der jugendhilferechtlichen Aufsicht andere Aufsichten bestehen, hat der aufsichtspflichtige öffentliche Jugendhilfeträger sein Handeln mit dem der anderen Aufsichtsbehörden abzustimmen (§ **45 Abs. 5 SGB VIII**).

198 b) Der aufsichtspflichtige Jugendhilfeträger soll auch **vor Ort überprüfen**, ob die Voraussetzungen für die Erteilung der Erlaubnis vorliegen (§ **46 SGB VIII**), hierzu kann auch in **Grundrechte eingegriffen** werden.

199 c) Um die **Aufsicht** über Einrichtungen zur Betreuung von Kindern und Jugendlichen zu erleichtern, müssen die Betreiber solcher Einrichtungen dem öffentlichen Jugendhilfeträger regelmäßig die wichtigsten Informationen über ihre **Einrichtung melden** (§ **47 SGB VIII**). Datenschutzvorschriften stehen dem nicht entgegen. Der öffentliche Jugendhilfeträger kann allerdings Ausnahmen von der Meldepflicht zulassen.

200 d) Neben der **Versagung** der **Erlaubnis** hat der aufsichtspflichtige Jugendhilfeträger als **milderes Mittel** die Möglichkeit, einem Einrichtungsträger die **Beschäftigung bestimmter Personen** ganz oder nur in bestimmten Funktionen zu **untersagen** (§ 48 SGB VIII); auch hierfür darf zum Schutz der Minderjährigen in Grundrechte Erwachsener eingegriffen werden.

201 e) Wird eine **Einrichtung** betrieben, **ohne** dass eine **Erlaubnis** nach § 45 SGB VIII vorliegt, oder werden die **Meldungen** nach § 47 SGB VIII unterlassen, so ist dies nach § 104 Abs. 1 Nr. 2 SGB VIII ordnungswidrig, in schweren Fällen **strafbar** nach § 105 SGB VIII.

Weiterführende Literatur:
K. *Abel*, Schutz von Kindern in Einrichtungen und sonstigen betreuten Wohnformen, Stuttgart 1995; G. *Happe*, Schutz von Kindern und Jugendlichen in Einrichtungen nach dem Kinder- und Jugendhilfegesetz, RsDE 17, S. 50; B. *Irskens*, Neue Wege gehen – Heimaufsicht für Kindertageseinrichtungen für Kinder, NDV 1991, S. 226; P. *Mrozynski*, Die materiellen Kriterien des Einrichtungsbegriffs im Kinder- und Jugendhilfe- und im Sozialhilferecht, ZfJ 1994, S. 145

III. Mitwirkung im gerichtlichen Verfahren

202 Ein weiterer Teil der anderen Aufgaben der Jugendhilfe ist die Verpflichtung des öffentlichen Jugendhilfeträgers zur **Mitwirkung** in bestimmten **gerichtlichen Verfahren**. Hier soll die Jugendhilfe mit ihrem Sachverstand bessere Entscheidungen der Gerichte ermöglichen. Deshalb ist die Mitwirkung des Jugendamtes in **drei Bereichen** vorgesehen, in
- Verfahren vor Vormundschafts- und Familiengerichten, § 50 SGB VIII,
- bei der Annahme als Kind, § 51 SGB VIII und
- in Strafverfahren gegen junge Menschen, § 52 SGB VIII.

1. Verfahren vor Vormundschafts- und Familiengerichten (§ 50 SGB VIII)

203 Gerichte, genauer Richterinnen und Richter sind immer dann, wenn die Erwachsenen uneins über das sind, was mit ihren Kindern geschehen soll, nicht von Natur aus hinreichend sachkundig. Dies gilt generell, aber mehr noch im konkreten Einzelfall. Sie sind bei ihrer Entscheidung auf den Vortrag der in der Regel miteinander zerstrittenen Parteien, auf eigene Wahrnehmungen, etwa das Ergebnis von Anhörungen und auch auf externen Sachverstand angewiesen. Im Interesse einer funktionsfähigen Justiz kann es in dieser Situation nicht in das Belieben des externen Sachkundigen gestellt sein, ob er dem Gericht helfen will. Dieses gilt in besonderem Maße für das in den Angelegenheiten der jungen Menschen besonders sachkundige **Jugendamt**. Es hat deshalb in **gerichtlichen Verfahren**, die die Personensorge betreffen, eine **Mitwirkungspflicht** (§ 50 Abs. 1 SGB VIII). Es ist aufgerufen, eine eigene, fachliche Stellungnahme abzugeben und umfassend ggf. unter Bezug auf einen Hilfeplan gem. § 36 SGB VIII zu informieren (§ 50 **Abs. 2** SGB VIII). Das Jugendamt hat aber bezogen auf gerichtliche Verfahren eine Funktion, die über die Rolle eines Sachverständigen hinausgeht: Es hat das **Recht** und die **Verpflichtung**, Entscheidungen nach § **1666 BGB zu beantragen** (§ 8a Abs. 3 SGB VIII). Damit soll sichergestellt werden, dass das Jugendamt seinem **Wächteramt** aus **Art. 6 GG** auch tatsächlich gerecht werden kann. Wichtig ist, dass in der Praxis mit diesem Recht unter jeder Rücksicht so **sorgfältig** umgegangen wird. Eine zu leichtfertige Beantragung des Entzuges kann schweres Leid über Kinder und deren Familien bringen. Anderseits kann der Verzicht auf einen Antrag auf einen Sorgerechtsentzug Minderjährige in erhebliche Gefahren bringen. Dieses bringt die konkret Verantwortlichen nicht selten in schwierige Situationen. Eine generelle Empfehlung für eine Entscheidung gibt es nicht. Einen praktischen Rat gibt es aber trotzdem: Es ist dringend zu empfehlen, alle wichtigen Informationen und Entscheidungsschritte sorgfältig zu dokumentieren. Dieses schützt nicht nur in Auseinandersetzungen wegen eventueller Schadenersatzansprüche, eine gute Dokumentation verbessert normalerweise auch den Entscheidungsprozess selbst.

Weiterführende Literatur
J. Arndt/H. Oberloskamp/R. Balloff, Gutachterliche Stellungnahmen in der sozialen Arbeit, Neuwied 1993; *F. Arntzen,* Elterliche Sorge und persönlicher Umgang aus gerichtspsychologischer Sicht, München 1994; *R. Balloff,* Kinder vor dem Familiengericht, 2. Aufl., Baden-Baden 2015; *D. Bange/ G. Deegener,* Sexueller Missbrauch an Kinder, Weinheim, 1996; *U. Lohrenz,* Jugendhilfe bei Trennung und Scheidung, Neuwied, 1999; *R. Ollmann,* Einflussfaktoren in familien- und vormundschaftsgerichtlichen Verfahren, FamRZ 1997, S. 321; *F. Wapler,* Staatliche Reaktionsmöglichkeiten bei Kindeswohlgefährdungen, RdJB 2009, S. 21

2. Annahme als Kind (§ 51 SGB VIII)

204 Im Jahr 2020 wurden in Deutschland insgesamt knapp 3800 Kinder und Jugendliche adoptiert. Knapp 70 % wurden von einem Stiefelternteil oder Verwandten adoptiert. Etwa 50 % der Adoptierten war jünger als drei Jahre und nur etwa 3 % der Adoptionen waren internationale Adoptionen.

Für eine Adoption ist die **Einwilligung** der **Eltern** erforderlich. Diese Einwilligung kann auch durch eine **gerichtliche Entscheidung ersetzt** werden. Kommt es zu einem Verfahren zur Ersetzung der Einwilligung eines Elternteils in die Annahme des Kindes durch die Adoptiveltern nach § **1748 BGB**, so hat das Jugendamt die Pflicht, die **leiblichen Eltern** zu **beraten** und zu **belehren. Sinn** dieser Vorschrift ist es, die leiblichen Eltern zu befähigen, eine für ihr Kind **richtige Entscheidung** zu treffen. Dies kann statt der Einwilligung zur Adoption auch die **Beantragung** von **Hilfen** zur Erziehung sein. Deshalb muss das Jugendamt in der Beratung der leiblichen Eltern auf diese Möglichkeiten besonders hinweisen. Die Pflicht zur **Beratung entfällt,** wenn sich die leiblichen **Eltern seit längerem nicht** mehr um das Kind **gekümmert** haben.

Weil die Beratung nach § **51 SGB VIII** in dem gerichtlichen Verfahren zur Ersetzung der Einwilligung in die Adoption **zwingend erforderlich** ist, muss das Jugendamt das Gericht über seine Tätigkeit und deren Ergebnis **informieren.**

Weiterführende Literatur:
W. Binschus, Adoption – Entwicklungen in Rechtsprechung und Praxis, ZfJ 1996, S. 97; *R. Frank,* Die Neuregelung des Adoptionsrechts, FamRZ 1998, S. 393; *K. Haury,* Praxisbuch Adoption: psychologische und soziale Besonderheiten bei Adoptivfamilien, Weinheim, 2020; *H. Oberloskamp,* Wie adoptiere ich ein Kind?, 4. Aufl., München 1999; *H. Paulitz,* Adoption – Reizwort oder Zauberformel?, ZfJ 1997, S. 126; *ders.,* Adoption, 2. Aufl., München 2006

3. Strafverfahren gegen junge Menschen (§ 52 SGB VIII)

205 § **52 SGB VIII** stellt die **Verbindung** zwischen dem **Jugendhilfe-** und dem **Jugendstrafrecht** her. Abs. 1 enthält den **Tatbestand**: Er liegt immer dann vor, wenn ein **Strafverfahren** nach dem **Jugendgerichtsgesetz** geführt wird. Dann ist als **Rechtsfolge** eine **Mitwirkung** des **Jugendamtes** vorgesehen. In der Sache geht es um einen umfassenden Bericht (vgl. § 52 Abs. 1 Satz 2 und 3 SGB VIII) über den Angeklagten, einen Bericht über Leistungen und die Möglichkeiten, das Verfahren ohne eine förmliche Entscheidung des Gerichtes im Wege sog. „**Diversion**" nach den §§ **45, 47 JGG** zu beenden. Dieses ist immer dann sinnvoll, wenn erwartet werden kann, dass der junge Mensch auch ohne förmliche Hauptverhandlung im Strafverfahren keine weiteren Straftaten begehen wird. Dieses ist statistisch gesehen eher wahrscheinlich. So könnte man davon ausgehen, dass der das JGG tragende Erziehungsgedanke in der Regel eine Bestrafung von Erst- oder auch Zweittätern oder -täterinnen entbehrlich macht. Eine auf diese Auffassung gestützte Praxis ist jedoch jenseits einer engen Fachöffentlichkeit kaum vermittelbar.

Bei den Staatsanwaltschaften ist es vielfach üblich, dass ein Staatsanwalt oder eine Staatsanwältin die Sitzungsvertretung an jeweils einem ganzen Tag bei einem Gericht übernimmt. Das ist nützlich, weil es hilft, Zeit einzusparen. Auf der anderen Seite führt es dazu, dass die Sitzungsvertretung der Staatsanwaltschaft nur in Ausnahmefällen die Ermittlungen selbst geleitet hat und deshalb die Angelegenheit kaum gründlich kennt. In großen und wichtigen Strafverfahren übernimmt deshalb die Sitzungsvertretung normalerweise die Staatsanwältin oder der Staatsanwalt, die selbst ermittelt haben. In der Jugendgerichtshilfe hatte es sich eingebürgert, wie bei der Staatsanwaltschaft zu verfahren; die Sitzungsvertretungen wurden „Gerichtsgeher" genannt. Nützlich war dieses Verfahren nicht, denn die Jugendgerichtshilfe soll ja aus eigener Erfahrung über den jungen Menschen und die Lebensbedingungen berichten, ein schriftlicher Bericht könnte auch lediglich verlesen werden. Gerichtsgeher werden deshalb für eine schlechte Lösung gehalten, der Gesetzgeber hat dies ist § 52 Abs. 3 SGB VIII zum Ausdruck gebracht.

Weiterführende Literatur:
H.-U. Eckert, Zur historischen Dimension des Behandlungsgedankens im (Jugend-)Strafvollzug, ZfJ 1998, S. 364; *J. Heublein,* Erziehung und Vergeltung im Jugendstrafrecht, ZfJ 1994, S. 464; *M. Korth,* „Vertrauen ist gut, Kontrolle ist besser" – Jugendgerichtshilfe und Vertrauenskredit, ZfJ 1996, S. 311; *W. Lerche,* Wegsperren als Lösung, NDV 1996, S. 16; *T. Meysen,* Mitwirkung für wen?, JAmt 2001, S. 8; *J. Münder,* Kindeswohl zwischen Jugendhilfe und Justiz: zur Entwicklung von Entscheidungsgrundlagen und Verfahren zur Sicherung des Kindeswohls zwischen Jugendämtern und Familiengerichten, Weinheim, 2017; *W. Nickolai,* Jugendhilfe und Justiz: gesucht: bessere Antworten auf Jugendkriminalität, Freiburg im Breisgau, 2007; *H. Ostendorf,* Jugendgerichtshilfe in der Rolle der „Doppelagentin" – Chance oder programmiertes Versagen, ZfJ 1991, S. 9; *L. Peschel-Gutzeit,* Jugendhilfe und Justiz – Wozu (ge-)braucht die Justiz die Jugendhilfe, FuR 1993, S. 204; *B. Schlink,* Jugendgerichtshilfe zwischen Jugend- und Gerichtshilfe, NDV, 1991, S. 186; *D. Stolle,* Dissoziale Jugendliche zwischen Straße, Hilfe und Justiz, Salzhausen, 2003; *T. Trenczek,* Auszug aus dem Souterrain? – Rechtliche Rahmenbedingungen und sozialpädagogische Handlungsansätze für die Jugendhilfe im Strafverfahren, RdJB 1993, S. 316

IV. Beistandschaft, Pflegschaft, Vormundschaft, Auskunft über die Nichtabgabe von Sorgeerklärungen

Im vierten Abschnitt des Kapitels zu den anderen Aufgaben werden die Jugendhilfebehörden zu **Tätigkeiten** verpflichtet, die **zivilrechtliche Regelungen** für **Minderjährige ergänzen**. Deshalb sind diese Regelungen nur im **Zusammenhang** mit den Vorschriften des **Bürgerlichen Gesetzbuches** zu verstehen, deren **Umsetzung** sie dienen.
Als **Aufgaben** sind in dem Abschnitt genannt:
- Beratungs- und Unterstützungstätigkeiten in den §§ 52a, 53 SGB VIII,
- die Genehmigung von Vereinsvormundschaften, § 54 SGB VIII,
- die Tätigkeit des Jugendamtes als Beistand, Pfleger oder Vormund, §§ 55, 56 SGB VIII,
- Mitteilungspflichten des Jugendamtes, § 57 SGB VIII,
- Regelungen für die Gegenvormundschaft, § 58 SGB VIII und
- zu Auskünften zu Sorgeerklärungen, § 58a SGB VIII.

1. Beratung und Unterstützung von Müttern, die mit dem Vater ihrer Kinder nicht verheiratet sind (§ 52a SGB VIII)

a) Der **Mutter** eines **nichtehelichen Kindes** ist durch **Art. 6 Abs. 4 GG besonderer staatlicher Schutz** garantiert; diese Frauen sind also **positiv diskriminiert**, d. h. sie werden anders (in diesem Fall: besser) als andere behandelt. So sollte einer verbreiteten gesellschaftlichen negativen Diskriminierung entgegengewirkt werden. Lange Zeit wurde dieser Verfassungsauftrag dadurch verwirklicht, dass das Jugendamt als Amtsvormund und damit unabhängig von dem Willen der Frauen sich um die Feststellung der Vaterschaft und die Durchsetzung von Unterhaltsansprüchen kümmerte. Dieser Auftrag des Jugendamtes wurde vor dem Hintergrund gewandelter gesellschaftlicher Anschauungen, insbesondere einer nicht geringen

Zahl nichtehelicher Lebensgemeinschaften, vielfach als eine unangemessene Einmischung in die Privatsphäre empfunden. Gleichwohl sollten auch für Kinder, deren Eltern nicht miteinander verheiratet sind, Instrumente erhalten bleiben, die die Feststellung der Vaterschaft und die Durchsetzung von Unterhaltsansprüchen fördern.

Im Zusammenspiel von **Leistungsansprüchen** auf **Beratung** nach § 18 SGB VIII, **Beratungsverpflichtungen** nach § 52a SGB VIII und der Möglichkeit einer **Beistandschaft** ist diese Regelungsabsicht umgesetzt.

208 b) § 52a SGB VIII verbindet also die **Beratungs- und Unterstützungsverpflichtungen** nach § 18 SGB VIII und die **Beistandschaft** nach den §§ 1712–1717 BGB. Die Norm verpflichtet das Jugendamt zu Beratung und Unterstützung einer Frau, die ein Kind zur Welt gebracht hat, ohne mit dessen Vater verheiratet zu sein. Dabei geht es insbesondere um die Bedeutung der Vaterschaftsfestellung und -anerkennung, die Geltendmachung von Unterhaltsansprüchen, die Beantragung einer Beistandschaft und die Möglichkeiten gemeinsamer elterlicher Sorge.

Weiterführende Literatur:
K. *Gawlitta*, Die neue Beistandschaft als Mogelpackung?, ZfJ 1998, S. 156; T. *Lakies*, Die Beistandschaft für Kinder von Alleinsorgeberechtigten, §§ 1712–1717 BGB, JHilfe 1998, S. 276; S. *Willutzki*, Elterliche Sorge nicht miteinander verheirateter Eltern, ZKJ 2010, S. 86; C. *Wolff*, Beratung und Unterstützung nach § 52a SGB VIII, DAVorm 1998, S. 883

2. Beratung und Unterstützung von Pflegern und Vormündern (§ 53 SGB VIII)

209 § 53 SGB VIII ergänzt die Regelung des § **1779 Abs. 1 BGB**. Danach hat das Vormundschaftsgericht **vor** der **Bestellung von Vormündern** und **Pflegerinnen und Pflegern** das **Jugendamt** zu **hören**. Sinnvollerweise ist spiegelbildlich das Jugendamt zur Kommunikation mit dem Gericht verpflichtet. Es soll dem Gericht in jedem Einzelfall konkret geeignete **Vormünder** und **Pflegerinnen und Pfleger** – möglichst Einzelvormünder und pflegenden Personen – **vorschlagen** und zugleich deren **Tätigkeit überwachend** begleiten.

Weiterführende Literatur:
W. *Bienwald*, Vormundschafts- und Pflegschaftsrecht in der sozialen Arbeit, 3. Aufl., Heidelberg 1992; F. *Kaufmann*, Das Vormundschaftsgericht als Erzieher – Konflikte zwischen Vormund und Vormundschaftsgericht wegen der Reichweite der Aufsicht, DAVorm 1999, S. 335; H. *Lauterbach*, Vormundschaft und Datenschutz, ZfJ 1993, S. 429

3. Vereinsvormundschaft (§ 54 SGB VIII)

210 a) Ohne weiteres können natürliche Personen eine Vormundschaft oder Pflegschaft übernehmen. Für die **Übernahme** durch **Vereine** gilt ein **präventives Verbot mit Erlaubnisvorbehalt**. § 54 Abs. 2 SGB VIII konstituiert eine **Pflicht zur Erlaubnis**, wenn alle **Voraussetzungen** vorliegen:
– ausreichende **befähigte Mitarbeiterinnen** und **Mitarbeiter** müssen vorhanden sein,
– der Verein muss sich um die **Gewinnung** von **Einzelvormündern** bemühen und
– er muss den **Erfahrungsaustausch** zwischen den Mitarbeiterinnen und Mitarbeitern ermöglichen.

211 b) Ein die **abschließende Regelung** des Bundes **öffnender Landesrechtsvorbehalt** in **Abs. 4** sieht vor, dass durch Landesrecht **weitere Genehmigungsvoraussetzungen** bestimmt werden können.

Eine **Erlaubnis** gilt regelmäßig für das ganze **Bundesland**, in dem der **Verein** seinen **Sitz** hat (§ 54 Abs. 3 SGB VIII).

Weiterführende Literatur:
H. *Oberloskamp*, Vormundschaft, Pflegschaft und Beistandschaft für Minderjährige, 3. Aufl., München 2010

4. Beistandschaft, Pflegschaft, Vormundschaft (§ 55 SGB VIII)

a) Auch **§ 55 SGB VIII ergänzt zivilrechtliche Vorschriften**; die Norm nimmt Bezug auf die Regelungen zur **Beistandschaft** gemäß der **§§ 1712 ff. BGB**, zur **Pflegschaft** im Umfang der gerichtlichen Entscheidung gemäß **§ 1909 Abs. 1 BGB** und zur **Vormundschaft** gemäß der **§§ 1793 ff. BGB**.

b) Die **Norm** dient der **Anpassung** dieser Vorschriften an **die praktischen Möglichkeiten** eines Jugendamtes, so wird beispielsweise durch § 56 Abs. 3 Satz 3 SGB VIII ermöglicht, dass das Mündelgeld auf Sammelkonten angelegt werden kann.

c) Im Rahmen einer **Amtspfleg-** oder **Amtsvormundschaft** werden einzelne Mitarbeiterinnen oder Mitarbeiter ganz (bei der Vormundschaft) oder zum Teil (bei der Pflegschaft) **Vertreterinnen und Vertreter** der Minderjährigen. Dieses stellt einen weitreichenden **Eingriff** in das **Grundrecht der Eltern** aus **Art. 6 Abs. 2 GG** dar. Deshalb muss das Jugendamt normalerweise jedes Jahr gemäß **Abs. 4** ergebnisoffen **prüfen**, ob die **Vormundschaft** oder **Pflegschaft** noch **erforderlich** ist. Es soll auch prüfen, ob statt der öffentlichen Stelle ein Einzelvormund oder ein Verein bestellt werden kann. Hier wird auf § 1887 BGB Bezug genommen.

Weiterführende Literatur:
U. Diedrichsen, Die Reform des Kindschafts- und Beistandschaftsrechts, NJW 1998, S. 1977; K.-H. Eberhardt, Erfahrungen mit der Beistandschaft auf Antrag, FamRZ 1999, S. 139; T. Grosse-Boymann, Die Haftung des Amtsvormunds, Münster 1994; R. Wiesner, Das Vormundschaftswesen und die Jugendhilfe, DAVorm 2000, S. 283

5. Mitteilungspflicht des Standesbeamten, Gegenvormund, Sorgeerklärungen (§§ 57–59 SGB VIII)

a) **§ 57 verpflichtet** das Jugendamt, das Familiengericht über den Eintritt einer Vormundschaft zu informieren.

b) Ein **Gegenvormund** hat die **Aufgabe**, die Tätigkeit eines Vormundes zu **überwachen**, dieses ist z. B. bei komplizierten Vermögensverwaltungen sinnvoll. Ist das Jugendamt Vormund, kann gemäß § 1792 BGB ein Gegenvormund nicht bestellt werden, das Jugendamt kann aber zum Gegenvormund bestellt werden. § 58 SGB VIII regelt, wie das Jugendamt eine Gegenvormundschaft zu führen hat.

c) § 58a SGB VIII soll es vor allem **Müttern** von Kindern, mit deren **Vätern** sie **nicht verheiratet** sind, ermöglichen, einen **Nachweis** über **ihre alleinige elterliche Sorge** zu erhalten. Dazu hat sie einen **Anspruch** auf eine **schriftliche Auskunft** des Jugendamtes, dass eine Erklärung über eine gemeinsame elterliche Sorge für ihr Kind nicht abgegeben worden ist.

Weiterführende Literatur:
E. Dickerhoff-Borello, Die Sorgeerklärung eines geschäftsunfähigen Elternteils – eine Lücke im KindRG?, FuR 1998, S. 70, 157; R. Kemper, Sorgeerklärungen zur Verhinderung der unterhaltsrechtlichen Inspruchnahme des Vaters?, DAVorm 1998, S. 767

V. Beurkundungen, Beglaubigungen, vollstreckbare Urkunden (§§ 59–60 SGB VIII)

Der fünfte Abschnitt des Kapitels zu den anderen Aufgaben befasst sich mit Beurkundungen und Beglaubigungen durch das Jugendamt sowie mit von dem Jugendamt errichteten vollstreckbaren Urkunden.

1. Beurkundung und Beglaubigung

219 Eine **Beurkundung** dient dem **Nachweis**, dass die in der Urkunde **benannte Person** die in der Urkunde **enthaltene Erklärung** tatsächlich **inhaltsgleich** abgegeben hat. Eine **Beglaubigung** dient hingegen (lediglich) dem **Nachweis der Echtheit** einer **Unterschrift**. Beglaubigungen und Beurkundungen sind im Rechtsverkehr in unterschiedlichen Situationen erforderlich.

2. Durch das Jugendamt

220 Neben **Notaren** und anderen **öffentlichen Stellen** können gemäß § **59 SGB VIII** besonders ermächtigte **Mitarbeiterinnen** und **Mitarbeiter** der Jugendämter neun verschiedene Arten **von Erklärungen aufnehmen**, die sich auf die Elternschaft, Unterhalt, Adoptionen und die elterliche Sorge beziehen. Die Erklärungen, die aufgenommen werden können, sind in § **59 Abs. 1 abschließend** aufgezählt. Praktisch bedeutsam ist vor allem die Möglichkeit, Unterhaltsverpflichtungen zu beurkunden. Die Regelung dient der Vermeidung von Prozessen und der Kostenersparnis bei den betroffenen Eltern.

3. Zwangsvollstreckungsgrundlage

221 Jugendamtliche **Urkunden**, die **Unterhaltsverpflichtunge**n beurkunden, können auch die **Grundlage** von **Zwangsvollstreckungshandlungen** sein. Für die Voraussetzungen für die Zwangsvollstreckung aus solchen Urkunden trifft § **60 SGB VIII Regelungen**, die die Vorschriften der Zivilprozessordnung für die Zwangsvollstreckung aus Urkunden modifizieren.

Weiterführende Literatur:
H.-U. Graba, Zur Abänderung der Jugendamtsurkunde, FamRZ 2005, S. 678; *R. Kemper*, Vereinfachtes Verfahren und Unterhaltsübergang – § 646 Abs. 1 Nr. 10 ZPO –, ZfJ 1999, S. 174; *D. Knittel*, Die Beurkundung von Sorgeerklärungen nicht miteinander verheirateter Eltern, ZfJ 2000, S. 14; *B. Knittel*, Beurkundungen im Kindschaftsrecht, 6. Aufl., Köln 2005

222 Anhand von drei Fällen sollen mögliche Probleme im Bereich der anderen Aufgaben der Jugendhilfe dargestellt werden.

Fälle 8: Das verwahrloste Kind, 6-Wochen-Pflege, Beurkundung?
A) A lebt bei Pflegeeltern. Es scheint, dass er dort verwahrlose. Das Jugendamt hat Kenntnis. Was ist von dem örtlich zuständigen Jugendamt zu tun?
B) Frau B einigt sich mit Herrn und Frau C, dass das Kind D von Frau B zunächst für 6 Wochen in der Familie C betreut wird. Kann die Vereinbarung erfüllt werden?
C) E erscheint mit F beim Jugendamt. F erklärt, er wolle nicht die Verpflichtung zur Unterhaltszahlung für das minderjährige Kind der E, sondern abstrakt die Verpflichtung zur Zahlung von monatlich € 200,– an E, bis ihr Kind 20 Jahre alt sei, anerkennen. Die Beamtin weigert sich eine entsprechende Urkunde zu errichten und sagt, F müsse hierfür zu einem Notar gehen und dort entsprechende Gebühren für die Beurkundung zahlen. Zu Recht?

Lösungen zu den Fällen 8
Fall A:
In diesem Fall geht es nicht um die Gewährung einer Leistung, sondern um die Erfüllung einer anderen Aufgabe der Jugendhilfe. Bei der Suche nach der geeigneten Handlungsgrundlage geht es deshalb um die richtige Ermächtigungsgrundlage. Für eine unmittelbare Inobhutnahme des A könnte diese in § 42 SGB VIII gefunden werden.
Der Tatbestand des § 42 SGB VIII verlangt
– eine dringende Gefahr für das Wohl des Kindes,
– die Erforderlichkeit der Inobhutnahme und
– Gefahr im Verzug.

Anhaltspunkte für eine Kindeswohlgefährdung bestehen laut Sachverhalt. Dass Gefahr im Verzug ist, lässt sich dem Sachverhalt nicht entnehmen. Als Zwischenergebnis ist deshalb festzustellen, dass eine Ermächtigung für eine Inobhutnahme des A aus der Pflegefamilie heraus nicht besteht.

Dieses bedeutet jedoch nicht, dass das Jugendamt auf ein Handeln verzichten darf. Es muss sich die für die Entscheidung über eine Herausnahme erforderlichen Informationen beschaffen. Geeignete Ermächtigungsgrundlage für eine Informationsbeschaffung ist § 44 Abs. 3 SGB VIII. Dessen Tatbestandsmerkmale liegen laut Sachverhalt vor. Als Endergebnis ist deshalb festzustellen, dass das Jugendamt zu einer Informationsbeschaffung auf der Grundlage von § 44 Abs. 3 SGB VIII verpflichtet ist.

Fall B:
B und C haben laut Sachverhalt einen wirksamen zivilrechtlichen Vertrag geschlossen. Fraglich ist, ob dieser für C auch erfüllbar ist. Dies wäre dann nicht der Fall, wenn C nach § 44 SGB VIII für die Erfüllbarkeit eine öffentlich-rechtliche Erlaubnis brauchte. § 44 Abs. 1 Satz 1 SGB VIII verbietet die Pflege eines Kindes grundsätzlich präventiv. Von diesem Verbot bestehen allerdings Ausnahmen. Diese sind in § 44 Abs. 1 Satz 2 SGB VIII normiert. Hier kommt eine Ausnahme von dem Verbot nach § 44 Abs. 1 Satz 2 Nr. 4 SGB VIII in Betracht. Nach dieser Vorschrift wäre die Erfüllung des Vertrages erlaubnisfrei, wenn sie acht Wochen nicht überschreiten. Laut Sachverhalt haben B und C kein festes Ende der Betreuung von D durch C vereinbart. Dieses spricht gegen eine Erlaubnisfreiheit. Sie haben aber die Laufzeit des Vertrages zunächst auf sechs Wochen befristet. Damit liegt die Voraussetzung für eine Erlaubnisfreiheit vor.

Als Ergebnis ist festzustellen: Der wirksame Vertrag zwischen B und C ist auch durch C erfüllbar.

Fall C:
Grundsätzlich darf und muss das Jugendamt beurkunden. Dieses ergibt sich aus § 59 SGB VIII. Die Beurkundungsbefugnis und -verpflichtung ist jedoch gemäß § 59 Abs. 1 S. 1 SGB VIII auf die dort genannten Erklärungen beschränkt. Deshalb ist zu prüfen, ob die Erklärung, die F abgeben will, als eine Erklärung in diesem Sinne zu verstehen ist. Die Erklärung dürfte materiell der Sicherung des Unterhaltes des Kindes der E dienen. Dieses könnte dafür sprechen, dass es sich bei dieser Erklärung um eine Erklärung im Sinne des § 59 Abs. 1 S. 1 Nr. 4 SGB VIII handelt. F möchte aber laut Sachverhalt eine Verpflichtung zur Unterhaltszahlung gerade nicht beurkunden lassen. Deshalb ist seine Erklärung trotz ihres mutmaßlichen Zweckes nicht als eine Erklärung nach § 59 Abs. 1 Satz 1 Nr. 4 SGB VIII anzusehen. Einer anderen Erklärungsart, die in § 59 Abs. 1 Satz 1 SGB VIII aufgezählt ist, lässt sie sich auch nicht zuordnen. Als Zwischenergebnis steht also fest, dass die Beamtin bei ihrer Verweigerung der Beurkundung Recht hat. Ein Notar darf nach dem Beurkundungsgesetz umfassend beurkunden, er könnte auch die von F gewollte Erklärung beurkunden. Die Beamtin hat E und F also auch eine zutreffende Auskunft gegeben.

Kapitel 9: Datenschutz und Statistik

A. Datenschutz

223 Diskretion gilt seit alters her als besondere Pflicht der helfenden Berufe. Menschen, die Hilfe brauchen, müssen sich darauf verlassen können, dass ihre Geheimnisse nicht ausgeplaudert werden. Die ärztliche Schweigepflicht, das Beichtgeheimnis, auch die anwaltliche Schweigepflicht sind Ausdruck dieses Gedankens. Die Regeln zu beruflicher Diskretion waren hinreichend, bis die privaten Informationen auch Maschinen anvertraut wurden; Maschinen können nicht diskret sein, und so brauchte es Regeln zum Datenschutz bei der Verwaltung durch Maschinen. Der **Schutz** von **Sozialdaten** reagiert auf diesen Bedarf für den Bereich des SGB.

Die Bestimmungen zur Sicherung des Sozialgeheimnisses setzen die entsprechende Berufspflicht der Helferinnen und Helfer in **Gesetzesrecht** um. In der Jugendhilfe ist ein effektiver Schutz der Sozialdaten Voraussetzung dafür, dass Bürgerinnen und Bürger die ihnen zustehende Jugendhilfe weitgehend ohne Misstrauen beantragen und die erforderlichen, häufig sehr privaten Angaben machen können. Das Vertrauen in den diskreten Umgang mit diesen Angaben wird mit einer Reihe von Normen und richterrechtlichen Regelungen unterstützt:

– dem aus Art. 2 Abs. 1 i. V. m. Art. 1 Abs. 1 GG abgeleiteten **Grundrecht** auf **informationelle Selbstbestimmung**,
– den Datenschutzbestimmungen des **Bundesdatenschutzgesetzes** (BDSG) und der **Datenschutzgesetze** der **Länder**,
– den Datenschutz**bestimmungen** des **SGB I** und des **SGB X** und
– schließlich des **jugendhilferechtlichen Datenschutzes** in den §§ 61–68 SGB VIII.

Ergänzt werden diese Normen durch den **strafrechtlichen Schutz** der Einhaltung der Schweigepflicht **gem.** § 203 StGB. Zivilrechtlich ergänzen arbeitsvertragliche Abmachungen diese staatlichen Regeln.

Weiterführende Literatur:
H. P. Bull, Verwaltung durch Maschinen, 2. Aufl., Köln 1964; *C. Ensslen*, Zur Schweigepflicht von Sozialarbeitern und Sozialpädagogen im Strafverfahren, NDV 1999, S. 121; *J. Falterbaum*, Gefahrenabwehr mit Hilfe des Jugendamtes, ZfJ 1999, S. 99; *M. Hundt*, Datenschutz in der Kinder- und Jugendhilfe, Regensburg 2019; *P. Kröger*, Sozialdatenschutz im Verhältnis zum Strafverfolgungsinteresse, ZfJ 1993, S. 21; *P.-C. Kunkel*, Kindesmisshandlung und Sozialdatenschutz, NDV 1992, S. 87; *ders.*, Datenschutz in der Jugendhilfe, ZfJ 1994, S. 323; *K. Menne*, Hinweise zur Bedeutung der Datenschutzregelungen des KJHG für die Erziehungsberatungsstellen, ZfJ 1992, S. 132; *R. Olmann*, Strafanzeige des Jugendamtes bei sexuellem Missbrauch, ZfJ 1998, S. 354; *M. Pehl*, Datenschutz und Schweigepflicht in der Sozialen Arbeit, Regensburg, 2020; *U. v. Pirani*, Aussagegenehmigung in Bezug auf Sozialdaten – hier Jugendhilfe, NDV 1992, S. 418; *E. Riehle*, Schweigepflicht und Sozialdatenschutz, ZfJ 1999, S. 463; *ders.*, Sozialdatenschutz und Zeugnisverweigerungsrecht, ZfJ 2000, S. 290; *P. Wagner*, Änderungen von Vorschriften des SGB über den Schutz von Sozialdatenschutz, NJW 1994, S. 2937; *B. Wilmers-Rauschert*, Datenschutz in der freien Jugend- und Sozialhilfe, Stuttgart 2004

I. Anwendungsbereich (§ 61 SGB VIII)

224 § 61 Abs. 1 SGB VIII **verpflichtet alle öffentlichen Träger** und **öffentliche Stellen**, die Aufgaben der öffentlichen Träger wahrnehmen, zur umfassenden **Anwendung** der **Datenschutzbestimmungen** des SGB, nämlich des **§ 35 SGB I**, der **§§ 67 bis 85a SGB X** und der **§§ 61 bis 68 SGB VIII**. **Ausnahmen** gelten gem. **Abs. 2** lediglich, wenn das

Jugendamt als Amtspfleger, Amtsvormund, Beistand oder Gegenvormund tätig ist: Dann ist lediglich § 68 SGB VIII anzuwenden.

1. Umfang und Form

Alle **Einzelangaben** über **persönliche** oder **sachliche Verhältnisse**, also nicht nur „Geheimnisse", werden nach diesen Vorschriften **unabhängig** davon geschützt, ob diejenigen, auf die sich diese Angaben beziehen, dieses **wünschen**. Dabei kommt es auf die **Form** der Speicherung **nicht** an; Sozialdatenschutz nach dem SGB VIII setzt **keine elektronische Speicherung voraus**. **225**

2. Einhaltung

Rechtlich und **tatsächlich** bereitet die Einhaltung der Datenschutzbestimmungen des SGB vor allem Schwierigkeiten, wenn er mit anderen **Regelungssystemen zusammentrifft**. Im Bereich der Jugendhilfe ist dieses insbesondere bei der **Jugendgerichtshilfe** nach § **52 SGB VIII** der Fall. Hier bestehen vielfältige ungelöste Probleme. **226**

II. Datenerhebung (§ 62 SGB VIII)

1. Definition und Zweck

Datenerhebung ist **jede Aufnahme** von **Informationen**, sie ist in der sozialen Arbeit alltägliche Praxis und Voraussetzung für ein sinnvolles Handeln. § **62 SGB VIII** verfolgt deshalb auch nicht den Zweck, dieses zu erschweren. Es werden lediglich **praktisch** ohnehin **sinnvolle Regeln** normiert. **227**

2. Regelungsumsetzung

Hierzu gehören in erster Linie der **Erforderlichkeitsgrundsatz** und die Regel, dass **Informationen grundsätzlich bei** den **Betroffenen** zu beschaffen sind. Würde die Verwaltung nicht erforderliche Daten erheben, liefe sie Gefahr, entscheidungsunerhebliche Tatsachen zu berücksichtigen. Auch davor soll § 62 SGB VIII schützen. Würde sie Informationen nicht vorrangig bei den Betroffenen beschaffen, würde sie mit hoher Sicherheit eher unrichtige Daten ihrer Entscheidung zugrunde legen. Das soll nicht sein. **Grundsätzlich müssen** deshalb die **Betroffenen** einer Datenerhebung **zustimmen**. Mit diesem Recht der Betroffenen korrespondiert **ihre Verpflichtung** zur **Mitwirkung** im Verwaltungsverfahren nach den §§ **60 ff. SGB I**. In genau umschriebenen Einzelfällen aber ist eine Erhebung **ohne Mitwirkung** der Betroffenen zulässig. Diese Fälle sind in **Abs. 3** genau und abschließend aufgezählt. **228**
Abs. 4 schließlich ermöglicht eine Datenerhebung bei dem **Leistungsberechtigten**, wenn dieser **nicht zugleich Betroffener** ist. Damit reagiert der jugendhilferechtliche Sozialdatenschutz insbesondere auf den Umstand, dass im Jugendhilferecht Leistungsberechtigung und Betroffenenstatus nicht selten auseinanderfallen, z. B. weil in Fällen der Hilfe zur Erziehung der Inhaber der Personensorge und der Betroffene nicht identisch sind.

III. Datenspeicherung (§ 63 SGB VIII)

1. Erforderlichkeit

Die **Datenspeicherung** ist ein Fall der **Datenverwendung**. § 63 Abs. 1 stellt zunächst klar, dass die **Speicherung** von Daten in Akten und sonstigen Datenträgern **zulässig** ist. Die Norm stellt dies aber unter die **Bedingung** der **Erforderlichkeit**. **229**

2. Sachzusammenhang

230 Auch die **Zusammenführung** von Daten, die zu verschiedenen Zwecken erhoben wurden, ist **zulässig**. **Voraussetzung** ist, dass dies wegen des **Sachzusammenhanges** erforderlich ist. Dieses setzt voraus, dass die öffentlichen Träger der Jugendhilfe Akten jeweils bezogen auf die einzelnen Aufgaben getrennt führen, selbst wenn sie sich auf eine Person beziehen. Werden Leistungsdaten mit Daten zusammengeführt, die zur Durchführung anderer Aufgaben erhoben wurden, muss die Zusammenführung zur **Durchführung** der **jeweiligen Aufgabe erforderlich** sein.

IV. Datenübermittlung und -nutzung (§ 64 SGB VIII)

231 Die **Nutzung** und auch die **Übermittlung** unterliegt einer **Restriktion**, die vor dem Hintergrund des § 62 Abs. 1 SGB VIII selbstverständlich sein muss: Wenn **Daten** nur erhoben werden dürfen, soweit dies zur Erfüllung der jeweiligen Aufgabe erforderlich ist, ist es logisch, dass sie auch **zu keinem anderen Zweck genutzt** oder **übermittelt** werden dürfen. Anderenfalls liefe die Regelung des § 62 Abs. 1 SGB VIII praktisch leer.

Ausnahmen vom Grundsatz der Zweckbindung

232 Die **Abs. 2 und 3** lassen aber von dem Grundsatz der Zweckbindung **zwei** bedeutsame **Ausnahmen** zu:
- Nach § 69 Abs. 1 SGB X dürfen Sozialdaten **zur Erfüllung aller Aufgaben** nach dem SGB **übermittelt** werden. Diesen weiten Handlungsspielraum grenzt § 64 Abs. 2 SGB VIII erheblich ein. Jede Übermittlung nach § 69 SGB X ist dann **unzulässig**, wenn durch sie der **Erfolg** der Jugendhilfeleistung **gefährdet** wird. Praktisch schwierig wird die Entscheidung über eine Datenübermittlung vor allem dann, wenn das Jugendamt vor der Frage steht, wegen des Verdachtes von Misshandlungen oder Missbrauch Strafverfolgungsmaßnahmen zu veranlassen. In diesen Fällen erlaubt § 73 Abs. 1 SGB X die Übermittlung, wenn es um Straftaten von erheblichem Gewicht geht. Geht es nicht um solche Straftaten, wird die Übermittlung wohl auch dann unterbleiben müssen, wenn dies im Einzelfall schwer zu ertragen ist.
- Nach § 64 Abs. 3 SGB VIII dürfen Sozialdaten von den öffentlichen Trägern für die Jugendhilfeplanung nach § 80 SGB VIII **gespeichert** oder **genutzt** werden. Sollen sie zu diesem Zweck verwendet werden, sind sie zu **anonymisieren**. Sie ähneln damit Daten, die für die Jugendhilfestatistik verwandt werden.

V. Besonderer Schutz bei persönlichen und erzieherischen Hilfen (§ 65 SGB VIII)

1. Zweck

233 Einem besonderen, strengeren Schutz unterliegen die Daten, die im Rahmen von **persönlichen** und **erzieherischen Hilfen** anvertraut worden sind. Dadurch soll es Bürgerinnen und Bürgern ermöglicht werden, auch für sie **heikle Daten zu offenbaren**. Diese Daten dürfen nur
- bei **Einwilligung** der Betroffenen,
- wenn es zur **Sicherung** des **Kindeswohls** notwendig ist,
- an das Vormundschafts- oder Familiengericht,
- an Fachkräfte zuständig gewordener Jugendämter,
- an Fachkräfte im Rahmen einer Abschätzung nach § 8a SGB VIII,

- unter der Voraussetzung des § 203 Abs. 1 und 3 StGB oder
- zur Erforschung von politisch motivierter Adoptionsvermittlung in der DDR weitergegeben werden.

2. In der Zeugenvernehmung

Auch dieser **besondere Datenschutz** darf **nicht** dadurch **unterlaufen** werden, dass **Mitarbeiterinnen** und **Mitarbeiter** aus der Jugendhilfe **als Zeugen** vernommen werden. Diese dürfen auch als Zeugen nicht mehr offenbaren, als ihnen das jugendhilferechtliche Datenschutzrecht erlaubt.

VI. Schutz bei Beistandschaft, Amtspflegschaft und -vormundschaft (§ 68 SGB VIII)

Mitarbeiterinnen und Mitarbeiter des Jugendamtes, die im Bereich der Beistandschaft, **Amtspflegschaft** und **Mitvormundschaft** tätig sind, unterliegen der **besonderen**, abschließenden, sonstige Sozialdatenschutzregeln verdrängenden **Sonderbestimmung** in § 68 SGB VIII. Durch die Regelungen werden Unklarheiten beseitigt, die sich daraus ergeben könnten, dass diese Tätigkeiten zwar als traditionelle Tätigkeit der Jugendhilfe, nicht aber als klassisches Verwaltungshandeln zu qualifizieren sind. In der Sache finden im Wesentlichen die oben dargestellten datenschutzrechtlichen Prinzipien Anwendung und werden konkretisiert:
- Voraussetzung für eine legale Datenerhebung ist deren **Erforderlichkeit** (§ 68 Abs. 1 Satz 1 SGB VIII).
- Zu Aufsichtszwecken ist eine Offenbarung zulässig (§ 68 Abs. 1 Satz 2 SGB VIII).
- Für die **Löschung** und **Sperrung** wird auf die allgemeinen Regeln des jugendhilferechtlichen Datenschutzes verwiesen (§ 68 **Abs. 2** SGB VIII).
- Menschen, für die ein Beistand, Amtspfleger oder Amtsvormund bestellt war, erhalten ein **limitiertes Auskunftsrecht** (§ 68 **Abs. 3**).
- Die Geltung des Zweckbindungsgrundsatzes wird betont (§ 68 Abs. 4 SGB VIII).
- Die entsprechende Geltung der Regeln wird auch für die Fälle angeordnet, in denen das Jugendamt als **Gegenvormund** tätig ist (§ 68 **Abs. 5** SGB VIII).

VII. Tätigkeit des Jugendamtes jenseits des SGB VIII

Die oben dargestellten **Regeln** für den Umgang mit Sozialdaten **gelten**, sofern das Jugendamt nach den **Vorschriften des SGB VIII tätig** wird. In diesen Fällen **ergänzen** und **konkretisieren** sie die Vorschriften des **SGB I** und **X** zum Sozialdatenschutz. Dieses gilt auch für die Tätigkeit der **Jugendgerichtshilfe** und die **Adoptionshilfe** im Sinne des § 51 SGB VIII: Beides sind **Tätigkeiten** nach dem **SGB VIII**.
Werden Mitarbeiterinnen und Mitarbeiter des Jugendamtes als **Amtsbeistand, -pfleger** oder **-vormund** tätig, besteht **Datenschutz** nach § 68 SGB VIII.
Wird das Jugendamt nach dem **Adoptionsvermittlungsgesetz** tätig, bestimmen sich die zu beachtenden datenschutzrechtlichen **Regeln** nach dem SGB I und X.

VIII. Datenschutz bei freien Trägern

Die **freien Träger** der Jugendhilfe sind **nicht Adressaten** des SGB-Datenschutzes. Deshalb **verpflichtet** § 61 Abs. 4 SGB VIII die öffentlichen Träger zur **Sicherstellung eines effektiven Sozialdatenschutzes** auch in den Fällen, in denen die Leistungen freier Träger in Anspruch genommen werden. Dieser kann zum Beispiel in Nebenbestimmungen zu Verwaltungsakten oder eigenen Klauseln in verwaltungsrechtlichen Verträgen gesichert werden.

In den großen Trägergruppen bestehen vielfach eigene Regelungen zum Datenschutz. Dies gilt insbesondere für die kirchlichen Träger, die zur Einhaltung der kirchlichen Datenschutzgesetze und Datenschutzordnungen verpflichtet sind.

Effektive Wirkung können die Regelungen zum Sozialdatenschutz nur haben, wenn sie von den Mitarbeiterinnen und Mitarbeitern der Träger auch **beachtet** werden. Deshalb ist es sinnvoll, wenn sie in arbeitsvertragliche Regelungen umgesetzt werden. Dieses ist beispielsweise in § 5 Abs. 1 und § 5a AVR des Deutschen Caritasverbandes geschehen.

B. Statistik

238 Jugendhilfestatistische Erhebungen werden durchgeführt, um die **Auswirkungen** des **SGB VIII** auf die **Wirklichkeit der Jugendhilfe** beurteilen zu können und eine **planvolle Fortentwicklung** zu ermöglichen. Sie wird in der Sache seit mehr als 60 Jahren betrieben; seit 1927 besteht eine reichsrechtliche Statistik, seit 1963 werden jährlich Daten erhoben. Als amtliche Statistik kann die Jugendhilfestatistik im Rahmen ihres Erhebungsprogramms weitgehend zuverlässig Auskunft geben. Wenig auskunftsfähig sind die Daten der Jugendhilfestatistik, wenn es darum geht, soziale Wirklichkeit angebots- und problemorientiert zu erfassen.

Der **Umfang** der **Erhebung** wird in § 98 SGB VIII festgelegt. Damit wird zugleich das **Programm** der Jugendhilfestatistik **festgelegt**. Die folgenden **Bestimmungen** der **§§ 99–103 SGB VIII** enthalten die konkreten statistikrechtlichen **Regelungen**, die **zur Durchführung** der Statistik erforderlich sind. Die Struktur der Regelungen zu den Erhebungen folgt den Vorgaben des **Bundesstatistikgesetzes**.

Die Jugendhilfestatistik wird als Bundesstatistik durchgeführt. Zu diesem Zweck erheben die statistischen Landesämter die erforderlichen Daten und leiten sie an das Statistische Bundesamt weiter. Dieses veröffentlicht regelmäßig die Ergebnisse seiner Arbeit. Eine kostenlos zugängliche Veröffentlichung im Internet ist vorgesehen.

Weiterführende Literatur:
C. Asmussen/H. J. Thiel, Das Volkszählungsurteil und seine Konsequenzen für statistische Erhebungen im Bildungsbereich, RdJB 1990, S. 279; *H. Bertram/H. Bayer,* Bestand und Bedarf an statistischen Erhebungen im Bereich „Jugendhilfe", RdJB 1990, S. 270; *T. Rauschenbach/M. Schilling,* Die Kinder- und Jugendhilfe und ihre Statistik, Neuwied 1997; *W. Röck/K. Locher/D. Loos,* Statistik in der öffentlichen Verwaltung, 2. Aufl., Stuttgart 1990

I. Umfang der Erhebung (§ 98 SGB VIII)

239 Das Erhebungsprogramm wird in § 98 SGB VIII festgelegt. Angeordnet wird in dieser Vorschrift die Erhebung von Daten u. a. zu
- **Kindertageseinrichtungen und -tagespflege,**
- **Hilfeempfängerinnen und Hilfeempfänger** der Hilfen nach den §§ 27, 41, 35a SGB VIII,
- **geschützten** Kindern und Jugendlichen,
- vorläufigen Maßnahmen,
- **Adoptivkindern,**
- **Beistandschaften,**
- **Pflegeerlaubnissen,**
- **sorgerechtlichen Maßnahmen,**
- **Vaterschaftsfeststellungen,**
- **geförderten Angeboten** der Jugendarbeit,
- **Einrichtungen** der Jugendhilfe und
- den **Finanzen** der öffentlichen Träger der Jugendhilfe.

II. Statistikrechtliche Regelungen (§§ 99–103 SGB VIII)

1. Erhebungsmerkmale

§ 99 SGB VIII definiert die **Erhebungsmerkmale** für jede Erhebung genau. Diese gesetzliche Bestimmung wird in **Erhebungsbögen** umgesetzt.

2. Hilfsmerkmale

Die Hilfsmerkmale werden in **§ 100 SGB VIII** bestimmt. Hilfsmerkmale sind **Daten, die der technischen Durchführung** einer **statistischen Erhebung** dienen. Sie werden selbst nicht ausgewertet und im Zuge der Auswertung von den Erhebungsmerkmalen getrennt.

3. Zeitraum

Die **Periodizität** der Erhebungen, die **Berichtszeitpunkte** und deren zeitliche **Intervalle** werden in **§ 101 SGB VIII** für jede einzelne Erhebung festgelegt. Einige Erhebungen werden jährlich durchgeführt, andere vier- oder fünfjährig.
Auskunftspflichtig für die Jugendhilfestatistik sind gemäß **§ 102 SGB VIII**
– die örtlichen und überörtlichen Träger der Jugendhilfe,
– die obersten Landesbehörden und die oberste Bundesbehörde,
– Gemeinden und Gemeindeverbände,
– freie Träger und
– Leiter von Einrichtungen und Behörden.

4. Regelung zur Datenübermittlung

Schließlich werden in **§ 103 SGB VIII** Regelungen zur Datenübermittlung getroffen. Erlaubt ist diese **grundsätzlich** nur zu Zwecken der **Planung** und zur **Verwendung** gegenüber **gesetzgebenden Körperschaften**.
Ausdrücklich **ausgeschlossen** ist eine **Übermittlung** zur Regelung von **Einzelfällen**. Die Datenübermittlung ist immer dann problematisch, wenn die übermittelten Daten eine Re-Identifizierung der betroffenen Personen zulassen. Diese Gefahr besteht besonders dann, wenn in einem der Tabellenfelder nur ein Fall angegeben wird. Um eine Re-Identifizierung zu erschweren, lässt § 103 SGB VIII hier eine Offenbarung der Daten nur für relativ große Regionen zu. Zulässig ist schließlich auch eine Offenbarung an Gemeinden und Gemeindeverbände zur Durchführung statistischer Aufgaben.

Zwei praktische Aspekte im Umgang mit den datenschutzrechtlichen Regeln werden in den Fällen 9 angesprochen.

Fälle 9: Anzeige und Auskunft?
A) A, Mitarbeiterin in einem Kommunalen Jugendzentrum hört von dem minderjährigen B, dass er einen Diebstahl begangen habe. Darf sie dies der Staatsanwaltschaft mitteilen?
B) C, junger Volljähriger, der unter Amtsvormundschaft gestanden hat, will Namen und Anschrift des Arztes erfahren, welcher über ihn ein Gutachten erstellt hat, welches verminderte intellektuelle Leistungsfähigkeit feststellt. C gilt als tendenziell gewalttätig, er hat mehrfach aus geringfügigen Anlässen Körperverletzungsdelikte begangen und ist deretwegen rechtskräftig verurteilt worden. Er verlangt Akteneinsicht und Auskunft. Kann das Jugendamt beides verweigern?

Lösungen zu den Fällen 9
Fall A:
A dürfte die Information der Staatsanwaltschaft mitteilen, wenn ihr dazu eine Ermächtigungsgrundlage zur Verfügung stände. Eine Ermächtigungsgrundlage könnte man in den Vorschriften der §§ 64 SGB VIII und den §§ 69, 73 SGB X suchen.

Eine Datenübermittlung nach § 64 Abs. 1 1. Alternative SGB VIII ist nur dann zulässig, wenn das Datum zu diesem Zweck erhoben worden ist. Die Datenübermittlung ist also strikt an die Aufgabenerfüllung gebunden. Aufgabe der A in dem kommunalen Jugendzentrum ist die Schaffung von Angeboten der Jugendarbeit nach § 11 SGB VIII. Die Ermittlung in Strafsachen gehört nicht zu ihren Aufgaben. B hat auch keine konkludente, das heißt stillschweigende Einwilligung für die Übermittlung gegeben. Eine Übermittlung aufgrund von § 64 Abs. 1 SGB VIII scheidet aus.
Eine Datenübermittlung nach § 69 SGB X kann zulässig sein, wenn die Erfüllung sozialer Aufgaben erforderlich ist. Daran fehlt es im vorliegenden Fall.
Eine Übermittlung nach § 73 SGB X kann zulässig sein, wenn die Übermittlung zur Durchführung eines Strafverfahrens wegen eines Verbrechens oder einer Straftat von erheblicher Bedeutung erforderlich ist. Ein Diebstahl nach § 242 StGB ist kein Verbrechen, sondern ein Vergehen, wie sich aus § 12 Abs. 1 und 2 StGB ergibt. Diebstähle sind dann keine Straftaten von erheblicher Bedeutung im Sinne des § 73 SGB X, wenn keine beträchtlichen Schadensfolgen eingetreten sind. Solche sind dem Sachverhalt nicht zu entnehmen.
Als **Ergebnis** ist festzustellen, dass A die Information, die sie von B bekommen hat, der Staatsanwaltschaft nicht offenbaren darf.

Fall B:
Voraussetzung für einen Anspruch auf Auskunft und Akteneinsicht ist, dass C eine Anspruchsgrundlage zur Verfügung steht. Eine geeignete Anspruchsgrundlage für einen Auskunftsanspruch stellt § 68 Abs. 3 Satz 1 SGB VIII dar.
Anspruchsvoraussetzungen für einen Anspruch aus § 68 Abs. 3 sind die Vollendung des 18. Lebensjahres, der Umstand, dass der Anspruchsinhaber unter Amtsvormundschaft, Amtspflegschaft oder Beistandschaft gestanden hat, und das Fehlen berechtigter Interessen Dritter daran, dass die Auskunft verweigert wird. C hat laut Sachverhalt das 18. Lebensjahr vollendet, er hat auch unter Amtsvormundschaft gestanden. Fraglich ist aber, ob einer Auskunft berechtigte Interessen Dritter, konkret des gutachtenden Arztes, entgegenstehen. Der Arzt hatte eine für C unerfreuliche Auffassung zu dessen intellektueller Leistungsfähigkeit geäußert. Dieser Umstand allein rechtfertigt ein berechtigtes Interesse an der Auskunftsverweigerung nicht. C gilt als gewalttätig, seine Neigung zu Gewalttaten ist bereits mehrfach nach außen getreten. Der gutachtende Arzt kann befürchten, dass C ihm gegenüber nach Einsicht in das für ihn ungünstige Gutachten Aggressionen entwickelt und ihm gegenüber auch gewalttätig wird. Er hat deshalb ein berechtigtes Interesse daran, dass C keine Auskunft gegeben wird. Die Auskunftserteilung ist wegen eines berechtigten Interesses eines Dritten ausgeschlossen. Ein Anspruch auf Auskunft steht C somit nicht zu.
Anspruchsgrundlage für ein Akteneinsichtsrecht könnte § 25 Abs. 1 SGB X sein. Nach Abs. 3 der Vorschrift besteht jedoch keine Verpflichtung zur Gewährung von Akteneinsicht, wenn die Vorgänge wegen berechtigter Interessen Beteiligter oder Dritter geheim gehalten werden müssen. Der Arzt, der ein Dritter im Sinne der Vorschrift ist, hat ein berechtigtes Interesse an der Geheimhaltung seiner Identität. Ein Recht auf Akteneinsicht steht C ebenfalls nicht zu.

Ergebnis
C hat weder ein Recht auf Auskunft noch auf Akteneinsicht.

Kapitel 10: Öffentliche Träger der Jugendhilfe

Der erste Abschnitt des fünften Kapitels des SGB VIII regelt die **Organisation** der **öffentlichen Träger** der Jugendhilfe. Damit werden Bestimmungen der wichtigsten Gruppe der Träger der Jugendhilfe getroffen. Die **Gesamtverantwortung** in der Jugendhilfe liegt bei den **öffentlichen Trägern**. Die öffentlichen Träger der Jugendhilfe haben nicht nur für das Vorhandensein einzelner Maßnahmen und Angebote der Jugendhilfe Sorge zu tragen, ihnen obliegt auch die Sorge für die Gestaltung der Gesamtheit der sozialen Einrichtungen und Dienste. **245**

A. Öffentliche Träger (§ 69)

I. Örtliche Träger

Örtliche Träger sind die 400 Kreise und die kreisfreien Städte in Deutschland, so regelte es § 69 Abs. 1 Satz 2 SGB VIII in seiner bis zur Föderalismusreform des Jahres 2006 geltenden Fassung. Inzwischen ist die Bestimmung der örtlichen Träger Aufgabe der Landesgesetzgeber. Das alte Recht gilt aber bis zu einer Regelung der Landesgesetzgeber weiter. Auch nach dem alten Recht konnten kreisangehörige Gemeinden aufgrund landesrechtlicher Regelungen örtliche Träger der Jugendhilfe sein. Insbesondere in Nordrhein-Westfalen ist von dieser Möglichkeit Gebrauch gemacht worden. So bestehen in Deutschland über 600 örtliche Jugendhilfeträger. **246**

Die **örtlichen Träger** der Jugendhilfe haben jeweils **ein Jugendamt** einzurichten. Dieses Jugendamt hat die sich aus dem SGB VIII ergebenden Aufgaben zu erledigen, es kann auch mit der Erfüllung weiterer Aufgaben betraut werden.

II. Überörtliche Träger

1. Bestimmung durch Landesrecht

Welche öffentlich-rechtliche Körperschaft **überörtlicher** Träger der Jugendhilfe ist, wird durch **Landesrecht** bestimmt. In der **Regel** sind es die **Bundesländer** selbst. Bedeutsame **Ausnahmen** bestehen in Nordrhein-Westfalen, dort gibt es zwei kommunale Träger, und Baden-Württemberg, dort gibt es einen kommunalen Träger. **247**

Die **Aufgaben** des überörtlichen Trägers werden durch das **Landesjugendamt** wahrgenommen.

2. Sachliche Zuständigkeit

Die **sachliche Zuständigkeit** des Landesjugendamtes ergibt sich aus dem Katalog des § 85 Abs. 2 SGB VIII. Danach ist das Landesjugendamt unter anderem zuständig für **248**
- die **Beratung** der Jugendämter und die **Förderung** der Zusammenarbeit zwischen freien und öffentlichen Trägern der Jugendhilfe,
- die **Anregung** und **Förderung** von Veranstaltungen und Diensten, Modellvorhaben,
- die Wahrnehmung der Aufgaben zum **Schutz** von **Kindern** in **Einrichtungen**,
- die Beratung von Trägern von Einrichtungen,
- Leistungen für **Deutsche** im **Ausland** und
- die Erteilung der **Erlaubnis** für Vereinspflegschaften, -vormundschaften und -beistandschaften.

3. Einzelne Ausgestaltungen in den Bundesländern

249 In Bayern sind dem Jugendring, der die Rechtsform einer Körperschaft des öffentlichen Rechts hat, unter anderem folgende **Staatsaufgaben** übertragen worden:
- die finanzielle Förderung der Jugendarbeit aus den Mitteln des Jugendprogramms der Staatsregierung,
- die Planung und Statistik von Einrichtungen der Jugendarbeit,
- die Wahrnehmung der Aufgaben im Rahmen des Länderverfahrens für die Förderung internationaler Jugendarbeit aus dem Bundesjugendplan und aus Mitteln des Deutsch-Französischen Jugendwerks,
- die Fortbildung und die fachliche Betreuung und Beratung der kommunalen Jugendpfleger,
- die fachliche Weiterbildung für haupt- und ehrenamtliche Fachkräfte der Jugendarbeit und
- die Mitwirkung bei der Anerkennung freier Träger der Jugendarbeit.

Bei der Wahrnehmung dieser Aufgaben untersteht der bayerische Jugendring der Fach- und Rechtsaufsicht des zuständigen Staatsministeriums.
Die Situation in den Stadtstaaten Berlin, Bremen und Hamburg weist – bezogen auf die Jugendhilfe – Besonderheiten gegenüber den Flächenländern auf: Die Länder Berlin und Hamburg sind ungeteilte Gebietskörperschaften, also zugleich Land und Stadt. Das Land Bremen besteht aus zwei Kommunen, Bremen und Bremerhaven, ist also „Zwei-Städte-Staat". Diese besonderen Strukturen von Stadtstaaten haben zu Schwierigkeiten im Jugendhilfebereich und zur Einführung einer Stadtstaatenklausel in Art. 22 KJHG geführt, mit der Abweichungen bei der Zuständigkeit und Organisation der Jugendhilfebehörden zugelassen werden.

Weiterführende Literatur:
C. Bernzen, Organisation der Jugendhilfe – rechtliche und ethische Fragen, RdJB 2001, S. 12; *K. Beckmann,* Berufliche Realität im Jugendamt: der ASD in strukturellen Zwängen, Berlin, 2018; *D. Kreft,* Verwaltungsmodernisierung im Rechtsrahmen des SGB VIII/KJHG, NDV 1999, S. 108; *P. Marquard,* Widersprüchliche Anforderungen an das Jugendamt der Zukunft, Forum Jugendhilfe 2005, S. 58; *H. Schmid/R. Wiesner,* Die Kinder- und Jugendhilfe und die Föderalismusreform, ZKJ, 2006, S. 292, 449

B. Jugendamt (§ 70 SGB VIII)

I. Wahrnehmung der Aufgaben

250 Nach § 70 SGB VIII werden die **Aufgaben** des örtlichen öffentlichen Trägers der Jugendhilfe von der **Verwaltung** des **Jugendamtes** und dem **Jugendhilfeausschuss** wahrgenommen. Die Verwaltung führt die laufenden Geschäfte des Jugendamtes. Sie ist dabei an die Satzung des Jugendamtes, die Beschlüsse des kommunalen Parlamentes, der Vertretungskörperschaft und die Beschlüsse des Jugendhilfeausschusses (JHA) gebunden.
Geschäfte sind dann **Angelegenheiten der laufenden Verwaltung**, wenn sie nach **feststehenden Grundsätzen** erledigt werden. Da keine hinreichend festen Entscheidungsgrundsätze bestehen, gehören Entscheidungen über die Grundsätze der Förderung freier Träger nicht in den Bereich der laufenden Angelegenheiten. Sofern solche Einzelentscheidungen erhebliches finanzielles Gewicht haben, zählen sie nicht zu den Angelegenheiten der laufenden Verwaltung. Ein Katalog der Angelegenheiten der laufenden Verwaltung kann schon wegen der unterschiedlichen Größe der Jugendämter nicht bestehen.

II. Sonderstellung des Jugendamtes

1. Hintergrund

Das **Jugendamt** hatte bereits nach dem alten Jugendwohlfahrtsrecht wegen seiner besonderen Zusammensetzung eine **Sonderstellung** innerhalb der Verwaltung. Es bestand aus dem Jugendwohlfahrtsausschuss, in dem Mitglieder der Vertretungskörperschaft, in der Jugendarbeit erfahrene oder tätige Männer und Frauen sowie Vertretungen freier Träger stimmberechtigt zusammenwirkten, und der Verwaltung des Jugendamtes. So wirkten die freien Träger und erfahrene Personen in dem entscheidenden Organ mit und hatten bereits frühzeitig Einfluss auf Entscheidungen des Jugendamtes. Der Erhalt dieser Sonderstellung war während der Jugendhilferechtsreformdiskussion heftig umstritten. Bereits im dritten Jugendbericht war die Forderung enthalten, die Struktur der Jugendämter den im Kommunalverfassungsrecht üblichen Strukturen anzupassen und so die sog. „Zweigliedrigkeit" abzuschaffen. Das heute geltende Jugendhilferecht hat die Formulierung des § 13 Abs. 2 JWG zwar ausdrücklich nicht übernommen, in der Sache sind die Regelungen des JWG aber erhalten geblieben. Die kommunalen Spitzenverbände haben deshalb auch nach dem Inkrafttreten des KJHG eine Vielzahl von Initiativen unternommen, um die von ihnen als ungeeignet empfundenen Sonderregelungen für das Jugendamt abschaffen zu lassen. Dieses ist ihnen jedoch bisher nicht gelungen.

251

2. Gesetzliche Regelung

Der Gesetzgeber hat die Beibehaltung der Sonderstellung des Jugendamtes innerhalb der öffentlichen Verwaltung ausdrücklich begründet. In der amtlichen Begründung heißt es: „Im Interesse einer Verbesserung der Mitwirkungsmöglichkeiten junger Menschen und der stärkeren Vertretung von Interessen junger Menschen und Familien wird die Lösung des Referentenentwurfs aufgegeben und an der geltenden Rechtslage festgehalten." Mit der **Interessenvertretung** wird nur ein Argument für die Einbeziehung eines kollegialen Funktionsträgers in die öffentliche Verwaltung genannt.

252

3. Weitere Gesichtspunkte

Für die im Gesetz vorgesehenen Regelungen spricht auch
- die Nutzbarmachung (verwaltungs-)externen Sachverstandes,
- die Gewährleistung besonderer Gründlichkeit,
- die besondere Kontrolle politischen Einflusses,
- die externe Kontrolle der Verwaltungstätigkeit,
- die Nutzbarmachung von externer Kritik und
- die Stärkung des Vertrauens der Bevölkerung in die Verwaltung.

Gegen die **Einbeziehung** solcher Gremien spricht:
- tatsächlich vorfindbare Qualifikations- und Leistungsschwächen der Gremienmitglieder,
- unangemessene Einflussnahme von Parteidenken und Gruppeninteresse,
- Enge und Starrheit fachspezifischer Standpunkte,
- die Schwerfälligkeit kollegialer Verwaltungseinheiten,
- die Minderung der Verantwortlichkeit und des Verantwortungsgefühls in großen Strukturen,
- die Gefahr der Uneinheitlichkeit der öffentlichen Verwaltung und
- die Steigerung der Kosten.

253

4. Organisation

In der Organisation der Jugendhilfebehörde ist der Jugendhilfeträger im Übrigen weitgehend **frei**, er hat aber die **Einheit** der Jugendhilfebehörde **zu wahren**. So darf er ihr auch weitere Aufgaben außerhalb der Jugendhilfe übertragen. Dieses kann im Einzelfall auch sinnvoll sein.

254

Weiterführende Literatur:
J. Baltz, Veränderte Zuständigkeiten in der Jugendhilfe. Die „Zweigliedrigkeit" des Jugendamtes und die Fachbehörde Landesjugendamt – Auslauf- oder Zukunftsmodell?, NDV, 1999, S. 367; *W. Gernert*, Das Jugendamt als Erziehungsbehörde, ZfJ 1991, S. 481; *D. Gierse*, Das Jugendamt und der örtliche Träger der öffentlichen Jugendhilfe als Adressaten des KJHG, ZfJ 1991, S. 80; *R. Liebig*, Strukturveränderungen der Jugendämter – Strategien, Positionen und Problemfelder, ZfJ 2000, S. 241; *ders.*, Strukturveränderungen des Jugendamts – Kriterien für eine „gute" Organisation der öffentlichen Jugendhilfe, Weinheim 2001

C. Jugendhilfeausschuss (§ 71 SGB VIII)

I. Zusammensetzung

255 Der Jugendhilfeausschuss besteht zu **drei Fünfteln** aus **Mitgliedern** der **Vertretungskörperschaft** oder von ihr gewählten, in der Jugendhilfe erfahrenen Personen und zu **zwei Fünfteln** aus Personen, die von der Vertretungskörperschaft auf **Vorschlag** der im Bereich des öffentlichen Trägers tätigen, anerkannten freien Trägern der Jugendhilfe gewählt werden. Die Vorschläge der Jugend- und Wohlfahrtsverbände sind dabei angemessen zu berücksichtigen. Regelungen über beratende Mitglieder treffen einzelne Ausführungsgesetze der Länder, nach Bundesrecht sollen Personen aus selbstorganisierten Zusammenschlüssen hier gem. § 71 Abs. 2 SGB VIII berücksichtigt werden.

II. Kompetenz

256 Der Jugendhilfeausschuss darf **Beschlüsse** nur im **Rahmen** der Beschlüsse der **Vertretungskörperschaft** fassen. Der wichtigste dieser Beschlüsse der Vertretungskörperschaft ist die Haushaltssatzung. Es liegt dabei im Interesse der Jugendhilfe, dass der Jugendhilfeausschuss an der Erstellung des Haushaltsplanes bereits beteiligt wird. Da bei einem solchen Verfahren auch verwaltungsexterne Personen an der Vorbereitung des Haushaltsplanes mitwirken, können Probleme entstehen, wenn die nötige Diskretion nicht sichergestellt ist. Auf der anderen Seite entstehen für den öffentlichen Träger Vorteile, wenn neben Vertreterinnen und Vertreter des öffentlichen Trägers auch Vertreterinnen und Vertreter der freien Träger an der Erstellung des Haushalts frühzeitig beteiligt sind. Fehlinvestitionen können leichter vermieden werden, zudem steigt bei frühzeitiger Einbindung oft die Akzeptanz für das Ergebnis der Etatplanung.

III. Rahmen

257 **Beschlüsse** des Jugendhilfeausschusses, die sich **nicht** an den durch die Vertretungskörperschaft gesetzten **Rahmen** halten, sind **rechtswidrig**. Auch Beschlüsse des Jugendhilfeausschusses, die sich innerhalb des gesetzten Rahmens halten, darf die Vertretungskörperschaft im Einzelfall an sich ziehen. Unzulässig wäre es allerdings, wenn die Vertretungskörperschaft alle Beschlüsse des Jugendhilfeausschusses durch eigene Beschlüsse ersetzen würde. In diesem Falle liefe das Beschlussrecht des Jugendhilfeausschusses leer.

IV. Aufgaben

258 Gemäß **§ 71 Abs. 3 SGB VIII** kann sich der Jugendhilfeausschuss mit aktuellen Problemlagen junger Menschen befassen. Dieses **Selbstbefassungsrecht** des Jugendhilfeausschusses nimmt Bezug auf die Beschreibung der Aufgaben der Jugendhilfe in **§ 1 SGB VIII**. Eine besondere Aufgabe hat der Jugendhilfeausschuss bei der **Jugendhilfeplanung**. Hier hat er die entscheidenden Schritte zu initiieren. Auch bei der **Förderung** der Tätigkeit der freien

Träger kommt dem Jugendhilfeausschuss eine wichtige Aufgabe zu: Entweder muss er Förderrichtlinien beschließen, die der Verwaltung eine eindeutige Vorgabe bei der Förderungsentscheidung geben, oder er muss die Förderungsentscheidungen selbst treffen.

Weiterführende Literatur:
H.-J. David, Der Jugendhilfeausschuss, Frankfurt 1993; *P. Frings*, Stellung und Funktion der freien Jugendhilfe in den Jugendhilfeausschüssen, JuWo 1994, S. 361; *A. Herbert*, Ausführungsvorschriften zum Jugendhilfeausschuss nach § 71 KJHG, ZfJ 1991, S. 569; *ders.*, Die Klagebefugnis von Gremien, DÖV 1994, S. 108; *P. Ludemann*, Jugendhilfeausschuss und Arbeitsgemeinschaft, JuWo 1991, S. 240, 293; *J. Merchel/H. Reismann*, Der Jugendhilfeausschuss: besser als sein Ruf?, NDV 2003, S. 422; *J. Münder*, Der Jugendhilfeausschuss, Münster 1999; *C. Nix*, Die Zuständigkeit des Jugendhilfeausschusses in der kommunalpolitischen Praxis der Jugendhilfe, ZfJ 1994, S. 265

D. Landesjugendamt (§ 70 SGB VIII)

Die **Struktur** des Landesjugendamtes **entspricht** der **Struktur** des **Jugendamtes**; das Landesjugendamt besteht aus der **Verwaltung** und dem **Landesjugendhilfeausschuss** (§ 70 Abs. 5 SGB VIII). Die Verwaltung führt die laufenden Geschäfte. Der Landesjugendhilfeausschuss wird aus Personen **gewählt**, von denen zwei Fünftel von den freien Trägern vorgeschlagen sein müssen, die anderen drei Fünftel werden gemäß Landesrecht bestimmt (§ 71 Abs. 4 S. 1 SGB VIII). Der Landesjugendhilfeausschuss kann sich wie der Jugendhilfeausschuss mit allen Angelegenheiten der Jugendhilfe befassen. In Angelegenheiten grundsätzlicher Bedeutung hat er **Beschlussrecht**, wie sich aus § 70 Abs. 3 S. 2 SGB VIII ergibt.

Weiterführende Literatur:
C. Bernzen, Aufgaben, Kompetenzen und Zuständigkeiten des Landesjugendhilfeausschusses, ZfJ 1996, S. 17; *W. Gernert*, Landesjugendämter als regionale Beratungs- und Kompetenzzentren für Jugendhilfe, ZfJ 1999, S. 112; *R. Wiesner*, Die Landesjugendämter – Aufgabenstellung und Zukunftsperspektiven, NDV 1997, S. 213

E. Voraussetzungen für eine sinnvolle Tätigkeit der Jugendhilfe- und Landesjugendhilfeausschüsse

I. Voraussetzung

Für eine **effiziente** Tätigkeit des Jugendhilfeausschusses (und damit auch des Jugendamtes) ist es **erforderlich**, dass die **Bedingunge**n beachtet werden, die allgemein für eine sinnvolle Ausschusstätigkeit in der öffentlichen Verwaltung gelten. Dies sind:
- **Planbarkeit** der Arbeit,
- breite **professionelle Basis**,
- **Überprüfung** der Notwendigkeit einmal eingesetzter **Ausschüsse** und **Unterausschüsse**,
- **Begrenzung** der **Zahl** der Mitglieder auf eine überschaubare Zahl und
- **Unabhängigkeit** der Mitglieder von den entsendenden Organisationen.

II. Konkrete Umsetzung

1. Planbarkeit

Aufgrund der **differenzierten Regeln** über die Tätigkeit des Jugendhilfeausschusses lässt sich seine Arbeit **sinnvoll planen**, sofern sich der Ausschuss, wie allgemein üblich, eine **Geschäftsordnung** gibt.

2. Breite professionelle Basis

262 Die breite professionelle Basis bei den Mitgliedern des Ausschusses lässt sich nicht immer sicherstellen, **schwerpunktmäßig** sind in den Jugendhilfeausschüssen **Fachleute** der Jugendhilfe – häufig mit den entsprechenden Berufsausbildungen – tätig. Ein Instrument zur Beeinflussung der Zusammensetzung unter diesem Gesichtspunkt kann die Benennung beratender Mitglieder sein.

3. Überprüfung der Notwendigkeit

263 Eine **generelle Aussage** zur **Notwendigkeit** von **Ausschüssen** und **Unterausschüssen** ist **nicht möglich**. Hier kommt es auf den **Einzelfall** im jeweiligen Jugendamt an.

4. Begrenzung der Anzahl

264 Während die Zahl der **stimmberechtigten Mitglieder** des Jugendhilfeausschusses zumeist hinreichend **überschaubar** ist, lässt sich dies für die **beratenden Mitglieder nicht** sagen, insbesondere dann, wenn durch oder aufgrund landesrechtlicher Regelungen Ergänzungen vorgenommen werden. Hier ist es sinnvoll, in jedem Jugendhilfeausschuss zu überprüfen, ob es nicht auch hinreichend ist, bisherige beratende Mitglieder zu einzelnen Tagesordnungspunkten als Gäste einzuladen und ihnen für diese Punkte Rederecht zu gewähren.

5. Unabhängigkeit

265 Die **Unabhängigkeit** der Mitglieder im Jugendhilfeausschuss lässt sich nur **begrenzt sichern**. Insbesondere dann, wenn ein Mitglied bei einem freien Träger hauptamtlich tätig ist, lässt sich nicht realistisch erwarten, dass dieses Mitglied seine Loyalität zum Arbeitgeber während der Tätigkeit im Jugendhilfeausschuss völlig vernachlässigt. Eine gewisse Sicherheit bietet die Nominierung von Kandidatinnen und Kandidaten für den Jugendhilfeausschuss über Trägergruppen. Auf diesem Wege vorgeschlagene Mitglieder werden sich in der Regel wenigstens auch den anderen Mitgliedern ihrer Trägergruppe verantwortlich fühlen.

266 Der Fall 10 ist einem Fall nachgebildet, der von dem Verwaltungsgericht Schleswig entschieden worden ist. In dem Streit ging es um die Kürzung der Förderung für Jugendförderung.

Fall 10: Kürzung der Förderung?
Im Kreis A besteht eine vom JHA beschlossene Richtlinie zur Förderung freier Träger, die Angebote der Jugenderholung machen. Nach dieser Richtlinie werden pro Teilnahmetag € 3,- gezahlt. Der Kreistag kürzt für das Jahr 1998 den Haushaltsansatz um 50 %. Dies hat zur Folge, dass in der 2. Jahreshälfte Mittel nicht mehr zur Verfügung stehen. Ein Antrag des freien Trägers B hat deshalb trotz Vorliegens aller Förderungsvoraussetzungen keinen Erfolg. Gegen den ablehnenden Bescheid legt B fristgerecht Widerspruch ein. Dieser wird verworfen. 3 Wochen nach Zugang erhebt B vor dem Verwaltungsgericht Klage. Er rügt u. a., dass der JHA mit der Sache nicht befasst worden ist.
Hat die Klage Aussicht auf Erfolg?

Lösung zu Fall 10
Die Fallfrage lautet: Hat die Klage Aussicht auf Erfolg? Beantwortet werden kann diese Frage nur, wenn geklärt ist, um was für eine Klage es sich handeln kann; erst dann kann geprüft werden, ob die Klage zulässig und begründet ist.
Bei der Angelegenheit handelt es sich um eine jugendhilferechtliche Streitigkeit, und damit um eine öffentlich-rechtliche Streitigkeit nichtverfassungsrechtlicher Art. Von den möglichen Klagearten nach der Verwaltungsgerichtsordnung (Anfechtungsklage § 42 Abs. 1 VwGO, Verpflichtungsklage § 42 Abs. 1 VwGO, Fortsetzungs-

feststellungsklage § 113 Abs. 1 Nr. 4 VwGO, Nichtigkeitsfeststellungsklage § 43 Abs. 2 Satz 2 VwGO, allgemeine Leistungsklage, Unterlassungsklage, Normenkontrollklage § 47 VwGO, Feststellungsklage § 43 VwGO) kommt eine Verpflichtungsklage in Betracht. Zulässig ist eine Verpflichtungsklage, wenn
- gemäß § 42 Abs. 2 VwGO die Möglichkeit der Rechtsverletzung des Klägers besteht,
- gemäß § 68 VwGO ein Vorverfahren durchgeführt worden ist und
- gemäß § 74 VwGO die Klagefrist eingehalten wurde. Diese beträgt regelmäßig 1 Monat, bei Fehlen einer Rechtsmittelbelehrung 1 Jahr.

Es besteht die Möglichkeit, dass B in einem ihm zustehenden Förderungsanspruch verletzt worden ist. Ein Widerspruchsverfahren wurde laut Sachverhalt durchgeführt, die Klage ist, wie sich ebenfalls aus dem Sachverhalt ergibt, innerhalb der Klagefrist erhoben worden. Die Klage ist zulässig.

Begründet wäre die Klage, wenn
- der Bescheid rechtswidrig ist und
- der Kläger dadurch in seinen Rechten verletzt wäre.

Die Rechtswidrigkeit kann sich entweder daraus ergeben, dass der Bescheid formelle Mängel, also Fehler in den Bereichen
- Zuständigkeit,
- Verfahren und
- Form

aufweist oder aber sich als materiell rechtswidrig darstellt. Materielle Rechtswidrigkeit liegt dann vor, wenn dem Kläger der geltend gemachte Anspruch aus einem Gesetz oder untergesetzlichem Recht zustehen würde, die in dieser Anspruchsgrundlage genannten Voraussetzungen vorliegen und sein Anspruch nicht erfüllt worden ist. Wäre der Anspruch auf eine Ermessensentscheidung gerichtet, wäre die Entscheidung rechtswidrig, wenn ein Ermessensfehler, z. B.
- ein Ermessensausfall, d. h. der Verzicht auf Ermessensausübung,
- ein Fall der Ermessensunterschreitung oder -überschreitung oder
- ein Ermessensfehlgebrauch, d. h. eine unzulässig motivierte Entscheidung,

vorläge.

Als Anspruchsgrundlage kommt aus Art. 3 GG der Gleichbehandlungsgrundsatz in Betracht. Hieraus könnte dem Kläger ein Anspruch zustehen, wenn der Beklagte objektiv gleiche Sachverhalte ungleich behandelt hätte.

Fehler im Bereich der Zuständigkeit sind nicht ersichtlich. Verfahrensfehlerhaft könnte jedoch sein, dass der Jugendhilfeausschuss an der Förderungsentscheidung nicht beteiligt war. Dies wäre dann der Fall, wenn eine Entscheidung über eine Förderung der beantragten Art nicht zu den laufenden Angelegenheiten im Sinne des § 70 Abs. 2 SGB VIII gehört. Dagegen spricht jedoch, dass der Jugendhilfeausschuss laut Sachverhalt zur Regelung der Entscheidung über solche Anträge eine Förderrichtlinie erlassen hat. Die Verwaltung hat sich mit ihrer Entscheidung innerhalb der durch diese Richtlinie und die Haushaltsentscheidung der Vertretungskörperschaft gesetzten Grenzen bewegt. Aus diesem Grund ist ein Verfahrensfehler nicht festzustellen. Anhaltspunkte für Mängel in der Form bestehen nicht.

Als materieller Fehler kommt ein Verstoß gegen den Gleichbehandlungsgrundsatz des Art. 3 GG in Betracht. Dies liegt dann vor, wenn die Verwaltung gleiche Sachverhalte ungleich behandelt. So stellt sich die Frage, ob es sich bei den geförderten Maßnahmen in der ersten Jahreshälfte und der nicht geförderten Maßnahme des Klägers um wesentlich gleiche Maßnahmen handelt. Bei der hier erforderlichen Entscheidung kann man zum einen auf die Art der Maßnahme und zum anderen auf den Zeitpunkt der Durchführung abstellen. Stellt man auf den zuletzt genannten Umstand ab, kommt man zu dem Ergebnis, dass die Maßnahmen wesentlich ungleich sind. Dann wäre die Klage abzuweisen (So im Ergebnis das Verwaltungsgericht Schleswig, als es sich mit einem ähnlichen Sachverhalt zu befassen hatte). Stellt man hingegen auf den Charakter der Maßnahme ab, müsste festgestellt werden, dass die geförderten und die nicht geförderte Maßnahme wesentlich gleich sind. Dann wäre der Klage stattzugeben, weil durch die rechtswidrige Ablehnung der Förderung der Kläger in seinen Rechten verletzt ist. Diese Auffassung wird hier vertreten.

F. Mitarbeiterinnen und Mitarbeiter (§ 72 SGB VIII)

I. Qualifikation der Mitarbeiter/innen

1. Fachkräfte

267 § 72 Abs. 1 SGB VIII lenkt den Blick auf diejenigen **Personen**, die bei den **öffentlichen Trägern** der Jugendhilfe wirken. Die Vorschrift schreibt vor, dass dies **Fachkräfte** sein **sollen**, und **definiert** Fachkräfte als **persönlich geeignete Personen mit einer verwendungsentsprechenden Ausbildung**.

2. Erfahrene Mitarbeiter/innen und Zusatzausbildungen

268 Sie sieht außerdem die Möglichkeit vor, dass besonders **erfahrene** Mitarbeiterinnen und Mitarbeiter bei den öffentlichen Trägern der Jugendhilfe tätig werden. Für **einzelne Tätigkeiten** ist der Einsatz von Fachkräften mit **Zusatzausbildungen** vorgesehen. Soweit erforderlich, sollen alle diese Personen **fachrichtungsübergreifend zusammenwirken**.

Diese eher beschreibenden Formulierungen sollen sicherstellen, dass in der öffentlich verantworteten Jugendhilfe aus Kostengründen nicht ungeeignete Mitarbeiterinnen und Mitarbeiter eingesetzt werden. In § 72a SGB VIII werden Regelungen getroffen, die ausschließen sollen, dass Personen, die wegen schwerer Straftaten zum Nachteil von Kindern rechtskräftig verurteilt wurden, in der Jugendhilfe beschäftigt werden.

II. Leitung der Jugend- und Landesjugendämter

269 Abs. 2 der Vorschrift bestimmt, dass **Jugend- oder Landesjugendämter nur** von **Fachkräften** geleitet werden sollen. Angesichts der Vielfalt der Aufgaben und der beruflichen Ausbildungen, die für die Erfüllung dieser Aufgaben qualifizieren können, ist praktisch kaum denkbar, dass eine Nicht-Fachkraft im Sinne des Abs. 1 für die Leitung einer Jugendhilfebehörde überhaupt in Betracht kommt.

III. Fortbildung und Praxisbegleitung

270 Abs. 3 der Vorschrift kann **praktischen Nutzen** entfalten: Er sieht vor, dass **Fortbildung** und **Praxisbegleitung** der Mitarbeiterinnen und Mitarbeiter von den öffentlichen Trägern der Jugendhilfe sichergestellt werden müssen. Sollte es hieran im Einzelfall fehlen, bietet die Vorschrift den Mitarbeiterinnen und Mitarbeitern und deren Vertretungen ein starkes Argument in Diskussionen mit ihrem Dienstherrn.

Weiterführende Literatur:
AGJ, Soziale Arbeit in Bachelor-/Masterstudiengängen, Forum Jugendhilfe 2009, S. 9; *N. Belardi*, Supervision als Aus- und Weiterbildungsfunktion in der Sozialpädagogik – dargestellt anhand von Beispielen aus der Jugendhilfe, JHilfe 1994, S. 3; *E. Kiehn*, Vorbild oder „nur Fachkraft"?, JHilfe 1994, S. 81; *J. Merchel u. a.*, Personalmanagement im Allgemeinen Sozialen Dienst, Weinheim, 2012; *T. Rauschenbach/J. Schilling*, Ende der Fachlichkeit? np 1997, S. 22; *W. Tischner*, Supervision in der Sozialen Arbeit und Erziehung, UJ 1999, S. 174

G. Arbeitsgemeinschaften (§ 78 SGB VIII)

I. Inhalt: Bildung von Arbeitsgemeinschaften

Gemäß § 78 SGB VIII sollen die öffentlichen Träger der Jugendhilfe die **Bildung** von **Arbeitsgemeinschaften** von öffentlichen und freien Trägern der Jugendhilfe anstreben, in denen normalerweise **Mitarbeiterinnen** und **Mitarbeiter** freier und öffentlicher Träger **kooperieren**. 271

II. Aufgaben

Die **Aufgaben** der zu bildenden Arbeitsgemeinschaften sollen in der **gegenseitigen Unterrichtung**, der **Zusammenarbeit** bei gemeinsamen Anliegen, der **Beratung** über die gemeinsame Planung, der gemeinsamen **Abstimmung**, der **Vermittlung** bei Meinungsverschiedenheiten zwischen einzelnen Mitgliedern und schließlich der **Vertretung** gemeinsamer Interessen dienen. Eine **Beschlusskompetenz** für die Arbeitsgemeinschaften ist **nicht vorgesehen**, von Fall zu Fall werden die Mitglieder einer Arbeitsgemeinschaft die Verbindlichkeit der in ihrer Arbeitsgemeinschaft gefassten Beschlüsse für ihr eigenes Handeln überprüfen. Normalerweise werden Arbeitsgemeinschaften zu den **Leistungsbereichen** 272
– Jugendarbeit,
– Kindertagesbetreuung und
– Hilfen zur Erziehung
gebildet.
Mit den **Arbeitsgemeinschaften** werden **keine neuen Träger** der Jugendhilfe gebildet, selbst wenn in einzelnen Fällen auch die Arbeitsgemeinschaften Träger von Maßnahmen der Jugendhilfe sein können. Selbstorganisierte Zusammenschlüsse sollen an den Arbeitsgemeinschaften beteiligt werden.

Weiterführende Literatur:
P. Ludemann, Jugendhilfeausschuss und Arbeitsgemeinschaft, JuWo 1991, S. 240, 292; *J. Bernhauser*, Arbeitsgemeinschaften nach § 78 KJHG als Chance einer innovativen und kooperativen Jugendhilfe, JuWo 1994, S. 370; *P. Frings*, Geschäftsordnung der Arbeitsgemeinschaft nach § 78 SGB VIII, JuWo 1996, S. 240; *ders.*, Die Arbeitsgemeinschaft nach § 78 SGB VIII, ZfJ 2003, S. 53; *F. Hinken*, Zusammenarbeit in der Jugendhilfe-Infrastruktur: freie Träger in und zwischen Jugendhilfeausschüssen, Arbeitsgemeinschaften und Jugendhilfeplanung, Weinheim, 2019

H. Gesamtverantwortung (§ 79 SGB VIII)

I. Sicherung des Sozialleistungsgesetzes

In der Diskussion um das SGB VIII als **Sozialleistungsgesetz** ist vielfach beklagt worden, dass Bürgerinnen und Bürger in viel zu geringem Umfang durchsetzbare Rechtsansprüche gegen die Sozialleistungsträger, die öffentlichen Träger der Jugendhilfe, haben. Der Gesetzgeber hat den Charakter des SGB VIII als Sozialleistungsgesetz dadurch zu sichern versucht, dass er in § 79 **Abs. 1** SGB VIII eine **Gesamtverantwortung** der öffentlichen Träger angeordnet hat: Diese müssen alle Verpflichtungen aus dem SGB VIII erfüllen und Vorkehrungen dafür treffen, dass alle erforderlichen Einrichtungen und Dienste rechtzeitig zur Verfügung stehen. Deshalb haben sie auch die **Verantwortung** für die Jugendhilfeplanung nach § 80 SGB VIII. Qualitätsentwicklung gehört gem. § 79a SGB VIII zu den Aufgaben der öffentlichen Träger. 273

II. Gewährleistungsverpflichtung

274 **Zentraler Bestandteil** der Gesamtverantwortung ist die **Gewährleistungsverpflichtung** aus § 79 **Abs. 2 S. 1** SGB VIII. Nach diesem Teil der Vorschrift sind die öffentlichen Träger verpflichtet, dafür zu sorgen, dass die
- erforderlichen Dienste, Einrichtungen, Veranstaltungen und die Pflegerinnen und Pfleger, Beistände, Vormünder, Pflegepersonen in guter Zusammenarbeit
- in den verschiedenen pädagogischen und weltanschaulichen Grundausrichtungen
- rechtzeitig und ausreichend

zur Verfügung stehen.

III. Praktische Anwendung

275 Bei der **Anwendung** der Norm könnten sich mancherlei spannende **Auslegungsfragen** ergeben, tatsächlich existieren um die Norm kaum Auseinandersetzungen. Dieses liegt daran, dass innerhalb der Kommunen Streitverhältnisse, in denen § **79 SGB VIII** eine entscheidende Bedeutung zukommt, **kaum denkbar** sind. Fälle, in denen die Kommunalaufsicht einen Jugendhilfeträger wegen einer Verletzung des § 79 SGB VIII gerügt hat, sind nicht bekannt.

IV. Mittelhöhe

1. Bundesrecht

276 Entsprechend § 79 **Abs. 2 S. 2** SGB VIII sind **hinreichend Mittel** für die Jugendarbeit zur Verfügung zu stellen. Die Norm schreibt vor, dass ein „**angemessener Anteil**" der für die Jugendhilfe eingesetzten Mittel für die Jugendarbeit vorzusehen ist. Dem wird jeder zustimmen, denn niemand kann dafür sein, dass ein unangemessener Anteil der für die Jugendhilfe vorgesehenen Mittel für die Jugendarbeit verwendet wird. Über die **konkrete Höhe** der Mittel oder den einen **bestimmten Anteil** an den Gesamtmitteln gibt das **Bundesrecht** jedoch **keine Auskunft**.

2. Landesrecht

277 Auch das Landesrecht enthält hierzu **keine Festsetzungen**.
Eine **Ausnahme** galt nur in Berlin, hier waren nach § 48 Abs. 2 AG KJHG 10 % der Gesamtausgaben der Jugendhilfe für die Jugendarbeit zu verwenden. Dieses hätte zu erheblichen Mehrausgaben für die Jugendhilfe führen müssen. Dieses war aber nicht der Fall, denn tatsächlich ignorierte der Berliner Haushaltsgesetzgeber die Vorgabe aus § 48 Abs. 2 AG KJHG Berlin regelmäßig. Das Verwaltungsgericht Berlin hatte diese Praxis für rechtens erklärt und festgestellt, dass es sich bei § 48 Abs. 2 AG KJHG Berlin trotz seines klaren Wortlautes lediglich um einen allgemeinen Programmsatz handelt. Inzwischen hat der Berliner Landesgesetzgeber die Norm aufgehoben.

V. Angemessene Ausstattung

278 In § 79 Abs. 3 SGB VIII wird die **Verpflichtung** der öffentlichen Träger **normiert**, die **Jugend- und Landesjugendämter angemessen auszustatten**, auch digitale Geräte sollen vorhanden sein. Die Verpflichtung richtet sich an die Träger der Jugendhilfe als Gesamtverantwortliche. Sie besteht „gegenüber" den **Ämtern**, also nur in einem internen Verhältnis, und ist entsprechend **nicht gerichtlicher Kontrolle** unterworfen. Ein öffentlicher Träger wird seiner Verpflichtung aus § 79 Abs. 3 SGB VIII gerecht, wenn er hinreichend finanzielle und sächliche Mittel und genügend Personal, einschließlich Fachkräften zur Verfügung stellt.

Weiterführende Literatur:
U. *Preis*/R. *Steffan*, Anspruchsrechte, Planungspflichten und Förderungsgrundsätze im Kinder- und Jugendhilferecht, FuR 1993, S. 185; P.-C. *Kunkel*, Zu Fragen der Gewährleistungsverpflichtung am Beispiel der Jugendarbeit und Jugendsozialarbeit, ZfJ 1997, S. 180

I. Planung (§ 80 SGB VIII)

1. Planung als Gesamtverantwortung

Die **Jugendhilfeplanung**, zu der § 80 SGB VIII Regelungen trifft, ist ein **wichtiges Instrument**. Die öffentlichen Träger der Jugendhilfe können hiermit ihrer **Gesamtverantwortung** aus § 79 SGB VIII entsprechen. Deshalb hat der Gesetzgeber den öffentlichen Jugendhilfeträgern die Durchführung der Jugendhilfeplanung zur Verpflichtung gemacht. **279**

2. Ziele

Der Gesetzgeber hat zugleich in § 80 **Abs. 2** SGB VIII einige **Ziele** von Jugendhilfeplanung genannt. Dies sind **280**
- der Erhalt des sozialen Umfelds,
- die Schaffung eines wirksamen, vielfältigen und abgestimmten Angebotes,
- die Orientierung an den Interessen Benachteiligter und
- die Verbesserung der Vereinbarkeit von Familie und Beruf.

Weitere Ziele können auf Beschluss des Jugendhilfeausschusses hinzukommen.

3. Ermittlung

In **jedem Planungsgeschehen müssen** in der einen oder anderen Form die in § 80 Abs. 1 SGB VIII vorgeschriebenen Schritte eine Rolle spielen, nämlich **281**
- die Ist-Ermittlung,
- die Soll-Ermittlung und
- die Vorhabenplanung.

4. Planungsmethoden

Keine Vorgaben hat der Gesetzgeber bei der **Auswahl** der **Planungsmethoden** gemacht. So kann beispielsweise sozialraumorientiert, angebotsbezogen oder auch bezogen auf einzelne Abschnitte des Leistungskapitels (Jugendarbeit, Förderung der Erziehung in der Familie, Kindertagesbetreuung und Hilfen zur Erziehung) geplant werden. **282**

5. Beteiligung

a) Die Entscheidung über den Planungsansatz bestimmt das Ergebnis der Planung weitgehend mit. Auch aus diesem Grund sind die freien Träger bereits von Beginn der Planung an durch den öffentlichen Jugendhilfeträger an dem Planungsgeschehen zu beteiligen. Diese gesetzliche Verpflichtung aus § 80 Abs. 3 SGB VIII darf nicht dadurch umgangen werden, dass die ersten Phasen der Jugendhilfeplanung lediglich als Planungsvorbereitung beschrieben werden. **Jugendhilfeplanung** im Sinne des § **80 SGB VIII beginnt** mit deren **Vorbereitung**. Die **Verpflichtung** zur **Planungsbeteiligung** besteht **fortlaufend** und gibt den freien Trägern die Möglichkeit, zur Verbesserung des Planungsergebnisses ihre Erkenntnisse und Erfahrungen in den Planungsprozess einzubringen. **283**

b) Das Gesetz sieht als **Form** der **Beteiligung** der freien Träger die **Anhörung** in dem Jugendhilfeausschuss bzw. Landesjugendhilfeausschuss vor. **284**

285 c) Die **Entscheidung** über den **Beginn** der Planung und über **den Planungsansatz** sind **keine Gegenstände** der **laufenden Verwaltung**. Deshalb müssen beide Entscheidungen von dem Jugendhilfeausschuss, bzw. dem Landesjugendhilfeausschuss getroffen werden.

286 d) Sinnvollerweise wird die Jugendhilfeplanung mit **anderen** öffentlichen **Planungen abgestimmt**. Dieses wird in § 80 **Abs. 4** SGB VIII **angeordnet**. Nützlich ist eine Abstimmung auch mit übergreifenden privaten Planungen.

Weiterführende Literatur:
I. Bohn, Gender Mainstreaming und Jugendhilfeplanung, Münster 2002; *P. Frings*, Jugendhilfeplanung – eine Herausforderung auch für die freien Träger der Jugendhilfe, ZfSH/SGB 1994, S. 506; *M. Heck/W. Walter*, Ressourcen und Standards der Jugendhilfeplanung, ZfJ 1992, S. 66; *E. Jordan*, Jugendhilfeplanung zwischen Organisationsentwicklung und Jugendhilfepolitik, ZfJ 1993, S. 483; *P. Ludemann*, Jugendhilfeplanung, JuWo 1994, S. 378; *P. Marquard*, Jugendhilfeplanung: eine fachliche und politische Aufgabe, UJ 2005, S. 72; *S. Maykus*, Handbuch Jugendhilfeplanung: Grundlagen, Anforderungen und Perspektiven, Wiesbaden, 2010; *ders.*, Herausforderung Jugendhilfeplanung: Standortbestimmung, Entwicklungsoptionen und Gestaltungsperspektiven in der Praxis, Weinheim, 2006; *J. Merchel*, Die Fiktion einer „überörtlichen Jugendhilfeplanung", ZfJ 1998, S. 376; *H. Müller*, Praktische Ansätze der Jugendhilfeplanung aus städtischer Sicht, NDV 1991, S. 221; *B. Nikles*, Planungsverantwortung und Planung in der Jugendhilfe, Stuttgart 1995

J. Zusammenarbeit (§ 81 SGB VIII)

287 Um eine **sinnvolle Wahrnehmung** der **Gesamtverantwortung** zu ermöglichen, verpflichtet das SGB VIII in § 81, die öffentlichen Träger der Jugendhilfe mit einer Vielzahl weiterer öffentlicher Stellen zusammen zu arbeiten. Dies sind z. B.:
- die Schule und Schulverwaltung,
- die Aus- und Weiterbildungsträger,
- der Gesundheitsdienst,
- die Arbeitsverwaltung,
- andere Sozialleistungsträger,
- die Gewerbeaufsicht,
- die Polizei,
- die Justizvollzugsbehörden und
- die Einrichtungen der Aus- und Weiterbildung und Forschung, z. B. die Hochschulen.

Diese Zusammenarbeit kann jeweils eine **unterschiedliche Intensität** haben. Problematisch für die Jugendhilfe ist, dass § 81 SGB VIII lediglich einseitig an die Jugendhilfe gerichtet die Verpflichtung zur Zusammenarbeit formuliert. Diese einseitige Verpflichtung bleibt selbst dann, wenn sie von der Jugendhilfe erfüllt wird, ohne Wirkung, wenn sie von den anderen in § 81 SGB VIII genannten Stellen nicht ebenfalls erfüllt wird. Eine entsprechende **Rechtspflicht fehlt** jedoch. Auch in der **Zusammenarbeit** nach § **81 SGB VIII** dürfen nach den §§ **61 ff. SGB VIII** geschützte Daten nicht mitgeteilt werden.

288 Jugendhilfeplanung ist nicht immer ein konsensualer Prozess – einen möglichen Streitfall illustriert der Fall 11.

Fall 11: Wann beginnt Jugendhilfeplanung?
Mitarbeiter A des Jugendamtes B liest im SGB VIII und entdeckt § 80. Er beginnt den Ist-Stand der Jugendhilfe im Kreis zu erheben. C, der leitender Mitarbeiter des anerkannten freien Trägers E und zugleich Mitglied des JHA ist, hält das Erhebungsverfahren für ungeeignet. A und Jugendamtsleiter D, welchen er dies vorträgt, halten an dem Verfahren fest. Sie wollen die freien Träger zudem erst dann beteiligen, wenn die ersten Schritte der Planung bereits getan sind.
Welche rechtlichen Möglichkeiten hat C?

Lösung zu Fall 11
C wird in dem Fall als eine Person mit zwei Rollen vorgestellt: Zum einen ist er Mitglied des Jugendhilfeausschusses, zum anderen ist er leitend für einen freien Träger tätig. Seine Handlungsmöglichkeiten sollen nach diesen beiden Rollen getrennt untersucht werden.

I. Möglichkeiten des C als Mitglied des Jugendhilfeausschusses
C kann in dem Jugendhilfeausschuss den Antrag stellen, die Planung nach dem von ihm für ungeeignet gehaltenen Verfahren, zu unterlassen. Findet der Antrag die Mehrheit im Ausschuss, ist die Verwaltung an diesen Beschluss gebunden und muss die Planung einstellen. Verstößt sie gegen den Beschluss des Jugendhilfeausschusses, kann C eine Dienstaufsichtsbeschwerde verfassen und bei dem Vorgesetzten des Jugendamtsleiters einreichen. Ob daraufhin die Planung unterbleiben würde, ist zweifelhaft.

II. Möglichkeiten des C als leitender Mitarbeiter eines freien Trägers
Für den freien Träger E kann C die Verwaltung des Jugendamtes auffordern, die Planung ohne Beteiligung der freien Träger zu unterlassen. Entspricht die Verwaltung des Jugendamtes dieser Aufforderung nicht, müsste C für den von ihm vertretenen freien Träger E vor dem Verwaltungsgericht Klage gegen den öffentlichen Jugendhilfeträger mit dem Antrag erheben, die Planung ohne Beteiligung der freien Träger zu unterlassen.

Die Klage hat Aussicht auf Erfolg, wenn sie zulässig und begründet ist. Die Zulässigkeitsvoraussetzungen hängen von der Klageart ab. Im Verwaltungsprozessrecht wird zwischen den Klagearten unterschieden, bei denen ein Sachverhalt durch einen Verwaltungsakt geregelt wird und anderen Klagearten. Die Entscheidung über den Beginn von Jugendhilfeplanung und die Entscheidung über das Planungsverfahren bewirken keine Regelung eines Einzelfalls mit Außenwirkung. Der klagegegenständliche Lebenssachverhalt ist nicht durch einen Verwaltungsakt bestimmt. Als Klageart kommen deshalb nur
- eine allgemeine Leistungsklage,
- eine Unterlassungsklage,
- eine Normenkontrollklage oder
- eine Feststellungsklage gemäß § 43 VwGO

in Frage. E begehrt von dem öffentlichen Jugendhilfeträger ein Unterlassen; dieses Klagebegehren ist sinnvoll mit einer Unterlassungsklage zu verfolgen.
Zulässig ist eine Unterlassungsklage, wenn die allgemeinen und die besonderen Sachurteilsvoraussetzungen vorliegen. Sachurteilsvoraussetzungen sind Kriterien für die Zulässigkeit einer Klage. Als allgemeine Sachurteilsvoraussetzung ist erforderlich, dass es sich um eine öffentlich-rechtliche Streitigkeit nicht verfassungsrechtlicher Art handelt. Streitig ist ein Sachverhalt aus dem Bereich der Jugendhilfe; das Recht der Jugendhilfe gehört dem öffentlichen Recht an; um eine verfassungsrechtliche Streitigkeit handelt es sich nicht. Weiter ist als besondere Sachurteilsvoraussetzung für die Unterlassungsklage erforderlich, dass das streitige Rechtsverhältnis nicht durch einen Verwaltungsakt geregelt oder zu regeln ist. Auch dieses ist der Fall. Die Klage ist zulässig.
Begründet ist die Klage, wenn E gegen B einen Anspruch auf Unterlassen der Jugendhilfeplanung nach dem von B gewähltem Verfahren hätte. Ein solcher Anspruch kann sich nur aus einer Norm des SGB VIII ergeben. Voraussetzung für einen solchen Anspruch ist, dass das Handeln von B rechtswidrig ist und E dadurch in seinen Rechten verletzt wird. Rechtswidrig wäre das Handeln des B, wenn er eine Jugendhilfeplanung entgegen der Vorschrift des § 80 SGB VIII durchführen würde. Die Jugendhilfeplanung beginnt mit der Entscheidung über das anzuwendende Planungsverfahren. Diese Entscheidung hat B getroffen. B hat darüber hinaus auch mit der Umsetzung der Entscheidung begonnen, indem er nach dem von ihm gewählten Verfahren den Ist-Stand der zu planenden Jugendhilfe erhoben hat. Bei dem Han-

deln des B handelt es sich also um Jugendhilfeplanung im Sinne des § 80 SGB VIII und nicht nur um mitwirkungsfreie Planungsvorbereitung. E hat als anerkannter freier Träger der Jugendhilfe einen Anspruch auf frühzeitige Beteiligung in allen Phasen der Planung; dieses ergibt sich aus § 80 Abs. 3 S. 1 SGB VIII. Das Handeln des B ist rechtswidrig.
E wird durch das rechtswidrige Handeln des B in seinen eigenen Rechten verletzt. Die zulässige Klage ist begründet und hat damit Aussicht auf Erfolg.
Würde E gegen B Unterlassungsklage vor dem Verwaltungsgericht erheben, müsste er auf eine gerichtliche Entscheidung mindestens ein Jahr warten. Aus diesem Grund wäre es ratsam, dass E in einem Eilverfahren einen Antrag auf Erlass einer einstweiligen Anordnung bei dem Verwaltungsgericht stellt und beantragt, B bis zum Abschluss des Hauptsacheverfahrens, die Planung ohne Beteiligung von E zu untersagen.

Kapitel 11: Zentrale Aufgaben

A. Aufgaben der Länder, des Bundes und anderer staatlicher Stellen

Auch staatliche und überstaatliche öffentlich-rechtliche Personen werden auf dem Gebiet der Jugendhilfe tätig. Dies sind die Bundesländer, die Bundesregierung, das Deutsch-Französische Jugendwerk und das Deutsch-Polnische Jugendwerk sowie europäische Einrichtungen.

I. Die Bundesländer und deren oberste Landesjugendbehörden (§ 82 SGB VIII)

1. Aufgabe

Die **Länder** haben die **Aufgabe**, durch die **obersten Landesjugendbehörden** die Tätigkeit der freien und öffentlichen Träger der Jugendhilfe und die **Weiterentwicklung** der Jugendhilfe zu fördern und anzuregen. Daneben haben die Länder auf einen gleichmäßigen **Ausbau** der Einrichtungen und **Angebote** der Jugendhilfe hinzuwirken und die Jugendämter und Landesjugendämter bei der Wahrnehmung ihrer Aufgaben zu **unterstützen**.

2. Durchführung

Zur Erfüllung der Aufgaben stehen ihnen die **Instrumente der Planung**, der **Empfehlung** und der **finanziellen Förderung** von Aktivitäten auf dem Gebiet der Jugendhilfe zur Verfügung.
Gefördert werden zum einen regelmäßige Aktivitäten auf dem Gebiet der Jugendhilfe, sofern sie landesweite Bedeutung haben. Zum anderen können auch Modellprojekte gefördert werden, die dieses Kriterium nicht erfüllen. Neben diesen Aufgaben haben die obersten Landesjugendbehörden die Aufgabe, die Interessen der Jugendhilfe in anderen Bereichen der Politik zur Geltung zu bringen. Landesausführungsgesetze treffen zum Teil eigene Regelungen über die Aufgaben der obersten Landesjugendbehörde. Dort finden sich – neben Bestimmungen über die Förderung durch das Land – in einigen Ausführungsgesetzen Bestimmungen, die die Landesregierungen analog zu § 84 SGB VIII zur Vorlage von Jugendberichten verpflichten. Bei den obersten Landesjugendbehörden bestehen weder Leitungsgremien nach dem Vorbild der Jugendhilfeausschüsse, noch ähnlich zusammengesetzte Beratungsgremien.

Weiterführende Literatur:
K. *Schäfer*, Aufgaben der Länder in: W. Gernert (Hrsg.), Das KJHG 1993, Stuttgart 1993

II. Der Bund und die Bundesregierung (§ 83 SGB VIII)

Die **Bundesregierung** entfaltet ihre **Aktivitäten** auf dem Gebiet der Jugendhilfe im Wesentlichen durch das **zuständige Bundesministerium**.

1. Aufgabe

Aufgabe der **obersten Bundesbehörde** ist die **Anregung** und **Förderung** der Jugendhilfe, soweit sie von **überregionaler** Bedeutung ist. Neben der Förderung bundesweiter Träger der Jugendhilfe geschieht dies wesentlich durch die Förderung von Modellprojekten, die durch ein Bundesland allein nicht wirksam erfolgen kann. Wichtigstes Förderungsinstrumentarium ist der Kinder- und Jugendplan des Bundes.

2. Bundesjugendkuratorium

294 Die **Bundesregierung** wird in **grundsätzlichen Fragen** von dem **Bundesjugendkuratorium** – einem Sachverständigengremium – beraten. Das **Bundesjugendkuratorium** hat – im Gegensatz zum Jugendhilfeausschuss und zum Landesjugendhilfeausschuss – **keine Entscheidungskompetenzen**. Vorschläge zur Besetzung des Bundesjugendkuratoriums machen die bundeszentralen freien Träger der Jugendhilfe, über die Zusammensetzung entscheidet allein die Bundesregierung.

Auch in Fragen der **Kindertagesförderung** ist eine sachverständige Beratung der Bundesregierung vorgesehen (§ 83 **Abs.** 3 SGB VIII).

Weiterführende Literatur:
A. *Keil*, Jugendpolitik und Bundesjugendplan, München 1969; R. *Wabnitz*, Grundlagen und aktuelle Schwerpunkte der Kinder- und Jugendpolitik der obersten Bundesbehörde unter besonderer Berücksichtigung der Situation in den neuen Ländern, ZfJ 1993, S. 465; *ders.*, Das Modellprogramm „Arbeitsweltbezogene Jugendsozialarbeit" und sein Beitrag zum Aufbau der Infrastruktur und der Fachlichkeit der Jugendsozialarbeit in den neuen Bundesländern, ZfJ 1998, S. 408; M. *Zuleeg*, Maßstäbe für die Einzelförderung von Jugendverbänden durch den Bund, RdJB 1986, S. 478

III. Deutsch-Französisches und Deutsch-Polnisches Jugendwerk

1. Deutsch-Französisches Jugendwerk

295 a) Zur **Förderung** des **Verständnisses** zwischen der **französischen** und der **deutschen Jugend** wurde von der Bundesrepublik Deutschland und der Französischen Republik eine **zwischenstaatliche Organisation** geschaffen – das **Deutsch-Französische Jugendwerk** (DFJW). Grundlage ist der Elysée-Vertrag, dessen programmatische Bestimmungen durch das Abkommen zur Schaffung des Deutsch-Französischen Jugendwerkes vom 5.7.1963 konkretisiert wurden.

296 b) **Aufgabe** des DFJW ist es, durch die Förderung von Jugendbegegnungen, des Austausches und der Ausbildung von Fachkräften, außerschulischer Sprachförderungseinrichtungen, wissenschaftlicher Untersuchungen und Forschungen, die Beziehungen der Jugend der Länder zu einander enger zu gestalten.

297 c) Das DFJW **finanziert** sich aus **Beiträgen** der **Regierungen**. Die Förderung des DFJW wird nach **Richtlinien** vergeben. In diesen Richtlinien werden die verschiedenen Programme und die Förderungsvoraussetzungen benannt, ein Abschnitt regelt das **Förderungsverfahren**. Dabei sind neben formalisierten Antragsverfahren Verwendungsnachweise und Prüfungsrechte des Werkes gegenüber Zuwendungsempfängern und Rückzahlungsverpflichtungen vorgesehen.

298 d) Ein **Rechtsanspruch** auf Förderung durch das DFJW besteht **nicht**. Seit 1976 fördert das DFJW auch Begegnungen zwischen jungen Deutschen, Franzosen und Jugendlichen aus einem weiteren Land.

2. Deutsch-Polnisches Jugendwerk

299 a) Durch Vertrag zwischen der Bundesrepublik Deutschland und der Republik Polen vom 17.6.1991 ist das Deutsch-Polnische Jugendwerk auf der **Grundlage** des **Völkerrechts** errichtet worden. **Sitze** des Werkes bestehen in **Deutschland** und **Polen**.

300 b) Das Werk soll **alle Arten** und Formen der Begegnung und des Austausches von Jugendlichen **fördern**. Vorrangig soll es freie und öffentliche Träger der Jugendbegegnung unterstützen, nachrangig kann das Werk auch eigene Maßnahmen durchführen.

Das Deutsch-Polnische Jugendwerk fördert Programme des außerschulischen Jugendaustausches, des Schüleraustausches und der fachlichen Zusammenarbeit von Trägern und Organisationen.

c) **Finanziert** werden die Aktivitäten des Jugendwerkes aus einem **Fonds**, in den die Bundesrepublik und Polen zu gleichen Teilen einzahlen.

Weiterführende Literatur:
B. *Grieb*, Deutsch-Polnisches Jugendwerk, Jugendpolitik 4/91, S. 34; H. *Menudier*, Das Deutsch-Französische Jugendwerk, Bonn 1991

IV. Europäische Jugendpolitik

1. Durch die Kommission

Die **Kommission** der **Europäischen Gemeinschaft fördert** Aktivitäten – die nach deutschem Verständnis dem Gebiet der **Jugendhilfe** zuzuordnen sind – durch mehrere **eigene Programme**.

2. Durch den Europarat

Auf der Ebene des Europarates bestehen ein europäisches Jugendwerk sowie ein europäisches Jugendzentrum mit Sitz in Straßburg.

Weiterführende Literatur:
H. *Ott*, Das Europäische Jugendwerk – Utopie oder Wirklichkeit, München 1970; H. *Wieczorek-Zeul*, Die Jugendpolitik in den europäischen Institutionen, Bonn 1980

B. Kinder- und Jugendberichte (§ 84 SGB VIII)

1. Vorlage vor dem Bundestag

§ 84 SGB VIII verpflichtet die Bundesregierung, dem Bundestag einmal in jeder Legislaturperiode einen Kinder- und Jugendbericht vorzulegen.

2. Inhalt

a) Die Berichte widmen sich überwiegend **speziellen Themen**, jeder 3. Bericht soll aber ein Gesamtbericht sein.

b) Der Bericht besteht aus einem **umfangreichen Text**, der von einer **Expertenkommission** erstellt wird, und einer relativ kurzen **Stellungnahme** der **Bundesregierung** zu diesem Text.
Die Berichte geben jeweils **Auskunft** über den Zustand der Jugendhilfe und den Stand der Diskussion in der Jugendhilfe. Sie sind deshalb auch lange nach ihrem Erscheinen noch eine wichtige Orientierung. Bisher sind folgende Kinder- und Jugendberichte erschienen:
1. Bericht: Gesamtbericht
2. Bericht: Thematischer Schwerpunkt: Aus- und Fortbildung
3. Bericht: Jugendämter
4. Bericht: Thematischer Schwerpunkt: Arbeitende Jugend
5. Bericht: Gesamtbericht
6. Bericht: Thematischer Schwerpunkt: Chancengleichheit von Mädchen
7. Bericht: Thematischer Schwerpunkt: Jugendhilfe und Familien
8. Bericht: Gesamtbericht
9. Bericht: Thematischer Schwerpunkt: Fünf neue Länder
10. Bericht: Thematischer Schwerpunkt: Kinder

11. Bericht: Gesamtbericht
12. Bericht: Thematischer Schwerpunkt: Bildung außerhalb der Schule
13. Bericht: Thematischer Schwerpunkt: Gesundheit
14. Bericht: Gesamtbericht
15. Bericht: Thematischer Schwerpunkt: Jugend
16. Bericht: Thematischer Schwerpunkt: Politische Bildung

Weiterführende Literatur:
AGJ (Hrsg.), Berichterstattung als Politikberatung, Berlin 2002; *F. Pöggeler*, Jugendberichte als Intervention – Zur politischen Aufwertung und Aktivierung der Jugendhilfe, JuWo 1990, S. 529; *R. Wabnitz*, Funktionen und politische Wirkungen von Jugendberichten nach § 84 SGB VIII, JuWo 1995, S. 422; Weiterführender Link: BMFSFJ, 16. Kinder- und Jugendbericht, URL: https://www.bmfsfj.de/resource/blob/162232/27ac76c3f5ca10b0e914700ee54060b2/16-kinder-und-jugendbericht-bundestagsdrucksache-data.pdf, Berlin, 2020

Kapitel 12: Freie Träger

A. Hintergrund

In der Wirklichkeit Sozialer Arbeit ist oftmals kaum zu erkennen, ob ein öffentlicher oder freier Träger tätig ist. Gleichwohl ist die Tätigkeit **freier Träger** Ausdruck von **persönlicher** und **organisatorischer Freiheit** und der **Pluralität** der **Gesellschaft**. Die Bürgerinnen und Bürger sollen auch im sozialen Bereich wählen können zwischen verschiedenen Angeboten. Die **traditionellen** freien Träger wurzeln in dem christlichen Gebot der **Nächstenliebe**, dem humanistischen Ideal der **Solidarität** und den **Traditionen** der Jugendbewegung. Verwaltungshandeln auf dem Gebiet der Jugendhilfe steht vor der Notwendigkeit, bestimmte Gruppen von freien Trägern der Jugendhilfe zu beschreiben und bezogen auf Zusammenarbeit, Ansprüche und öffentliche Ko-Finanzierung zu Kriterien zu kommen. Deshalb wird im Folgenden das Wesen freier Träger dargestellt und Gruppen freier Träger beschrieben. Den Schwerpunkt dieses Abschnitts bildet die Darstellung der Finanzierung von freien Trägern. Weiter werden ihre öffentliche Anerkennung und ihre Beziehungen zu Bürgerinnen und Bürgern betrachtet.

307

B. Wesen

I. Kennzeichen

Wer ein **Träger** der **Jugendhilfe** ist, bestimmt das **SGB VIII nicht**, ihm lassen sich lediglich einige **Merkmale** entnehmen, die für **freie** Träger der **Jugendhilfe konstitutiv** sind. Dies sind
- eine **Tätigkeit** auf dem Gebiet der **Jugendhilfe**,
- das **Fehlen** einer **Gewinnerzielungsabsicht**,
- eine **Personenmehrheit** und
- der Umstand, dass die juristische Person **nicht** durch **Gesetz** oder **öffentliche Stellen** in ihrem Handeln vollständig **bestimmt** wird.

Die ersten **drei Merkmale** kennzeichnen **alle Träger** der Jugendhilfe, sie **verbinden** also **freien** und **öffentlichen Träger**. Zugleich **unterscheiden** sie Träger der Jugendhilfe von **faktischen Anbietern** von Leistungen, die auch als Jugendhilfeleistungen wahrgenommen werden können. Auf einen **abschließenden Katalog** der freien Träger der Jugendhilfe **verzichtet** das **SGB VIII**. Deshalb kann **jede juristische Person**, die auf dem Gebiet der Jugendhilfe **ohne Gewinnerzielungsabsicht** tätig ist, als **Träger** der Jugendhilfe **im Sinne der Norm** bezeichnet werden. Durch diese Regelung wird ein entscheidender Schritt zur **Öffnung** der **Trägerstruktur** auf kleine, noch nicht etablierte Träger hin erreicht. Nicht die Frage, welche Struktur ein Träger hat oder in welchem organisatorischen Kontext er steht, wird zum Anknüpfungspunkt für eine Mitwirkung im Bereich der Jugendhilfe gemacht, entscheidend ist vielmehr die **Art** der **Tätigkeit**.

308

II. Funktion

Auch zukünftig werden aber die großen und bedeutenden Trägerstrukturen in Deutschland auf Entscheidungen der öffentlichen Verwaltung **Einfluss** nehmen. Dieses ist auch sinnvoll, solange es transparent geschieht. Fachlich qualifizierte Beratung und Intervention bei der öffentlichen Verwaltung ist selbstverständlicher Bestandteil einer pluralen

309

Trägerstruktur. Dabei kommen die unterschiedlichen Interessen und Grundmotivationen zur Geltung, deren Formulierung Teil der Debatte über Sozialpolitik ist. Eine wichtige **Funktion** großer und zentraler Strukturen liegt darin, in dieser Debatte durch ihre **Größe** die **Unabhängigkeit** der freien Träger zu sichern. Sie organisieren damit auch Möglichkeiten **gesellschaftlicher Kontrolle**.

Weiterführende Literatur:
C. *Bernzen*, Die rechtliche Stellung der freien Jugendhilfe, Köln 1993; *R. Krüger*, Organisation und Finanzierung freier Träger der Sozialarbeit, Berlin, 2017; *F. Looges*, Bilanz und Perspektiven steuerlicher Förderung der Freien Wohlfahrtspflege im geeinten Deutschland, Freiburg 1992; *J. Moysich*, Der gläserne freie Träger – Wunschbild der Sozialverwaltung?, RsDE 14, S. 25; *J. Münder/ D. Kreft*, Subsidiarität heute, Münster, 1990; *G. F. Schuppert*, „Quangos" als Trabanten des Verwaltungssystems, DÖV 1981, S. 153; *R. Thomsen*, Probleme „staatsnaher" Stiftungen unter besonderer Berücksichtigung ihrer Autonomie, Hamburg 1991; *A. van Luyn*, Subsidiarität – Ein Baustein nicht nur für Europa, Köln, 2013

C. Gruppen freier Träger

310 Im SGB VIII werden **verschiedene Gruppen** von freien Trägern eigens genannt. Dies sind
- die Wohlfahrtsverbände,
- die Kirchen und Religionsgemeinschaften,
- die Jugendverbände und Jugendgruppen,
- die Initiativen der Jugend und
- die sonstigen Träger.

I. Die Wohlfahrtsverbände

1. Wohlfahrtsverbände im Gesetz

311 Das SGB VIII nennt die **Wohlfahrtsverbände** an zwei wichtigen Stellen. Nach § 71 Abs. 1 Nr. 1 SGB VIII sind die **Vorschläge** der Wohlfahrtsverbände bei der Besetzung des Jugendhilfeausschusses angemessen zu **berücksichtigen**. § 75 Abs. 3 SGB VIII verleiht den in der Bundesarbeitsgemeinschaft der Freien Wohlfahrtspflege zusammengeschlossenen Organisationen die **Anerkennung** als freie Träger der Jugendhilfe. Damit sind regelmäßig nicht nur die Organisationen selbst, sondern auch alle ihre bestehenden **Mitgliedsorganisationen** anerkannt.

2. Zielsetzung

312 Die **Träger** der Wohlfahrtspflege und ihre Verbände sind **Organisationen**, die sich die **Beseitigung** oder **Linderung** der **Folgen** von **gesundheitlichen** und **sozialen Notlagen** und deren **Ursachen** zum **Ziel** gesetzt haben.
Zu den Wohlfahrtsverbänden gehören die bundeszentralen Organisationen wie die Arbeiterwohlfahrt, der Deutsche Caritasverband, das Deutsche Rote Kreuz, der Deutsche Paritätische Wohlfahrtsverband, das Diakonische Werk und die Zentralwohlfahrtsstelle der Juden. Für die Erbringung der Leistungen der Jugendhilfe haben die Wohlfahrtsverbände zentrale Bedeutung.

3. Beteiligung

313 Als **zentrale freie Träger** werden vor allem Wohlfahrtsverbände an der **Überprüfung** von Einrichtungen gemäß § 46 Abs. 1 SGB VIII zu beteiligen sein.

II. Kirchen und Religionsgemeinschaften

1. Durch Gesetz

Die **Kirchen** und **Religionsgemeinschaften des öffentlichen Rechts** nehmen als freie Träger Aufgaben der Jugendhilfe wahr. Das SGB VIII erwähnt sie in § 75 Abs. 3 als **kraft Gesetzes** anerkannte Träger. **314**

2. Zugehörigkeit

Der Begriff „Kirchen und sonstige Religionsgemeinschaften des öffentlichen Rechts" ist **im Sinne** des **Art. 140 GG i. V. m. Art. 137 WRV** zu verstehen. Er umfasst neben den evangelischen Landeskirchen und ihren Zusammenschlüssen und den Diözesen der katholischen Kirche unter anderem die jüdische Kultusgemeinde, die altkatholische Kirche und evangelische Freikirchen wie Baptisten, Methodisten, freie evangelische Gemeinden, die neuapostolische Kirche und die Mennoniten. Eng mit den Kirchen verbunden sind kirchliche Wohlfahrts- und Jugendverbände. Diese nehmen jedoch – unabhängig von ihrer Zuordnung zu den Kirchen in staatskirchenrechtlichem Sinne – als von der Kirche unterschiedene freie Träger im Sinne des SGB VIII Aufgaben der Jugendhilfe wahr. Zusammen mit den ihnen verbundenen Wohlfahrtsverbänden bestimmen die Kirchen das Angebotsbild in der Kinder- und Jugendhilfe in erheblichem Umfang. **315**

III. Jugendverbände und -gruppen

1. Jugendverbände im Gesetz

Jugendverbände werden im **SGB VIII** an verschiedenen Stellen erwähnt. § 11 Abs. 2 SGB VIII nennt sie als **Anbieter** von **Jugendarbeit**. § 12 Abs. 1 SGB VIII spricht von der **eigenverantwortlichen Tätigkeit** der Jugendverbände. **316**

2. Begriffsbestimmung

In § 12 Abs. 2 SGB VIII wird eine **Beschreibung** von Jugendverbänden vorgenommen. Es heißt dort: „In den Jugendverbänden und Jugendgruppen wird **Jugendarbeit** von jungen Menschen selbst organisiert, **gemeinschaftlich gestaltet und mitverantwortet**. Ihre Arbeit ist **auf Dauer** angelegt und in der Regel auf die **eigenen Mitglieder** ausgerichtet, sie kann sich aber auch an junge Menschen wenden, die nicht Mitglieder sind. Durch Jugendverbände und ihre Zusammenschlüsse werden **Anliegen** und **Interessen** junger Menschen zum **Ausdruck** gebracht und **vertreten**." Eine weitere Erwähnung finden die Jugendverbände **in § 71 Abs. 1 Nr. 2 SGB VIII**. **317**

3. Jugendgruppen im Gesetz

In § 11 Abs. 2 SGB VIII werden **eigenständig** neben den Verbänden die **Gruppen** der **Jugend** genannt. Im JWG wurde in diesem Zusammenhang von **sonstigen Jugendgemeinschaften** gesprochen. **318**

4. Begriffsbestimmung

Die Gruppen der Jugend werden in der Begriffsbestimmung des § 12 Abs. 2 SGB VIII **gleichrangig** neben den Jugend**verbänden** genannt. Bei **Jugendgruppen** handelt es sich um **Zusammenschlüsse Jugendlicher**, die sich von **Jugendverbänden** dadurch **unterscheiden**, dass sie **nur auf örtlicher Ebene** organisiert sind. **319**

IV. Initiativen der Jugend

In § 11 Abs. 2 SGB VIII werden als **weitere Gruppe** von Trägern **Initiativen** der **Jugend** genannt. Mit dieser Formulierung soll **eine Ergänzung** der **Arbeit** der Ju- **320** gend- und Wohlfahrtsverbände durch neue **Formen gesellschaftlichen Engagements** in Form von **örtlichen Initiativen** und **Selbsthilfegruppen** ermöglicht werden. Bei diesen Initiativen der Jugend handelt es sich um Gruppierungen oder Aktionsgemeinschaften von jungen Menschen, die sich nach den Regeln der Selbstorganisation zusammenfinden, ihre Arbeit gemeinsam gestalten und verantworten, deren Arbeit aber – im Gegensatz zu Jugendverbänden und Jugendgruppen – **nicht auf Dauer** angelegt ist.

V. Sonstige Träger

321 Leistungen der Jugendhilfe werden auch von **Trägern** erbracht, die **nicht** zu den oben **beschriebenen Gruppen** gehören. Dies sind unter anderem **örtliche Zusammenschlüsse**, Träger der **Jugenderholung** und **-begegnung**, andere Träger der **Jugendarbeit und zentrale Vereinigungen**. Auch örtliche Zusammenschlüsse, die **nicht** einem **Wohlfahrtsverband** angehören, erbringen Leistungen der **Jugendhilfe**. Dabei handelt es sich häufig um Formen der **Selbsthilfe**. Eigens genannt werden die sonstigen Träger in § 11 Abs. 2 SGB VIII.

Auch verschiedene **zentrale Vereinigungen** von Trägern zählen zu den sonstigen Trägern. Sie dienen im Wesentlichen der **Fortentwicklung** der Jugendhilfe. Zu ihnen gehören zum Beispiel die Arbeitsgemeinschaft für Kinder- und Jugendhilfe (AGJ), der Deutsche Verein für öffentliche und private Fürsorge, die Arbeitsgemeinschaft für Erziehungshilfe (AFET), die Internationale Gesellschaft für Heimerziehung (IGfH), die Deutsche Vereinigung für Jugendgerichte und Jugendgerichtshilfe (DVJJ) und die Bundesarbeitsgemeinschaft „Aktion Jugendschutz".

Weiterführende Literatur:
H. Backhaus-Maul, Wohlfahrtsverbände als soziale Dienstleistungsunternehmen, Forschungsjournal NSB 1991, S. 27; *R. Bauer*, Wohlfahrtsverbände in der Bundesrepublik, Weinheim, 1978; *R. Ceylan*, Muslimische Wohlfahrtspflege in Deutschland, Wiesbaden, 2016; *H.-J. Dahme*, Zwischen Wettbewerb und Subsidiarität: Wohlfahrtsverbände unterwegs in die Sozialwirtschaft, Berlin, 2005; *W. Damberg*, Neue soziale Bewegungen als Herausforderung sozialkirchlichen Handelns, Stuttgart, 2015; *J. Meißner*, Das Berliner Modell zur Förderung von Selbsthilfegruppen, RsDE 6, S. 45; *V. Neumann*, Der Verband der freien Wohlfahrtspflege als Rechtsbegriff, RsDE 4, S. 1; *B. Schlüter*, Die Wohlfahrtsverbände in einer europäischen Sozialunion, in: Demokratie und Wohlfahrtspflege, K. Hummer, Baden-Baden, 2020; *H. Schmitz*, Die Rechtsstellung des Deutschen Caritasverbandes und der Diözesanverbände und ihre Einordnung in das Gesetzbuch der Kirche, Archiv des katholischen Kirchenrechts, 1989, S. 416; *W. Schulz*, Der neue Codex und die kirchlichen Vereine, Paderborn 1986

D. Finanzierung freier Träger (§§ 74, 77, 78a ff. SGB VIII)

322 Die **Finanzierung** der Tätigkeit der freien Träger der Jugendhilfe ist traditionell ein zentrales Feld der Auseinandersetzungen in der Jugendhilfe. Im SGB VIII hat der Gesetzgeber **zwei** unterschiedliche **Finanzierungswege** vorgesehen:
- Zum einen gibt es die Möglichkeit der **Förderung** der Arbeit der freien Träger durch die **öffentlichen Träger** der Jugendhilfe. Diese Förderung kann auf der **Basis** des § 74 SGB VIII entweder durch einen **Förderbescheid** gewährt oder in einem öffentlich-rechtlichen **Fördervertrag** vereinbart werden.
- Zum anderen bestehen die Möglichkeiten der **Kostenübernahme** nach § 77 SGB VIII oder der **Entgeltzahlung** nach den §§ 78 a ff. SGB VIII.

Beide Verfahren sind theoretisch **alternativ** und nicht logisch sinnvoll miteinander kombinierbar. Gleichwohl werden praktisch immer wieder Zwischenlösungen gesucht.

E. Förderung (§ 74 SGB VIII)

I. Förderungsverpflichtung

Die **öffentlichen Träger** der Jugendhilfe sind objektiv-rechtlich **verpflichtet**, die **Tätig-** **323** keit der freien Träger der Jugendhilfe zu **fördern**. Dieses ergibt sich aus § 74 **Abs. 1 Satz 1** SGB VIII.

II. Förderungsvoraussetzungen

1. Allgemein

In Absatz 1 der Vorschrift sind die Fördervoraussetzungen normiert. Dies sind: **324**
- Das Bestehen der **fachlichen Voraussetzungen**. Abstrakt lässt sich nicht sinnvoll bestimmen, was zu diesen Voraussetzungen gehört, dieses hängt entscheidend von der geplanten Tätigkeit des freien Trägers ab. Selbstverständlich können die Voraussetzungen nicht vorliegen, wenn ernst zu nehmende Anhaltspunkte dafür bestehen, dass die Tätigkeit des freien Trägers im Sinne des § 1666 BGB kindeswohlgefährdend ist.
- Weitere Förderungsvoraussetzung ist die sog. **Verwendungsgewähr**. Dies bedeutet, dass der freie Träger in der Lage sein muss, mit dem gewährten Zuschuss sinnvoll umzugehen. Dafür muss er bei größeren Summen beispielsweise über eine angemessene Buchhaltung und Organisationsstruktur verfügen. Bei kleineren Zuwendungsbeträgen sind die Anforderungen wesentlich geringer.
- **Gemeinnützige Ziele** muss der freie Träger verfolgen. Größere Träger werden dieses regelmäßig durch die Vorlage eines Bescheides der Finanzverwaltung, mit dem die Gemeinnützigkeit festgestellt wird, nachweisen. Notwendig ist dieser Weg des Nachweises nicht. Gerade kleinere und eher informell strukturierte freie Träger können auch direkt dem Jugendamt nachweisen, dass sie unter Verzicht auf Gewinnerzielung tätig sind.
- Die freien Träger müssen als weitere Voraussetzung für eine Förderung eine **angemessene Eigenleistung** erbringen. Dabei muss es sich um geldwerte Leistungen handeln; dass tatsächlich Geld fließt, ist hingegen nicht erforderlich. Deshalb stellen zum Beispiel auch ehrenamtliche Leitungstätigkeiten oder andere ehrenamtlich erbrachte Leistungen eine Eigenleistung im Sinne dieser Anforderung dar. Ob sie angemessen sind, hängt jedoch von Art und Umfang der Förderung ab. Unangemessen sind Eigenleistungen sowohl, wenn sie den freien Träger wirtschaftlich überfordern, als auch dann, wenn lediglich symbolische Beträge eingesetzt werden.
- Schließlich ist noch die Förderungsvoraussetzung der sog. „**Verfassungsgewähr**" zu beachten. Die Gewähr für eine den Zielen des Grundgesetzes förderliche Tätigkeit bietet ein Träger erst dann, wenn positiv festgestellt werden kann, dass seine Tätigkeit in einem positiven Verhältnis zu den Zielen der Verfassung insgesamt steht. Dabei ist jedoch nicht ausgeschlossen, dass der Träger für die Änderung einzelner Verfassungsbestimmungen eintritt. Einzelheiten hierzu sind in Rechtsprechung und Literatur umstritten, haben jedoch nach dem Ende des Kalten Krieges wesentlich an Bedeutung verloren.

Grundsätzlich ist für eine Förderung **nicht erforderlich**, dass dieser auch als **freier Träger** der Jugendhilfe gemäß § 75 SGB VIII anerkannt ist. Dieses ist nach § 74 **Abs. 1 Satz 2** SGB VIII erst dann **nötig**, wenn eine **Förderung** auf **Dauer** erstrebt wird.

2. Förderung von Einrichtungen

Die Förderung von Einrichtungen, Diensten und Veranstaltungen kann davon **abhängig** **325** gemacht werden, dass sie in der **Jugendhilfeplanung vorgesehen** sind. Dieses gilt nach dem Wortlaut des Gesetzes **nicht** für **andere Maßnahmen**.

3. Gleichbehandlungsgrundsatz

326 a) Bei seiner **Entscheidung** über eine Förderung ist der öffentliche Träger im Übrigen strikt an den **Gleichbehandlungsgrundsatz** gebunden: Er hat alle freien Träger gleich zu behandeln.

327 b) § 74 SGB VIII enthält aber eine Reihe von Bestimmungen, die den öffentlichen Trägern erlauben, freie Träger bei der Förderungsentscheidung in **legaler Weise ungleich** zu behandeln. So kann der öffentliche Träger seine Förderungsentscheidung an den in § **9 SGB VIII** genannten **Zielen** orientieren und so wegen der Ausrichtung der Angebote
- an der von den Sorgeberechtigten bestimmten **Grundrichtung** der Erziehung,
- an der Förderung der **Selbstständigkeit** der jungen Menschen und
- der **Gleichberechtigung** der Geschlechter

von dem Grundsatz strikter Gleichbehandlung abweichen.

328 c) Würde die Befolgung des **Gleichbehandlungsgrundsatzes** dazu führen, dass die **Fördersumme zersplittert** würde, kann ein öffentlicher Träger seine Förderung gemäß § 74 **Abs. 3 Satz 2** SGB VIII auf **einen Träger** konzentrieren.

329 d) Auch über die **Art** und **Höhe** der **Fördersumme** steht ihm eine **Ermessensentscheidung** zu.

330 e) Ein weiterer **Ungleichbehandlungsmaßstab** ist die **unterschiedliche Finanzkraft** der Träger und deren Eigenleistung. Auch die sonstigen Verhältnisse sind zu berücksichtigen. Dabei darf aber nicht unterstellt werden, dass große Träger immer finanzkräftiger sind als kleine Träger. Für den Fall, dass auch unter diesen Kriterien sich noch keine sinnvolle Förderungsentscheidung ergibt, enthält § 74 **Abs. 4** SGB VIII die Regel, dass dann diejenige Maßnahme zu fördern ist, die **stärker** an den **Interessen** der **Betroffenen** orientiert ist.

331 f) **Gleich** zu behandeln sind die freien Träger insgesamt bei der **Bemessung** der Förderung mit den **öffentlichen Trägern**; für die Finanzierung der Maßnahmen sind gem. § 74 **Abs. 5** SGB VIII gleichartige Maßstäbe anzulegen.

332 g) Bei der Förderung **anerkannter Träger** sind gem. § 74 **Abs. 6** SGB VIII die **Mitarbeiterfortbildung** und Freizeit- und **Bildungsstätten** bei der Förderung zu berücksichtigen.

4. Förderungsentscheidung

333 Üblicherweise wird über eine Förderung durch einen **Förderbescheid**, einen **Verwaltungsakt**, entschieden.

Solche Förderungsbescheide sind regelmäßig mit **Nebenbestimmungen** versehen. Solche Nebenbestimmungen legen freien Trägern häufig umfangreiche, und nicht selten auch unbillige Belastungen auf. **Isoliert anfechtbar** sind sie jedoch nur, wenn sie **nicht unteilbar** mit der **Förderungsentscheidung verbunden** sind.

5. Rechtliche Ausgestaltung

334 Eine Förderung muss **nicht** durch einen **Förderungsbescheid** mitgeteilt werden, es können **auch Förderverträge** abgeschlossen werden, öffentlich-rechtliche Vereinbarungen, die auf den Bestimmungen der §§ **53 ff. SGB X** basieren. Mit solchen Vereinbarungen lassen sich – sofern die haushaltsrechtlichen Voraussetzungen dafür vorliegen – mehrjährige Förderungen erreichen.

6. Förderung von Kindertageseinrichtungen

Einen eigenen **deklaratorischen** Hinweis auf die **Finanzierung** von **Kindertageseinrichtungen** enthält § 74a SGB VIII. 335

Weiterführende Literatur:
C. Bernzen/U. Bernzen, Neue Wege in der Jugendförderung, ZfJ 1988, S. 250; *W. Gernert*, Was ist „Erfolg" in der Jugendhilfe?, JuWo 1989, S. 203; *C. Koch*, Wie wirtschaftet die Sozialwirtschaft?, Berlin, 2004; *U. Preis*, Rechtsgrundlagen bei Eingriffen in die Finanzgrundlagen der Jugendhilfe, ZfJ 1988, S. 243, S. 300; *R. Wabnitz*, Subventionsfinanzierung nach § 74 SGB VIII (Kinder- und Jugendhilfe) – objektive Verpflichtung und subjektive Rechtsansprüche, ZfJ 2003, S. 165; *ders.*, Recht der Finanzierung der Jugendarbeit und der Jugendsozialarbeit, Baden-Baden 2003; *ders.*, Zur neueren Judikatur des Bundesverwaltungsgerichts betreffend die Förderung von Trägern der freien Jugendhilfe nach § 74 SGB VIII, ZKJ 2010, S. 99

F. Kostenvereinbarung (§ 77 SGB VIII)

Die **Verpflichtung** zum **Abschluss** von **Kostenvereinbarungen** ist in § 77 SGB VIII angesprochen. Auch bei Kostenvereinbarungen sollen Fragen der Qualität der Leistung eine besondere Bedeutung haben. Die Norm ist in doppelter Hinsicht undeutlich: 336

I. Tatbestand

Im **Tatbestand** wird in Abs. 1 Satz 1 von der **Inanspruchnahme** gesprochen. **Wer die Einrichtungen der freien Träger in Anspruch nimmt, Bürgerinnen und Bürger und öffentliche Träger oder nur öffentliche Träger, bleibt offen.** 337
Mehrheitlich wird die Auffassung vertreten, Bürgerinnen und Bürger und öffentliche Träger könnten die Einrichtungen freier Träger in Anspruch nehmen. Mir scheint dies unlogisch: Sinnvoll ist es, dass öffentliche Träger, die Einrichtungen freier Träger in Anspruch nehmen, diesen Trägern die Kosten erstatten. Dass auch Bürgerinnen und Bürger durch ihre Inanspruchnahme eine solche Verpflichtung der öffentlichen Träger auslösen sollen, ist systematisch nicht erklärbar.

II. Rechtsfolge

Als **Rechtsfolge** sieht die Norm eine **Pflicht** des öffentlichen Trägers vor, **Vereinbarungen** über die **Höhe** der **Kosten** anzustreben. Dieses ergibt **wörtlich** genommen **keinen Sinn**: Die Höhe der Kosten ergibt sich im Wesentlichen aus Arbeits- und Mietverträgen sowie anderen zivilrechtlichen Vereinbarungen. Einen Sinn gibt die Regelung deshalb nur, wenn die Höhe der Erstattung der Kosten vereinbart wird. Praktisch kommt es dabei darauf an, zwischen anerkennungsfähigen und nicht anerkennungsfähigen Kosten zu unterscheiden. Die Kostenerstattungsvereinbarungen, die auf dem Rechtsgedanken des § 77 SGB VIII basieren, haben lange Zeit insbesondere für den Bereich der stationären Einrichtungen der Jugendhilfe die Grundlage der öffentlichen Ko-Finanzierung gebildet. Strukturell hatten sie den Nachteil, dass freie Träger kein organisiertes Interesse an einer Begrenzung der Kosten hatten. Aus diesem Grund sind für die besonders kostenträchtigen stationären Bereiche der Jugendhilfe mit den Regelungen über Leistungs- und Entgeltvereinbarungen nach den §§ 78a ff. SGB VIII Sonderregelungen geschaffen worden. § 77 SGB VIII hat deshalb praktisch fast nur noch Bedeutung für ambulante Bereiche der Hilfen zur Erziehung. Ausdrücklich erwähnt sind in der Norm Leistungen nach den §§ 37 f SGB VIII. 338

Weiterführende Literatur:
J. Baltz, Leistungsentgelte in der Jugendhilfe, NDV 1998, S. 377; *C. Bernzen*, Freie Träger in der Kindertagesbetreuung, JuWo 1996, S. 563; *H. Brombach*, Ende mit Schrecken oder Schrecken ohne Ende? (Anmerkungen zu Entgelt-Neuregelungen im SGB VIII), JHilfe 1998, S. 245; *A. Hilliger*, Neue Finanzierungswege in der Jugendhilfe – Veränderungen bei öffentlichen Trägern, JHilfe 1998, S. 75; *R. Kröger*, Niedersächsische Rahmenvereinbarung nach § 77 KJHG zu Kostensätzen in der Jugendhilfe, JHilfe 1998, S. 93; *J. Münder*, Sozialraumorientierung aus rechtlicher Sicht, ZfJ 2002, S. 416; *K. Späth*, Braucht die Jugendhilfe neue Finanzierungsregelungen?, JHilfe 1998, S. 86; *N. Struck*, Zur Umsetzung der Änderungen des KJHG zu Entgelten in der Jugendhilfe, Frankfurt a. Main 1998; *R. Wiesner*, Die Neuregelung der Entgeltfinanzierung in der Kinder- und Jugendhilfe, ZfJ 1999, S. 79

G. Leistungsentgelt (§§ 78a ff. SGB VIII)

339 Für die **stationären Bereiche** der Jugendhilfe, insbesondere aus dem Bereich der Hilfen zur Erziehung, sehen die **§§ 78a ff. SGB VIII** den Abschluss von **Leistungs-, Entgelt- und Qualitätsentwicklungsvereinbarungen** vor.

I. Abschließende Regelung

340 Die **einzelnen** Leistungsbereiche, für die diese Vereinbarungen abzuschließen sind, sind in § 78a Abs. 1 SGB VIII **abschließend** aufgezählt; allerdings lässt **Abs. 2** der Vorschrift auch **landesrechtliche** Zuweisungen weiterer Leistungsbereiche zu.

II. Inhalt der Leistungsvereinbarungen

341 Theoretischer **Kernpunkt** des **Vereinbarungskonzepts** sind die Leistungsvereinbarungen nach § **78c Abs. 1 SGB VIII**. Hier müssten neben den **Leistungsvoraussetzungen** vor allem sinnvolle **Bestimmungen** zu den **Leistungszielen** und den **Standards**, mit denen deren Erreichen festgestellt wird, beschrieben werden. Regelmäßig enthalten diese Verträge umfangreiche Angaben zu den Leistungsvoraussetzungen, also zu den Inputs. Bei der Bestimmung der Leistungsziele findet man normalerweise nur noch recht globale Bestimmungen. Nur sehr selten finden sich Ansätze von Erfolgskriterien. Dieses ist insbesondere deshalb schädlich, weil die öffentlichen Träger nur einen sehr entfernten Einblick in das tatsächliche Leistungsgeschehen haben. Nach meiner Meinung ist wenigstens die Mitwirkungsbereitschaft der Hilfeempfängerinnen und Hilfeempfänger und ihrer Kinder bzw. Eltern, also die der Ko-Produzenten Sozialer Arbeit ein wichtiger Orientierungspunkt. Möglich ist es aber auch, konkrete und leicht ermittelbare Wirksamkeitskriterien zu suchen.

III. Kriterien zu Entgeltvereinbarungen

342 Bei den Entgeltvereinbarungen nach § **78b Abs. 2 SGB VIII** setzt sich die beschriebene **Inputorientierung** fort: Regelmäßig wird differenziert nach **Investitions-** und **Maßnahmekosten** und ein geschätzter notwendiger **finanzieller Aufwand** als **Entgelt** festgelegt. Damit wird aber eigentlich nur das oben beschriebene Pflegesatzsystem unter anderem Namen fortgeführt. Ein wirklich sinnvolles Leistungsentgelt lässt sich erst dann erreichen, wenn auch die **feststellbare Wirksamkeit** der Tätigkeit eines freien Trägers und dessen wirtschaftliches Risiko bei der Höhe des Entgeltes berücksichtigt werden.

IV. Qualitätsentwicklungsvereinbarung

Gem. § 78b Abs. 1 Nr. 3 SGB VIII sind schließlich **Qualitätsentwicklungsvereinbarungen** abzuschließen. Diese Vereinbarungen sind bisher praktisch wenig bedeutsam, obwohl sie in dem Vereinbarungssystem eine zentrale Rolle spielen müssten. Dieses liegt im Wesentlichen an den bereits beschriebenen Problemen bei der Definition von Wirksamkeitsmaßstäben, dies führt dazu, dass die Aspekte der Struktur- und Prozessqualität – anders als die Ergebnisqualität – überproportional beachtet werden. **343**

V. Unterscheidung

Der derzeit praktisch zentrale **Unterschied** zwischen **Pflegesatzvereinbarungen** und **Leistungsentgelten** folgt aus der **Bestimmung** des § 78d SGB VIII. Die **Entgeltvereinbarungen** sind **prospektiv** abzuschließen, ein nachträglicher Ausgleich ist nicht möglich. **344**

VI. Inhaltliche Ausgestaltung durch Rahmenverträge, Konflikt- und Streitfälle

Rahmenverträge auf Landesebene nach § 78f SGB VIII stellen einen wichtigen **Bezugspunkt** für die Leistungs-, Entgelt und Vergütungsvereinbarungen im Einzelfall dar. **Schiedsstellen** nach § 78g SGB VIII können angerufen werden, wenn eine der drei Vereinbarungen sechs Wochen, nachdem eine Partei schriftlich zu Verhandlungen aufgefordert hat, nicht zustande gekommen ist. **345**

VII. Beschränkung des Wunsch- und Wahlrechts

Notwendiges Element im System der Vereinbarungen nach den §§ 78a ff. SGB VIII ist **Beschränkung** des **Wunsch- und Wahlrechts** nach § 5 Abs. 2 SGB VIII: Leistungen nach § 78a SGB VIII dürfen grundsätzlich nur in **Einrichtungen** gewählt werden, für die alle **Vereinbarungen** nach § 78b Abs. 1 SGB VIII abgeschlossen worden sind. **346**

Weiterführende Literatur:
H. Backhaus-Maul, Die Subsidiaritätsidee in den Zeiten der Kostenrechnung – Vertragsverhandlungen zwischen Sozialverwaltungen und Wohlfahrtsverbänden, ZfJ 2000, S. 161; *J. Baltz*, Leistungsentgelte in der Jugendhilfe, NDV 1998, S. 377, 1999, S. 24; *L. Burghoff/M. Sommer/P. Sträter*, Vereinbarung über Leistungsangebote, Entgelte und Qualitätsentwicklung §§ 77, 78a bis 78g SGB VIII (KJHG), München 1999; *M. Emanuel*, Von den Schwierigkeiten einer Qualitätsentwicklung in der Jugendhilfe, ZfJ 2001, S. 133; *P. Gerull/E. Post*, Qualitätssicherung durch Kunden- und Mitarbeiterbefragungen, UJ 1999, S. 15; *P. Hansbauer*, Vom Qualitäts- zum Partizipationsdiskurs? – Überlegungen zur Qualitätsentwicklung in stationären Hilfen (§ 78b SGB VIII), ZfJ 2000, S. 50; *A. Hilke*, „Steuerungsmöglichkeiten" im Rahmen des Finanzierungssystems der §§ 78a ff. SGB VIII – Schwerpunkt öffentliche Finanzen, ZfJ 2003, S. 52; *C. Jermann*, Entwicklung von Evaluationskriterien bei Jugendhilfemaßnahmen, NDV 1999, S. 132; *R. Kröger*, Umsetzung der §§ 78a–g SGB VIII, JHilfe 1999, S. 173; *ders. (Hrsg.)*, Leistung, Entgelt und Qualitätsentwicklung in der Jugendhilfe: Arbeitshilfen mit Musterbeispielen zur praktischen Umsetzung der §§ 78a–g SGB VIII, Luchterhand Verlag, Neuwied 1999; *R. Kulbach*, Steuerungsprobleme in der Jugendhilfe, JuWo 1997, S. 317; *J. Merchel*, § 78 SGB VIII als Instrument zur Qualitätsentwicklung in der Erziehungshilfe?, in: Zeitschrift für Kindschaftsrecht und Jugendhilfe, 2006; *B. Müller*, Qualitätsprodukt Jugendhilfe – kritische Thesen und praktische Vorschläge, 2. Aufl., Freiburg 1998; *R. Sauter*, Wettbewerb im Sozialraum – auf dem Weg in eine neue Trägerlandschaft?, NDV 2002, S. 290; *M. Schilling*, Die Kinder- und Jugendhilfe und die KGSt, RdJB 2000, S. 143; *A. Stähr*, Die Leistungsvereinbarung als neues Instrument in der Jugendhilfe (§§ 78a bis 78g SGB VIII), RdJB 2000, S. 159; *N. Struck*, Sozialrechtliche Qualitätsbestimmungen und die Diskussion des Qualitätsthemas in der Jugend-

hilfe, ZfJ 1997, S. 153; *R. Wabnitz*, Qualitätsentwicklung als gesetzliche Aufgabe, ZfJ 1999, S. 123; *ders.*, Zur Rechtsnatur der von Entscheidungen der Schiedsstelle nach § 78g SGB VIII, ZfJ 2001, S. 33; *ders.*, Zur Arbeit der Schiedsstellen nach § 78a SGB VIII in den Jahren 2000 bis 2008, ZKJ 2010, S. 12; *R. Wiesner*, Die Neuregelung der Entgeltfinanzierung in der Kinder- und Jugendhilfe, ZfJ 1999, S. 79; *A. Wissmann*, Die Vereinbarung über Leistungsangebote, Entgelte und Qualitätsentwicklung: §§ 77, 78a bis 78g SGB VIII (KJHG), Stuttgart, 2005

H. Anerkennung freier Träger (§ 75 SGB VIII)

347 Die **Anerkennung** als freier Träger der Jugendhilfe ist weder eine Erlaubnis zum Tätigwerden, noch ersetzt sie Betriebserlaubnisse oder stellt eine staatliche Empfehlung dar. Sie ist lediglich eine **Bedingung** für eine **intensivere Mitwirkung** dieser Träger auf dem Gebiet insbesondere der öffentlichen Jugendhilfe.

I. Anerkennungsvoraussetzungen

348 Die Anerkennungsvoraussetzungen werden in § 75 **Abs. 1** SGB VIII genannt. Dies sind
- eine **Tätigkeit** auf dem Gebiet der **Jugendhilfe**,
- das Verfolgen **gemeinnütziger Ziele**,
- das Bestehen der **fachlichen Voraussetzungen** für einen nicht unwesentlichen Beitrag auf dem Gebiet der Jugendhilfe und
- die bereits oben beschriebene **Verfassungsgewähr**.

Weitere Anerkennungskriterien dürfen auch vom **Landesrecht nicht normiert** werden.

II. Anerkennungsanspruch

349 Ein **subjektives öffentliches Recht** auf die Anerkennung – einen Anerkennungsanspruch – formuliert **Abs. 2** der Vorschrift für **alle Träger**, die bei Vorliegen der Anerkennungsvoraussetzungen bereits **drei Jahre** auf dem Gebiet der Jugendhilfe **tätig** sind. Wie bereits oben dargestellt, normiert § 75 Abs. 3 eine gesetzliche Anerkennung für die Kirchen und Religionsgemeinschaften öffentlichen Rechts und die in der Bundesarbeitsgemeinschaft der Wohlfahrtspflege zusammengeschlossenen Verbände.

III. Durchsetzung

350 Praktische **Schwierigkeiten** entstehen manchmal, wenn zu klären ist, ob auch Untergliederungen von anerkannten Trägern mit anerkannt sind oder einer eigenen Anerkennung bedürfen. Teilweise bestehen zur Lösung dieses Problems gute **landesrechtliche Lösungen**, die dem freien Träger ermöglichen, die Aufnahme einer neuen Untergliederung der Anerkennungsbehörde lediglich anzuzeigen mit der Folge, dass die Behörde nur dann etwas unternehmen muss, wenn sie verhindern will, dass auch die Untergliederung anerkannt ist.

Weiterführende Literatur:
C. Bernzen/J. Niehaus, Anerkennungsgrundsätze für freie Träger der Jugendhilfe, Forum Jugendhilfe 4/95; *C. Bernzen/A. Borsutzky/O. Villwock*, Hamburgisches Jugendhilferecht, Hamburg 1998; *M. Desens/J. Winkler*, Die Gemeinnützigkeitsvoraussetzungen von Einrichtungen der Kinder- und Jugendhilfe, RdJB 2009, S. 474; *M. Homburg*, Thüringer Kinder- und Jugendhilfeausführungsgesetz, Erfurt 1993

I. Beziehungen freier Träger zu Bürgerinnen und Bürgern

I. Rechtsnatur

Die **Beziehungen** zwischen **Bürgerinnen** und **Bürgern** einerseits und **freien Trägern** der Jugendhilfe andererseits **sind nicht öffentlich-rechtlicher Natur**; sie beruhen **regelmäßig** auf zivilrechtlichen Verträgen, deren Inhalt allerdings weitgehend **öffentlich-rechtlich**, nämlich durch das SGB VIII, **vorgeprägt** ist.

351

II. Vertragliche Pflichten

Entsprechend allgemeinen **zivilrechtlichen** Vorstellungen wird bei diesen Verträgen zwischen den **Hauptpflichten**, in der Regel der **Leistungspflicht** des freien Trägers und einer eventuellen **Entgeltpflicht** der Bürgerin und des Bürgers, und **Nebenpflichten** unterschieden. Zu solchen Nebenpflichten gehören beispielsweise Auskunftspflichten, die Einhaltung der Datenschutzbestimmungen des SGB VIII durch die freien Träger und die Gewährung von Mitwirkungsrechten, z. B. in Elternvertretungen in Kindertageseinrichtungen. Sowohl die Verletzung von Hauptpflichten wie auch die Verletzung von Nebenpflichten können Schadenersatzansprüche auslösen, die auf dem Zivilrechtsweg verfolgt werden müssen.

352

Die öffentliche Ko-Finanzierung der Tätigkeit der freien Träger der Jugendhilfe ist vielfach eine Quelle von Streitigkeiten.

Fall 12 berichtet über einen solchen Streit.

353

Fall 12: Keine Förderung für den Montessori-Kindergarten?
A, anerkannter freier Träger der Jugendhilfe, unterhält einen Kindergarten. In diesem werden in zwei Gruppen je zwanzig 3–6-jährige Kinder vormittags betreut.
A möchte von dem Kreis B, in welchem die Einrichtung liegt, eine finanzielle Unterstützung erhalten. Verhandlungen darüber werden mit Hinweis darauf abgelehnt, dass die Einrichtung nach der in der Jugendhilfeplanung nicht vorgesehenen Montessori-Pädagogik arbeite.
Welche Ansprüche hat A zur Durchsetzung seines Wunsches nach einer öffentlichen Ko-Finanzierung?

Lösung zu Fall 12
Zur Beantwortung der Frage, welche Ansprüche A hat, ist zu prüfen, welche Ansprüche nach den Bestimmungen über öffentliche Ko-Finanzierung freier Träger geltend gemacht werden können.
Dieses sind Förderungsansprüche und Vertragsverhandlungsansprüche. Mögliche Anspruchsgrundlagen sind der Förderungsanspruch aus § 74 SGB VIII und die Verhandlungsansprüche aus §§ 77 und 78 a ff. SGB VIII. Sinnvollerweise werden die spezielleren Normen zuerst geprüft. Daraus ergibt sich als Prüfungsreihenfolge: Zunächst werden die Ansprüche aus den §§ 78a ff. SGB VIII, dann der Anspruch aus § 77 SGB VIII und schließlich der Anspruch aus § 74 SGB VIII geprüft.

Ansprüche aus den §§ 78a ff. SGB VIII
Voraussetzung dafür, dass ein Anspruch aus den §§ 78a ff. SGB VIII bestehen kann, ist, dass diese Vorschriften überhaupt anwendbar sind. Leistungen nach den §§ 22-26 SGB VIII sind in der den bundesrechtlich normierten Anwendungsbereich bestimmenden Vorschrift des § 78a Abs. 1 nicht genannt. Möglich ist aber auch, dass diese Leistungen aufgrund landesrechtlicher Regelung gem. § 78a Abs. 2 SGB VIII den Regelungen der §§ 78 a ff. SGB VIII unterliegen. Von einer solchen landesrechtlichen Bestimmung ist im Sachverhalt nicht die Rede. Sie darf auch nicht unterstellt werden. Als Ergebnis ist also festzustellen, dass für die Leistung, die A erbringt, der

Weg zu den Leistungs-, Entgelt- und Prüfungsvereinbarungen nach den §§ 78a ff. SGB VIII nicht eröffnet ist.

Anspruch aus § 77 SGB VIII
Als Anspruchsvoraussetzungen normiert § 77 SGB VIII zum einen das Vorhandensein der Einrichtung eines freien Trägers. Dieses Tatbestandsmerkmal liegt hier vor; A betreibt einen Kindergarten, eine Zusammenfassung sächlicher und personeller Mittel. Zum anderen muss diese Einrichtung in Anspruch genommen werden. Geht man wie nur wenige Autoren davon aus, dass diese Inanspruchnahme nur durch den öffentlichen Träger stattfinden kann, muss festgestellt werden, dass diese Anspruchsvoraussetzung nicht vorliegt. Geht man hingegen mit der großen Mehrheit der Autoren davon aus, dass eine Inanspruchnahme auch durch Bürgerinnen und Bürger erfolgen kann, liegt auch diese zweite Anspruchsvoraussetzung vor. Hier soll dieser Fall auf der Grundlage dieser herrschenden Meinung gelöst werden.
Der Anspruch ist inhaltlich auf die Verpflichtung des Kreises zum Angebot einer Vereinbarung über die Höhe der übernehmenden Kosten gerichtet.

Anspruch aus § 74 SGB VIII
Einen direkten Förderungsanspruch der einzelnen freien Träger der Jugendhilfe enthält § 74 SGB VIII nicht, er verpflichtet lediglich die öffentlichen Träger der Jugendhilfe, die freien Träger in ihrer Tätigkeit zu fördern. Ein Förderungsanspruch könnte sich aber aus § 74 SGB VIII in Verbindung mit Art. 3 GG ergeben. Dafür müsste erkennbar sein, dass der Kreis andere Träger fördert die Einrichtungen betreiben, die als gleiche Einrichtungen im Verhältnis zu der von A betriebenen Einrichtung anzusehen sind. Dieses wird im Sachverhalt nicht geschildert. Als Ergebnis ist deshalb festzustellen, dass A einen Anspruch aus § 74 SGB VIII nicht geltend machen kann.

Ergebnis
A hat gegen den Kreis B einen Anspruch auf ein Angebot einer Vereinbarung über die Höhe der zu übernehmenden Kosten.

Kapitel 13: Zuständigkeit, Kostenerstattung

Mit der Klärung der Zuständigkeit und Kostenerstattung der öffentlichen Träger untereinander werden zentrale jugendhilfepraktische Fragen geklärt, nämlich die Frage, welcher Jugendhilfeträger zum Handeln berufen ist und welcher Jugendhilfeträger die wirtschaftliche Last der Hilfegewährung zu tragen hat. Beides muss nach der Systematik des SGB VIII nicht zusammenfallen. Die Regelungen zu den Zuständigkeiten und Kosten sind im 7. Kapitel des SGB VIII enthalten. Das System dieser Regelungen ist streng juristisch angelegt und anders als andere Kapitel des SGB VIII auf den Bezug auf Erkenntnisse aus anderen Wissenschaften praktisch nicht angewiesen. Es wirkt wie ein System von großen Rüttelsieben, deren Benutzung in jedem Fall dazu führen soll, dass sich eine angemessene Zuordnung ergibt. 354

Zuständigkeit
Wer wissen will, welcher Träger der Jugendhilfe **zuständig** ist, muss zwei Fragen klären: 355
- Welche **Handlungsebene** muss handeln, die **örtliche** oder die **überörtliche**? Die Antwort auf diese Frage ist die Klärung der **sachlichen** Zuständigkeit.
- **Welcher** der etwa 600 **örtlichen** oder der 17 **überörtlichen** Träger der Jugendhilfe muss handeln? Die Antwort auf diese Frage ist die Klärung der **örtlichen** Zuständigkeit.

A. Sachliche Zuständigkeit (§ 85 SGB VIII)

Die **sachliche** Zuständigkeit ist mit **einem einfachen Regel/Ausnahme-Verhältnis** normiert: **Grundsätzlich** sind die **örtlichen** Träger gemäß § 85 Abs. 1 SGB VIII zuständig, es sei denn, einer der in **Abs.** 2 enumerierten, also abschließend aufgezählten Fälle, liegt vor. Dann sind die **überörtlichen** Träger zuständig. In § 85 **Abs.** 2 SGB VIII sind für eine **Zuständigkeit** der **überörtlichen** Träger folgende Ausgangspunkte formuliert: 356
- Beratung der örtlichen Träger,
- Förderung der Zusammenarbeit zwischen Trägern,
- Förderung von überörtlich wirkenden Einrichtungen,
- Modellvorhaben,
- Beratung von örtlichen Trägern bei Hilfen nach §§ 32–35a,
- Schutz von Jugendlichen in Einrichtungen §§ 45–48a,
- Beratung von Einrichtungsträgern,
- Fortbildung von Mitarbeiterinnen und Mitarbeitern,
- Leistungen an Deutsche im Ausland und
- Erlaubnis von Vereinsvormund- und pflegschaften.

Ausnahmsweise können bestimmte Zuständigkeiten auf örtliche Träger oder andere öffentlich-rechtliche Körperschaften **übertragen** werden, Einzelheiten dazu ergeben sich aus § 85 **Abs. 3–5 SGB VIII**.

Weiterführende Literatur:
P. Fuchs, Änderungen des Kinder- und Jugendhilfegesetzes, NDV 1993, S. 52/56; *W. Gernert,* Wohin gehört die sog. Heimaufsicht in der Jugendhilfe?, ZfJ 1997, S. 1; *R. Wiesner,* Änderungen im Kinder- und Jugendhilferecht, FamRZ 1993, S. 497, 502

B. Örtliche Zuständigkeit

Zur Bestimmung der **örtlichen** Zuständigkeit muss zwischen der **Erbringung** von Leistungen – hier ergibt sich die Zuständigkeit aus den §§ **86–86d SGB VIII** –, der **Erfüllung** der anderen Aufgaben – hier ergibt sich die Zuständigkeit aus den §§ **87–87e** 357

SGB VIII –, und Regelungen bei Aufenthalt im **Ausland** – Zuständigkeit nach § 88 SGB VIII – **unterschieden** werden.

Weiterführende Literatur:
G. Herigslack, Örtliche Zuständigkeit, Kostenerstattung und Heranziehung nach dem KJHG unter Berücksichtigung des 1. Änderungsgesetzes zum SGB VIII, ZfF 1993, S. 49; *W. Kiehl,* Erste Änderung zum Kinder- und Jugendhilfegesetz: Nicht nur Verbesserungen im Detail, NJW 1993, S. 1051; *S. Kraushaar,* Neuerungen der gesetzlichen Regelungen zur örtlichen Zuständigkeit und Kostenerstattung, JHilfe 1998, S. 309; *P.-C. Kunkel,* §§ 86, 87c SGB VIII – die Leuchttürme der örtlichen Zuständigkeit, ZfJ 2001, S. 361, 416; *R. Wiesner,* Änderungen im Kinder- und Jugendhilferecht, FamRZ 1993, S. 497; *D. Eschelbach,* Örtliche Zuständigkeit und Kostenerstattung in der Jugendhilfe, Freiburg im Breisgau 2016

I. Zuständigkeit für Leistungen

358 Leistungen der Jugendhilfe werden regelmäßig für Kinder, Jugendliche und deren Eltern erbracht. Die **Zuständigkeitsregeln** hierfür finden sich in § **86 SGB VIII**. In den §§ **86a–86d SGB VIII** werden für **Sonderfälle** weitere Zuständigkeitsregeln normiert. Bliebe man in dem Bild der Rüttelsiebe, die die Zuständigkeitsregeln darstellen, müsste man mit den Ausnahmen in der Darstellung beginnen. Weil diese Ausnahmen aber ohne die Grundregeln und deren Logik kaum verständlich sind, soll zunächst § 86 SGB VIII vorgestellt werden.

1. Leistungen an Kinder, Jugendliche und Eltern (§ 86 SGB VIII)

359 Am einfachsten für die Minderjährigen und deren Eltern wäre es, wenn alle Jugendämter für sie zuständig wären; sie könnten sich einfach an das Jugendamt wenden, welches sie am leichtesten erreichen können. Der Gesetzgeber hat diese Regelung jedoch nicht gewählt: **Zuständig** soll **regelmäßig** nur **ein Jugendamt** sein, nämlich das, in dessen **Zuständigkeitsbereich** die **Eltern** ihren **gewöhnlichen Aufenthalt** haben. Der gewöhnliche Aufenthalt ist der **Ort**, den **Menschen** für ihren **Lebensmittelpunkt** gewählt haben. Der stärkste **Grund** für die Regelung in § 86 Abs. 1 Satz 1 SGB VIII ist, dass der zuständige Jugendhilfeträger und damit diejenige **Körperschaft**, die regelmäßig die **Kosten** der Hilfe zu **tragen** hat, möglichst **manipulationssicher feststellbar** sein soll. Wäre dies nicht der Fall, müsste man befürchten, dass potentielle Hilfeempfängerinnen und Hilfeempfänger von einer zur anderen Stelle verwiesen würden, ohne wirklich Hilfe erlangen zu können. Die Grundregel des § 86 Abs. 1 Satz 1 SGB VIII kann dazu führen, dass zum Bespiel während der Dauer einer stationären Hilfe die Zuständigkeit mehrmals wechselt, nämlich immer dann, wenn die Eltern umziehen.

Die weiteren Bestimmungen der **Absätze 1 bis 5** des § 86 SGB VIII versuchen, die Grundregeln sinngemäß auch in den Fällen anwendbar zu machen, in denen **kein gemeinsamer** gewöhnlicher Aufenthalt der Eltern festgestellt werden kann. Dabei geht der Gesetzgeber so vor, dass nach Möglichkeit auf den gewöhnlichen Aufenthalt der Eltern und, sofern solcher nicht besteht, im Übrigen auf deren **tatsächlichen Aufenthalt** Bezug genommen wird. Der **personensorgeberechtigte** Elternteil hat hierbei **Vorrang** vor dem nicht sorgeberechtigten Elternteil. Lässt sich auch unter diesen Umständen kein Anknüpfungspunkt für eine Zuständigkeit finden, nimmt der Gesetzgeber zunächst auf den gewöhnlichen und sodann auf den tatsächlichen Aufenthalt der Minderjährigen Bezug.

Abweichend von § 86 Abs. 1 Satz 1 SGB VIII bestimmt dessen **Abs. 6**, dass die Zuständigkeit bei **Vollzeitpflege** nach § **33 SGB VIII** dann auf den Jugendhilfeträger wechselt, in dessen **Zuständigkeitsbereich** die **Pflegeeltern** leben, wenn die Vollzeitpflege 2 Jahre andauert und eine Fortsetzung zu erwarten ist.

§ 86 **Abs. 7** SGB VIII trifft **Sonderregelungen** für die Zuständigkeit für Kinder und Jugendliche, die **Asyl** suchen.

2. Leistungen an junge Volljährige (§ 86a SGB VIII)

360 Für Leistungen an **junge Volljährige** trifft § **86a SGB VIII** die Anordnung, dass der **gewöhnliche Aufenthalt** des jungen Volljährigen selbst Anknüpfungspunkt für die **Zuständigkeit** ist. Hat dieser sich aber **vor** dem **Beginn** der Jugendhilfeleistung in einer **Einrichtung** der Jugendhilfe oder einer **Strafanstalt** aufgehalten, so wird auf den gewöhnlichen Aufenthalt **vor** der **Aufnahme** Bezug genommen.

Lässt sich **kein** gewöhnlicher **Aufenthalt** feststellen, wird auch bei jungen Volljährigen auf den tatsächlichen Aufenthalt abgestellt.

Wird eine stationäre Leistung der Jugendhilfe fortgeführt oder eine Hilfe an eine Hilfe zur Erziehung angeschlossen, bleibt der zuvor zuständige Träger zuständig, wobei eine Unterbrechung der Leistung bis zu 3 Monaten außer Betracht bleibt. Auch diese Regelung dient der Manipulationssicherheit.

3. Mutter-Kind-Einrichtungen (§ 86b SGB VIII)

361 Für Leistungen nach § **19 SGB VIII**, also Leistungen in sog. **Mutter-Kind-Einrichtungen**, trifft § 86b SGB VIII Regelungen, die den Bestimmungen in § 86a SGB VIII in Regelungssinn und Ausgestaltung ähneln: Angeknüpft wird an den **gewöhnlichen Aufenthalt** der Leistungsberechtigten. Dieses geschieht auch dann, wenn diese noch minderjährig ist. Besteht **kein gewöhnlicher Aufenthalt**, wird auf den **tatsächlichen Aufenthalt** Bezug genommen.

Ist zuvor Hilfe zur Erziehung gewährt worden, bleibt die alte Zuständigkeit bestehen.

4. Fortdauernde Leistungsverpflichtung (§ 86c SGB VIII)

362 Für den praktisch nicht seltenen Fall, dass während der Leistungsgewährung die **Zuständigkeit** nach den oben dargestellten Vorschriften **wechselt**, trifft § 86c SGB VIII eine wichtige Regelung: In diesen Fällen **bleibt** der eigentlich unzuständig gewordene **Träger** so lange zuständig, **bis der neu zuständig gewordene Träger** die **Angelegenheit übernimmt**.

Als **Tatbestand** für diesen Zuständigkeitsgrund enthält die Norm also nichts außer dem Umstand der **Leistungsgewährung** und einem **nachträglich eintretenden Zuständigkeitswechsel**.

Auf der **Rechtsfolgenseite** ist neben der **fortdauernden** Zuständigkeit auch die wechselseitige **Verpflichtung** der Träger, sich von Zuständigkeitswechseln zu **unterrichten**, vorgesehen.

5. Vorläufiges Tätigwerden (§ 86d SGB VIII)

363 Schließlich ist in diesem Unterabschnitt noch eine Bestimmung zum vorläufigen Tätigwerden enthalten. Der **Tatbestand** dieser Vorschrift liegt vor, wenn
– entweder die **örtliche** Zuständigkeit **nicht feststeht**
– oder der **zuständige** Träger **nicht tätig** wird.

Als **Rechtsfolge** ist dann eine „**vorläufige**" Zuständigkeit nach tatsächlichem Aufenthalt des jungen Menschen angeordnet. Diese Vorschrift ist insbesondere deshalb erforderlich, weil Jugendhilfeleistungen als Sachleistungen nicht für die Vergangenheit gewährt werden können und so ohne die Regelung des § 86d SGB VIII langwierige Zuständigkeitsstreitigkeiten die Leistungsansprüche der Bürgerinnen und Bürger vereiteln könnten.

II. Zuständigkeit für andere Aufgaben (§§ 87–87e SGB VIII)

364 Die Regelungen der Zuständigkeit für die **anderen Aufgaben** folgen keiner einheitlichen Logik, hier sind die einzelnen Bestimmungen jeweils aus den Gegebenheiten des Handlungsfeldes abgeleitet. Für die **Inobhutnahme** und andere vorläufige Schutzmaßnahmen ist sinnvollerweise der **tatsächliche Aufenthalt** der zu schützenden Person maßgeblich (§ **87 SGB VIII**).

1. Erlaubnis für Pflegepersonen

365 Die **Erlaubnis** für Pflegepersonen nach den §§ **43, 44** erteilt das **Jugendamt**, in dessen Zuständigkeitsbereich die Pflegeperson ihren **gewöhnlichen Aufenthalt** hat (§ **87a Abs. 1 SGB VIII**).

2. Betriebserlaubnisse

366 Für **Betriebserlaubnisse** und die damit zusammenhängenden Prüfungen sind die Jugendämter zuständig, in deren **Zuständigkeitsbereich** die **Einrichtungen** liegen (§ **87a Abs. 2 SGB VIII**).

3. Gerichtsverfahren

367 Die Zuständigkeit für die verschiedenen gerichtlichen Verfahren gemäß §§ 50–52 SGB VIII richtet sich nach den Vorschriften für die Zuständigkeit bei der Gewährung von Leistungen in den §§ 86 und 86a SGB VIII in entsprechender Anwendung (§ 87b SGB VIII).

4. Beistandschaft, Pflegschaft, Vormundschaft, Auskunft

368 In den Bereichen der Beistandschaft, der Amtspflegschaft, die Amtsvormundschaft und der Auskunft nach § 58a SGB VIII richtet sich gemäß § 87c SGB VIII die Zuständigkeit nach dem **gewöhnlichen Aufenthalt** der **Mutter**.

5. Vormundschaft

369 Für die weiteren Aufgaben im **Vormundschaftswesen** ist das Jugendamt zuständig, in dessen **Bereich** der **Pfleger** oder **Vormund** seinen **gewöhnlichen Aufenthalt** bzw. seinen **Sitz** hat (§ 87d SGB VIII).

6. Beurkundung und Beglaubigung

370 Für die Beurkundungen und Beglaubigungen ist schließlich **jedes Jugendamt** zuständig (§ **87e SGB VIII**).

7. Vereinbarungen

371 Eine weitere Zuständigkeitsregelung ist in § **78e SGB VIII** für den Abschluss von Vereinbarungen nach § **78b Abs. 1 SGB VIII** enthalten.

III. Zuständigkeit bei Aufenthalt im Ausland (§ 88 SGB VIII)

372 Für die Gewährung von Jugendhilfe im **Ausland** ist der **überörtliche Träger zuständig**, in dessen **Zuständigkeitsbereich** der junge Mensch **geboren** ist. Liegt der **Geburtsort** im **Ausland** oder ist er **nicht** zu **ermitteln**, ist das **Land Berlin** zuständig. Die Anwendung dieser Regel würde dazu führen, dass die Zuständigkeit eines Trägers dann enden könnte, wenn er eine Hilfe im Ausland bewilligen würde. Dieses Ergebnis ist aber nicht gewollt. Aus diesem Grund wird in § 88 Abs. 2 SGB VIII angeordnet, dass dann, wenn bereits vor der Ausreise Hilfe nach dem SGB VIII geleistet wurde, der bisher zuständige Träger weiter zuständig bleibt. Eine Unterbrechung der Hilfe bis zu drei Monaten bleibt dabei ohne Auswirkung.

IV. Zuständigkeit für vorläufige Maßnahmen für unbegleitete minderjährige Ausländer

Im Zusammenhang mit den Regelungen zur Verteilung unbegleiteter minderjähriger Ausländerinnen und Ausländer nach dem Königsteiner Schlüssel mit dem Gesetz vom 28.10.2015 ist auch eine statische Zuständigkeitsregelung für Jugendhilfemaßnahmen für diese Personengruppe eingeführt worden. Zuständig für die vorläufige Inobhutnahme ist gem. § 88a Abs. 1 SGB VIII der öffentliche Träger, in dessen Zuständigkeitsbereich sich der junge Mensch tatsächlich aufhält. Die Zuständigkeit für die Inobhutnahme nach § 42 SGB VIII und nachfolgende Leistungen der Jugendhilfe richtet sich gem. § 88a Abs. 2 SGB VIII regelmäßig nach einer Zuweisungsentscheidung nach § 42b SGB VIII.

C. Kostenerstattung (§§ 89–89h SGB VIII)

Mit den Regelungen zur Kostenerstattung zwischen den öffentlichen Trägern der Jugendhilfe soll erreicht werden, dass in den Fällen, in denen die Zuständigkeitsregeln zu **unbilligen wirtschaftlichen** Ergebnissen führen, ein **angemessener Ausgleich** zwischen den öffentlichen Trägern der Jugendhilfe erreicht wird. **373**

I. Rechtliche Durchsetzung

Praktisch findet die Kostenerstattung so statt, dass das **Jugendamt**, das glaubt einen Kostenerstattungsanspruch zu haben, diesen **Anspruch** in der **Höhe bestimmt** und dem nach seiner Auffassung **zuständigen Jugendamt** dieses **mitteilt**. Wenn auch nach einer **Mahnung nicht gezahlt** wird, kann der Jugendhilfeträger, der glaubt einen Kostenerstattungsanspruch zu haben, den erstattungspflichtigen Träger auf **Zahlung verklagen**. Dieses kommt auch praktisch vor. **374**

II. Tatsächlicher Aufenthalt

Es ist zunächst immer dann der Fall, wenn der **örtliche Träger** nur wegen des **tatsächlichen Aufenthaltes** eines jungen Menschen oder dessen Eltern für Leistungen nach den **§§ 86–86b SGB VIII zuständig** ist: In diesen Fällen ist der **überörtliche Träger**, in dessen Zuständigkeitsbereich der örtliche Träger tätig ist, **gemäß § 89 SGB VIII kostenerstattungspflichtig**. **375**

III. Vollzeitpflege

Bei länger als zwei Jahre fortdauernder Vollzeitpflege kann die Zuständigkeit für die Leistung gemäß § 86 Abs. 6 SGB VIII wechseln. Unter wirtschaftlichen Kriterien soll dieses Ergebnis nicht eintreten. Deshalb wird mit einem **Zuständigkeitswechsel** gemäß § 89a SGB VIII **grundsätzlich** der **zunächst zuständige** Träger **kostenerstattungspflichtig**. **376**

IV. Vorläufige Maßnahmen

Bei **vorläufigen Maßnahmen** im Sinne des **§ 42 SGB VIII** wird der gemäß § 86 SGB VIII **eigentlich zuständige** Träger kostenerstattungspflichtig. **Dieses** und die zu diesem Grundsatz bestehenden **Ausnahmen** ergeben sich aus § 89b SGB VIII. **377**

V. Fortdauernde Zuständigkeit

Wird ein Jugendhilfeträger im Zuge fortdauernder Zuständigkeit gemäß § **86c SGB VIII** weiter tätig, erwirbt er gemäß § **89c SGB VIII** einen **Kostenerstattungsanspruch** gegen den zuständig gewordenen Träger. Diese Vorschrift sichert, dass der zuständig gewordene Träger aus Verzögerungen keinen wirtschaftlichen Vorteil ziehen kann. **378**

VI. Einreise aus dem Ausland

379 § 86d SGB VIII trifft Regelungen für den Fall, dass Jugendhilfe **nach** der **Einreise** gewährt wird. Hier sind grundsätzlich die **Bundesländer** erstattungspflichtig.

380 a) Liegt der **Geburtsort** des jungen Menschen im **Inland**, ist das **Bundesland** zuständig, in dem der **Geburtsort** liegt.

381 b) Liegt der Geburtsort im **Ausland**, wird das **erstattungspflichtige Bundesland** durch das Bundesverwaltungsamt, eine Verwaltungsbehörde des Bundes, **nach** einem in § 86d SGB VIII genau geregelten Verfahren **bestimmt**.

VII. Zweck

382 § 89e SGB VIII dient dem **Schutz** der **örtlichen Träger**, in deren **Zuständigkeit** sich **Einrichtungen befinden,** und bestimmt, dass in den Fällen, in denen sich die Zuständigkeit nach dem gewöhnlichen Aufenthalt in stationären Einrichtungen richtet, eine **Kostenerstattung** durch den zuständigen Träger nach dem **gewöhnlichen** Aufenthalt **vor der Aufnahme** in die Einrichtung erfolgt.

VIII. Kostenbeschränkung

383 Jeder Kostenerstattungsanspruch ist auf den **Betrag beschränkt**, der für den handelnden Träger zur Aufgabenerfüllung nach dem SGB VIII erforderlich war. Dieses ergibt sich aus § **89f SGB VIII.** Kosten für materiell zu Unrecht geleistete Jugendhilfemaßnahmen müssen also nicht erstattet werden. Dieses hat das Bundesverwaltungsgericht in dem im Anhang abgedruckten Urteil und mit interessanten Details dargestellt.
Einen Landesrechtsvorbehalt enthält § 89g SGB VIII; der Abschnitt schließt mit einer Übergangsvorschrift für „Altfälle" der Gewährung von Jugendhilfe nach der Einreise in § 89h SGB VIII.

Weiterführende Literatur:
B. Germann, Kostenerstattung – Umgangsrecht – Erstattung der Kosten für einen begleiteten Umgang der Kindesmutter mit einem bei einer Pflegefamilie lebenden Kind, JAmt 2001, S. 290; D. Menzel/W. Ziegler, Kostenerstattung in der Jugendhilfe, Kleinere Schriften des Deutschen Vereins für öffentliche und private Fürsorge, Heft 78, Frankfurt am Main 2004

384 Fall 13 ist einem Fall nachgebildet, der letztinstanzlich durch das Bundesverwaltungsgericht entschieden worden ist. Die Lösung orientiert sich an der gerichtlichen Entscheidung.

Fall 13: Kostenerstattung für einen Ganztagsplatz?
A, 5 Jahre, lebt bei seiner alleinerziehenden, berufstätigen Mutter B. Er besucht in Kreis C eine Ganztagseinrichtung zur Kindertagesbetreuung. B verzieht mit A wenige Straßen weiter in den Kreis D. Dort bittet sie um die Aufnahme des A in eine Ganztagseinrichtung. Das Jugendamt teilt mit, dies sei wegen Platzmangels erst in ca. 2 Jahren möglich. B erreicht daraufhin, dass A in der Einrichtung im Kreis C weiterbetreut wird.
C verlangt von D die Übernahme von monatlichen Kosten in Höhe von € 400,–. D weigert sich zu zahlen und erklärt, A habe ohnedies keinen Rechtsanspruch auf einen Ganztagsplatz, die Leistung sei nicht fortsetzungsfähig, zudem seien die Kosten überhöht. Die eigene Ganztagseinrichtung arbeite mit einen Kostensatz von € 350,– pro Kind und Monat. C erhebt Klage vor dem Verwaltungsgericht, mit Aussicht auf Erfolg?

Lösung zu Fall 13
Zu klären ist die Frage, ob die Klage Aussicht auf Erfolg hat. Dies ist dann der Fall, wenn sie zulässig und begründet ist.
Zur Prüfung der Zulässigkeit ist zunächst festzustellen, welche Klageart zu wählen ist. Der Klagegegenstand ist nicht durch einen Verwaltungsakt zu regeln. So kommt nur eine allgemeine Leistungsklage in Betracht. Als deren allgemeine Sachurteilsvoraussetzungen ist erforderlich, dass es sich um eine öffentlich-rechtliche Streitigkeit nichtverfassungsrechtlicher Art handelt. Bei der Streitigkeit geht es um die Anwendung von Jugendhilferecht. Es handelt sich also um eine öffentlich-rechtliche Streitigkeit. Die Anwendung von Verfassungsrecht steht nicht in Rede. Die allgemeinen Sachurteilsvoraussetzungen für die Leistungsklage liegen also vor. Als besondere Sachurteilsvoraussetzung ist erforderlich, dass es sich nicht um ein durch Verwaltungsakt zu regelndes Rechtsverhältnis handelt. Auch diese Voraussetzung liegt vor. Die Klage ist zulässig.
Begründet wäre die Klage, wenn C gegen D einen Anspruch auf Zahlung von € 400,– seit Beginn des Zuständigkeitswechsels hätte.
Anspruchsgrundlage für einen solchen Anspruch kann nur eine Norm sein, die einem öffentlichen Jugendhilfeträger einen Zahlungsanspruch gegen einen anderen Jugendhilfeträger vermittelt. Eine solche Anspruchsgrundlage findet sich ausschließlich in § 89c Abs. 1 Satz 1 SGB VIII.
Ein Anspruch aus dieser Norm hat lediglich zwei Anspruchsvoraussetzungen,
– einen Zuständigkeitswechsel und
– Kosten nach dem Zuständigkeitswechsel.
Ob es einen Zuständigkeitswechsel gegeben hat, entscheidet sich an § 86c SGB VIII. Bis zum Umzug von Frau B war C gem. § 86 Abs. 2 Satz 1 SGB VIII zuständig. Seit dem Umzug von Frau B ist D gem. § 86 Abs. 2 Satz 1 SGB VIII zuständig. Ein Zuständigkeitswechsel im Sinne des § 86c SGB VIII liegt also vor. Weiter ist erforderlich, dass nach dem Zuständigkeitswechsel Kosten entstanden sind. Dies ist laut Sachverhalt der Fall, C hat monatlich € 400,– aufzuwenden. Die Anspruchsvoraussetzungen des § 89c SGB VIII liegen vor.
Als Rechtsfolge sieht die Norm vor, dass der zuständig gewordene Träger dem unzuständig gewordenen Träger die Kosten zu erstatten hat. Hierbei ist insbesondere festzustellen, in welcher Höhe dies zu geschehen hat. Dieses ist in § 89f SGB VIII geregelt. Nach Abs. 1 Satz 1 der Vorschrift sind die aufgewendeten Kosten nur dann zu erstatten, soweit sie zur Erfüllung der Aufgaben nach dem SGB VIII erforderlich waren. Zu klären ist also, ob C mit der Kindertagesbetreuung für A eine Aufgabe nach dem SGB VIII erfüllt hat. Hierzu wendet D ein, dass A kein subjektives öffentliches Recht auf die Ganztagsbetreuung gehabt habe. Dieses ist zutreffend, trägt aber zur Klärung, ob C mit der Betreuung eine Aufgabe nach dem SGB VIII erfüllt hat, nicht bei. Die Kindertagesbetreuung ist gem. § 24 SGB VIII eine Leistung der Jugendhilfe. Hierzu gehört gem. § 24 Satz 3 SGB VIII auch die Ganztagsbetreuung. C hat diese Leistung erbracht und damit eine Aufgabe nach dem SGB VIII erfüllt. Die Beklagte trägt weiter vor, in einer eigenen Einrichtung wären nur € 350,– aufzuwenden gewesen. Dieser Einwand ist jedoch gem. § 89f Abs. 1 Satz 2 SGB VIII unbeachtlich. Die Klage ist auch begründet
Als **Ergebnis** ist festzustellen, dass die Klage Aussicht auf Erfolg hat.

Kapitel 14: Kostenbeteiligungen

385 Die Kosten für die Erfüllung der Aufgaben der Jugendhilfe nach dem SGB VIII tragen die zuständigen öffentlichen Träger der Jugendhilfe. In besonders geregelten Fällen können sie ihre Kosten von anderen öffentlichen Trägern erstattet bekommen; dieses ist oben dargestellt worden. In dem achten Kapitel des SGB VIII geht es um die Frage, auf welcher Rechtsgrundlage und in welchem Umfang Hilfeempfängerinnen und Hilfeempfänger sowie andere Bürgerinnen und Bürger zu der Finanzierung der Jugendhilfe beizutragen haben. Dabei ist von dem Grundsatz auszugehen, dass zu einer Mitfinanzierung keine Pflicht besteht. Dieses ist nur in den von dem Gesetz geregelten Fällen anders. Dabei sieht das Gesetz zwei alternative Wege der Mitfinanzierung vor, nämlich
- die pauschalierte Kostenbeteiligung (früher: Teilnahmebeiträge) und
- die Kostenbeteiligung für stationäre und teilstationäre Leistungen.

Pauschalierte Kostenbeteiligungen können gemäß § 90 Abs. 1 SGB VIII nur erhoben werden für
- Angebote der Jugendarbeit,
- die allgemeine Förderung der Erziehung in der Familie und
- die Förderung von Kindern in Tageseinrichtungen und Tagespflege.

Die **Kostenheranziehung** ist gem. § 91 SGB VIII nur vorgesehen für
- die Unterkunft im Rahmen von Jugendsozialarbeit,
- gemeinsame Wohnformen für Mütter/Väter und Kinder,
- die Betreuung und Unterstützung von Kindern in Notsituationen,
- die Unterbringung bei Unterstützung zur Erfüllung der Schulpflicht,
- Tagespflege,
- bei Hilfe zur Erziehung in einer Tagesgruppe oder in stationären Formen,
- bestimmten Formen der Eingliederungshilfe für seelisch behinderte junge Minderjährige und
- Inobhutnahme und vorläufige Unterbringung.

A. Pauschalierte Kostenbeiträge (§ 90 SGB VIII)

386 Diese Kostenbeiträge können öffentliche Träger bei den dargestellten Leistungen für die **Inanspruchnahme** ihrer **Angebote** erheben.

I. Gleiche Höhe

387 Entsprechend den allgemeinen Grundsätzen des Beitragsrechtes sind diese Beiträge von allen Bürgerinnen und Bürgern in **gleicher Höhe** zu erheben. Dieses könnte dazu führen, dass finanzschwächere Personen faktisch von diesen Angeboten ausgeschlossen würden. Deshalb sieht § **90 Abs. 2, 3 SGB VIII** die Möglichkeit vor, dass die **Beiträge ganz** oder **teilweise** erlassen werden. Werden die Leistungen **von freien Trägern** erbracht, hilft dies nicht weiter. Die **zivilrechtlich** zwischen Bürgerinnen und Bürgern und freien Trägern zu **vereinbarenden** Entgelte können die öffentlichen Träger **nicht erlassen**. Hier ist es erforderlich, dass die öffentlichen Träger diese Entgelte ganz oder teilweise **übernehmen**. Auch dieses ist in § **90 Abs. 2, 3 SGB VIII** vorgesehen.

II. Staffelung der Beiträge

388 Praktisch bedeutsam ist die Erhebung von Teilnahmebeiträgen vor allem für den Bereich der Kindertageseinrichtungen. Hier sieht das Gesetz regelmäßig die Möglichkeit vor, die

Beiträge in der **Höhe** zu **staffeln**, also Bürgerinnen und Bürger bei der Beitragserhebung **planvoll ungleich** zu behandeln. Das Gesetz nennt in § 90 **Abs. 1 Satz 2** SGB VIII zugleich Kriterien, die Differenzierungsmaßstab sein können. Dies sind Einkommensgruppen und Kinderzahl oder Zahl der Familienangehörigen. Von der Möglichkeit der Staffelung wird im Ergebnis flächendeckend Gebrauch gemacht. Dieses ist so lange sinnvoll, wie die Kinderbetreuungskosten nicht vollständig steuerlich absetzbar sind und der Staat nicht allen Eltern durch steuerliche Freistellung oder Transferleistungen hilft, den Bedarf ihrer Kinder zu decken. Dann wäre als alternative Regelung denkbar, auf Staffelungen zu verzichten, so dass alle Eltern als eigentliche Auftraggeber von Kindertageseinrichtungen auch über finanzielle Anreize steuernd auf deren Arbeit und damit deren Qualität Einfluss nehmen könnten.

Weiterführende Literatur:
L. Fischer/H. Mann, Neuere Rechtsprechung zu den Entgelten für den Besuch eines Kindergartens, NVwZ 2002, S. 794; *C. Grube*, Förderung von Kindern in Tagespflege nach § 23 SGB VIII, ZfJ 1997, S. 361; *G. Happe*, Zur Verfassungsmäßigkeit von SGB VIII § 90 und der Satzungen zur Festlegung gestaffelter Kindergartengebühren, Jugendwohl 1998, S. 587; *ders.*, Erhebung von Teilnahmebeiträgen oder Gebühren für die Inanspruchnahme von Angeboten der Förderung von Kindern in Tageseinrichtungen, JuWo 1999, S. 46; *M. Sachs/K. Windthorst*, Staffelung der Kindergartengebühren nach dem Familieneinkommen – BVerfG, NJW 1998, S. 2128; *J. Struck/R. Wiesner*, Elternbeiträge zum Besuch des Kindergartens, RdJB 2000, S. 180; *J. Urban*, Elternbeiträge zu den Betriebskosten von Kindertagesstätten, NVwZ 1995, S. 143

B. Kostenbeiträge für stationäre und teilstationäre Leistungen (§§ 91–94 SGB VIII)

Die Vorschriften über diese Kostenbeiträge sind wie folgt aufgebaut: **§ 91 SGB VIII** bestimmt, bei welchen **konkreten Hilfen** welcher **Personenkreis** zu den **Kosten** beizutragen hat. Die Hilfen sind bereits oben dargestellt.
§ 92 trifft Aussagen zu dem **Verhältnis** von der **Kostentragungspflicht** dieser **Personen** zu der **Finanzierungsverpflichtung** der **öffentlichen Träger** der Jugendhilfe.
Die Einkommensberechnung ist in § 93 SGB VIII bestimmt.
Für den Umfang der **Heranziehung** trifft **§ 94 SGB VIII** Regelungen.
Mit der **Überleitung** von **Unterhaltsansprüchen** befasst sich § 95 SGB VIII.
§ 97 SGB VIII ermächtigt die Jugendhilfeträger im Rahmen der Kostenheranziehung, **Sozialleistungen feststellen** zu lassen und nach **§ 97a Auskünfte** zu verlangen.

I. Voraussetzung

Das **System** der Kostenheranziehung geht von dem **Gedanken** aus, dass die **begünstigten Bürgerinnen und Bürger** dem leistenden öffentlichen Jugendhilfeträger die **vollen Maßnahmekosten** einschließlich Unterhalt und Krankenhilfe zu **erstatten** haben; Verwaltungskosten sind jedoch nicht zu erstatten. **Voraussetzung** für eine Heranziehung ist jedoch stets, dass die begünstigten Bürgerinnen und der begünstigte Bürger **leistungsfähig** und die Heranziehung ihm **zumutbar** ist. Im Übrigen nimmt die Logik der Kostenheranziehung die unterhaltsrechtlichen Strukturen auf und transformiert sie in das öffentliche Sozialleistungsrecht. **Entsprechend** sind gem. § 92 Abs. 1 SGB VIII die Kinder und Jugendlichen die primären und die Eltern die sekundären möglichen Adressaten einer Kostenheranziehung.

II. Ausgestaltung

Die Kostenheranziehung erfolgt entweder durch die **Erhebung** eines **Kostenbeitrages** oder durch die **Überleitung** und **Realisierung** eines **Unterhaltsanspruches**.

1. Kostenbeitrag

392 Ein Kostenbeitrag wird gem. § 92 **Abs. 2** SGB VIII durch einen **Leistungsbescheid**, also einen **Verwaltungsakt** festgesetzt.

393 a) Die **Höhe** der Kostenheranziehung orientiert sich bei **Eltern und jungen Volljährigen** an deren **Einkommen** und **Vermögen**, dessen Höhe gem. der sozialhilferechtlichen Vorschriften festgestellt wird.

394 b) Bei den Kostenbeiträgen von **Kindern** und **Jugendlichen** wird allein auf ein **eventuelles Einkommen** Bezug genommen. Einkommen aus Schüler- oder Ferienjobs und Praktika werden nicht berücksichtigt, Ausbildungsvergütungen nur wenn sie € 150,- übersteigen (§ 94 Abs. 6 SGB VIII). Eltern schwangerer Kinder oder Jugendlicher oder von Kindern und Jugendlichen, die ein Kind bis zum 6. Lebensjahr betreuen, dürfen nicht zu den Kosten der Hilfe herangezogen werden. Im Übrigen kann von der Heranziehung im Einzelfall auch abgesehen werden, wenn sie den Zweck der Hilfe vereiteln würde. Dies ist insbesondere dann der Fall, wenn die Kostenheranziehung dazu führen würde, dass die Hilfeempfänger und Hilfeempfängerinnen eine notwendige Hilfe nicht mehr annehmen können oder wollen.

395 c) Eltern, die **stationäre** oder **teilstationäre** Hilfe zur Erziehung erhalten oder deren Kinder stationäre oder teilstationäre Eingliederungshilfe nach § 35a SGB VIII erhalten, müssen **grundsätzlich** nur in der **Höhe häuslicher Ersparnis** zu den Kosten beitragen. Waren sie jedoch bereits zum Beginn der Hilfe baruntergehaltspflichtig, bleibt es bei der unterhaltsrechtlichen Regelung; der Unterhaltsanspruch geht mit dem Auskunftsanspruch kraft Gesetzes auf den Jugendhilfeträger über (cessio legis).

2. Überleitung von Unterhaltsansprüchen

396 Die Überleitung von Ansprüchen ist in § 95 SGB VIII geregelt. Diese Norm dient wesentlich der Sicherung des **Nachranges** der Jugendhilfe, die in § 10 SGB VIII angeordnet ist.

397 **Tatbestandliche Voraussetzung** einer Überleitung ist, dass
– eine in § 92 SGB VIII genannte **Person** gegen **Nicht-Sozialleistungsträger** für die Zeit, in der **Jugendhilfe** gewährt wird, einen Anspruch hat und
– bei **rechtzeitiger** Leistung **keine** Jugendhilfe gewährt worden oder **kein Kostenbeitrag** festgesetzt worden wäre.

3. Rechtsfolge

398 Als Rechtsfolge ist die Möglichkeit des **öffentlichen Trägers** der Jugendhilfe vorgesehen, diesen Anspruch durch eine **schriftliche Überleitungsanzeige** auf sich **überzuleiten**.

4. Rechtsbehelfe

399 Die möglichen **Rechtsbehelfe** gegen eine solche Überleitung (Widerspruch, Anfechtungsklage) haben **grundsätzlich keine aufschiebende Wirkung**, dieses ergibt sich aus § 95 **Abs. 4** SGB VIII.

5. Ausschluss

400 Die Überleitung ist auch **nicht** durch eine **Nichtübertragbarkeit** oder **Unpfändbarkeit** des Anspruches **ausgeschlossen**.

III. Auskunftspflicht

401 Die Vorschriften über die Teilnahmebeiträge und die Kostenheranziehung werden durch eine Auskunftspflicht der potentiell Zahlungspflichtigen über das Einkommen und Vermögen in § 97a SGB VIII ergänzt. Sie kann
– die Eltern und Elternteile,
– junge Volljährige,

– Personen, die für das Kindesvermögen zu sorgen haben, und
– **Arbeitgeber**
treffen. Verletzen letztere diese Auskunftspflicht, ist dies gem. § 104 Abs. 1 Nr. 4 SGB VIII ordnungswidrig.

Weiterführende Literatur:
M. *Busch*, Heranziehung zu den Kosten der Jugendhilfe nach der KJHG-Novelle, DAVorm 1993, S. 243; T. *Lauterbach*, Zankapfel Kindergeld, ZfJ 1998, S. 503; B. *Niepmann*, Die Rechtsprechung zur Höhe des Unterhalts, München, 2019; R. *Paul*, Auswirkung des Übergangs von Unterhaltsansprüchen auf das Sozial- und Jugendhilfeträger auf das Verhältnis zum Amtspfleger, ZfJ 1994, S. 243; W. *Schellhorn*, Empfehlungen für die Heranziehung Unterhaltspflichtiger, Kleinere Schriften des Deutschen Vereins, 3. Aufl., Frankfurt 1992; M. *Schulz,* Anrechnung fiktiven Elterneinkommens im Kostenbeitragungsrecht des KJHG?, ZfJ 1995, S. 414

Die Erhebung von Teilnahmebeiträgen kann Streitigkeiten auslösen. Mit einem solchen Streit beschäftigt sich der Fall 14.

Fall 14: Teilnahmebeiträge im katholischen Kindergarten?
In Bundesland A, in dem es kein eigenes Kindergartengesetz gibt, besucht der vierjährige B einen Kindergarten. Träger der Einrichtung ist die katholische Kirchengemeinde. Die Eltern von B erhalten von dem Landkreis, in dem sie leben und die Einrichtung liegt, ein Schreiben. Dieses ist mit dem Wort „Bescheid" überschrieben und teilt den Eltern des B mit, sie sollen monatlich einen Elternbeitrag in Höhe von € 140,– an den Kreis zahlen. Der Betrag ergebe sich aus der nach Einkommen gestaffelten Teilnahmebeitragstabelle des Kreises.
Hat ein Widerspruch, den die Eltern von B drei Wochen nach Zugang des Bescheides eingelegt haben, Aussicht auf Erfolg?

Lösung zu Fall 14
Der Widerspruch hätte Aussicht auf Erfolg, wenn er zulässig und begründet ist.
Zulässig wäre er, wenn er von dem Adressaten innerhalb der Monatsfrist eingelegt worden ist. Beides ist laut Sachverhalt der Fall. Der Widerspruch ist zulässig.
Begründet ist der Widerspruch, wenn der Bescheid formell oder materiell rechtswidrig ist und die Widerspruchsführer durch ihn in ihren Rechten verletzt sind.
Formell rechtswidrig wäre der Bescheid, wenn er unter der Rücksicht der Zuständigkeit des Verfahrens oder der Form mangelhaft wäre. Dafür bestehen jedoch keine Anhaltspunkte. Er ist formell rechtmäßig.
Materiell rechtswidrig wäre der Bescheid, wenn er ohne hinreichende Ermächtigungsgrundlage ergangen wäre. Einzig mögliche Ermächtigungsgrundlage für Teilnahmebeiträge nach dem SGB VIII ist dessen § 90. Voraussetzung für die Erhebung eines Teilnahmebeitrages ist es, dass eine der in § 90 Abs. 1 Satz 1 SGB VIII genannten Leistungen in Anspruch genommen werden. Laut Sachverhalt geht B in einen Kindergarten. Kindergärten erbringen Leistungen nach § 24 SGB VIII. Eine der in § 90 Abs. 1 Satz 1 SGB VIII genannten Leistungen wird erbracht. Fraglich ist aber, ob B eine solche Leistung im Sinne des § 90 Abs. 1 Satz 1 auch in Anspruch nimmt. Laut Sachverhalt besucht B die Einrichtung eines freien Trägers der Jugendhilfe. Diese gestalten ihre Rechtsbeziehungen mit den Bürgerinnen und Bürgern zivilrechtlich, auch wenn die Regelungen des Kinder- und Jugendhilferechts vielfach auf die zivilrechtlichen Regelungen einwirken. Aus diesem Grund hat der öffentliche Träger wenigstens dann, wenn nicht besondere landesrechtliche Normen ihn hierzu eigenständig und wirksam ermächtigt, keine Möglichkeit, von Bürgerinnen und Bürgern für deren Besuch von Einrichtungen freier Träger Teilnahmebeiträge zu erheben. Eine hinreichende Anspruchsgrundlage für den Landkreis besteht nicht. Der Bescheid ist materiell rechtswidrig.

Wird ohne hinreichende Ermächtigungsgrundlage in das verfassungsrechtlich geschützte Eigentum von Bürgerinnen und Bürgern eingegriffen, verletzt sie dies in ihren Rechten.

Als **Ergebnis** ist festzustellen, dass der Widerspruch zulässig und begründet ist; er hat deshalb Aussicht auf Erfolg.

Anhang:
Eine vollständige gerichtliche Entscheidung ist nicht immer einfach zu lesen, dieses gilt besonders, wenn es sich um eine Entscheidung in zweiter oder dritter Instanz handelt. Gleichwohl wird hier eine Bundesverwaltungsgerichtsentscheidung abgedruckt. Sie befasst sich mit verschiedenen Fragen, die in den einzelnen Kapiteln dieses Buches angesprochen sind: Dem Zugang von Flüchtlingen zu Jugendhilfeleistungen, der Gewährung von Hilfe zur Erziehung, der Inobhutnahme, sowie Zuständigkeits- und Kostenerstattungsfragen. Anhand der Entscheidung kann man in Kenntnis der angesprochenen praktischen Fragen die Struktur einer solchen gerichtlichen Entscheidung erkennen lernen, und damit die für die eigene Arbeit wichtigen Stellen schnell finden und verstehen, obwohl die verwendete Sprache den Zugang nicht gerade erleichtert.

Am Beginn der Entscheidung wird mitgeteilt, welches Gericht (hier das Bundesverwaltungsgericht), wie (hier durch Urteil nach mündlicher Verhandlung und nicht durch Beschluss) wann entschieden hat. Dann wird angegeben, welche Parteien an dem Verfahren beteiligt waren. Dieses wurde früher, als Urteile noch durch Gerichtsschreiber mit der Hand geschrieben wurden, mit roter Tinte geschrieben und heißt deshalb noch heute Rubrum. Dann folgt die Angabe, welche Richter an der Entscheidung mitgewirkt haben. Nun folgt der Urteilstenor, die eigentliche Entscheidung, die hier mit der Formel „für Recht erkannt" eingeleitet wird. Im Tenor wird die Entscheidung in der Hauptsache mitgeteilt. Außerdem wird über die Verfahrenskosten entschieden.

Der Urteilstenor wird im Folgenden begründet. Die Urteilsgründe haben regelmäßig zwei Teile: Im ersten Teil berichtet das Gericht, über welchen Sachverhalt es zu entscheiden hat. Dazu gehört die Vorgeschichte und Verwaltungsverfahren und auch die Geschichte des gerichtlichen Verfahren in den vorherigen Instanzen einschließlich der dort vorgetragenen Meinungen und Begründungen für die Entscheidungen. Sprachlich lassen diese Passagen sich leicht daran erkennen, dass sie durchgängig in indirekter Rede gehalten sind. Natürlich stellen sie nicht die eigene Auffassung des nun entscheidenden Gerichtes dar. Dieser Teil der Urteilsbegründung endet mit der Darstellung der Anträge und der Stellungnahme des Vertreters des öffentlichen Interesses, hier des Oberbundesanwaltes.

Nun erst – hier unter der römischen II – folgt die eigentliche Begründung des Gerichtes. Hier stellt das Gericht unter der arabischen Ziffer 1 dar, dass der Beklagte der richtige Anspruchsgegner ist. Unter der Ziffer 2 erklärt das Gericht, dass auch für junge Asylbewerberinnen und Asylbewerber Jugendhilfeleistungen gewährt werden müssen, wenn die jugendhilferechtlichen Voraussetzungen dazu vorliegen; diese Frage ist Gegenstand des Fall 1 in diesem Buch. Als dritten Gesichtspunkt spricht das Gericht die Frage an, ob das Fehlen eines gewöhnlichen Aufenthaltes die Inanspruchnahme von Jugendhilfeleistungen ausschließt. Es verneint diese Frage, was vor allem für junge Asylbewerberinnen und Asylbewerber von Bedeutung ist. Unter der Ziffer 4 stellt das Gericht fest, dass für eine rechtmäßig gewährte Hilfe zur Erziehung es nicht darauf ankommt, ob ein Hilfeplanverfahren nach § 36 SGB VIII durchgeführt worden ist. Diese Frage ist im 7. Abschnitt dieses Buches angesprochen worden. Als fünften Gesichtspunkt trifft das Gericht Feststellungen zur Dauer einer Inobhutnahme; dieser Aspekt spielt im Abschnitt 8.1.1 dieses Buches eine Rolle. Schließlich begründet das Gericht in einem Satz seine Kostenentscheidung.

Das Urteil endet mit den Unterschriften der an der Entscheidung beteiligten Richter.
Ausfertigung

BUNDESVERWALTUNGSGERICHT
IM NAMEN DES VOLKES
URTEIL

BVerwG 5 C 24. 98
OVG 16 A 3477/97
Müller

Verkündet
am 24. Juni 1999

Angestellte als Urkundsbeamtin der Geschäftsstelle
In der **Verwaltungsstreitsache**
des **Landschaftsverbandes A**

Beklagten, Berufungsbeklagten,
Berufungsklägers und
Revisionsklägers,

– Prozessbevollmächtigte –
Rechtsanwälte B

gegen

die Stadt C

Klägerin, Berufungsklägerin,
Berufungsbeklagte und
Revisionsbeklagte

– Prozessbevollmächtigte –:
Rechtsanwälte D

Beteiligter:
Der Oberbundesanwalt beim Bundesverwaltungsgericht,
hat der 5. Senat des Bundesverwaltungsgerichts auf die mündliche Verhandlung vom 24. Juni 1999 durch die Richter am Bundesverwaltungsgericht Dr. Pietzner, Dr. Bender, Schmidt, Dr. Rothkegel und Dr. Franke

für Recht erkannt:
Auf die Revision des Beklagten wird das Urteil des Oberverwaltungsgerichts für das Land Nordrhein-Westfalen vom 27. August 1998 insoweit aufgehoben, als es den Beklagten verurteilt hat, der Klägerin die für die Zeit vom 6. April 1993 bis zum 30. April 1993 für den Hilfeempfänger E. A. entstandenen Jugendhilfekosten zu erstatten; auch insoweit wird die Berufung der Kläger zugewiesen.
Im Übrigen wird die Revision des Beklagten zurückgewiesen.
Der Beklagte trägt die Kosten des Revisionsverfahrens.
Gerichtskosten werden nicht erhoben.

Gründe:
I.
Die klagende Stadt begehrt von dem Beklagten als überörtlichem Träger der Jugendhilfe gemäß § 89d SGB VIII die Erstattung von Aufwendungen, die ihr durch die Inobhutnahme und anschließende Hilfe zur Erziehung für den am 1. April 1981 in der Türkei geborenen minderjährigen Asylbegehrenden E. A. entstanden ist.
Am 23. März 1993 reiste der damals nahezu zwölfjährige Hilfeempfänger in den Zuständigkeitsbereich der Klägerin ein. Mit Schreiben vom 26. März 1993 beantragte er Asyl. Am 29. März 1993 erhielt er eine ausländerrechtliche Duldung mit der Begründung, die Voraussetzung zur Asylantragstellung lägen gemäß § 12 AsylVfG noch nicht vor. Ab 1. April 1993 wurde der Hilfeempfänger in der Übergangseinrichtung S-Haus untergebracht, wo er sich bis zum 25. Oktober 1993 aufhielt.

Auf Anzeige des Amtes für Soziale Dienste des Bezirksamts W der Klägerin, dort abgegangen am 9. Juni 1993, bestellte das Vormundschaftsgericht durch Beschluss vom 15. Juni 1993 das Jugendamt der Klägerin zum Amtsvormund. Dieser beantragte mit Formularantrag vom 13. Juli 1993 für den Hilfeempfänger Hilfe zur Erziehung nach §§ 27 ff., 34 KJHG. Als unter 16-jähriger unbegleiteter Minderjähriger bedürfe er erzieherischer Hilfe und Unterbringung in einer geeigneten Einrichtung; ein Erziehungsbedarf sei eindeutig gegeben. Mit Bescheid vom 15. Juli 1993 bewilligte das Jugendamt Jugendhilfe als Heimerziehung/sonstige betreute Wohnform.
Am 22. September 1993 stellte der inzwischen vom Vormundschaftsgericht für den Wirkungskreis Asylrecht bestellte Mitvormund für den Hilfeempfänger einen Asylantrag beim Bundesamt für die Anerkennung ausländischer Flüchtlinge. In der Folge erhielt der Hilfeempfänger, dessen ausländerrechtliche Duldung zuletzt bis zum 22. September 1993 verlängert worden war, eine Aufenthaltsgestattung zur Durchführung des Asylverfahrens gemäß § 63 AsylVfG, die zuletzt bis zum 18. Mai 1994 verlängert wurde. Das Bundesamt für die Anerkennung ausländischer Flüchtlinge lehnte den Asylantrag mit Bescheid vom 30. November 1993 als offensichtlich unbegründet ab, das hiergegen eingeleitete Klageverfahren wurde durch Beschluss des Verwaltungsgerichts Hamburg vom 13. Juli 1994 wegen Nichtbetreibens des Verfahrens eingestellt. Nach Abschluss des Asylverfahrens erhielt der Hilfeempfänger eine ausländerrechtliche Duldung, die laufend verlängert wurde.
Inzwischen war der Hilfeempfänger ab dem 26. Oktober 1993 in einer Jugendwohnung untergebracht worden. Unter Beteiligung des Amtsvormunds und zweier Betreuerinnen der Jugendwohneinrichtung wurde am 8. November 1993 eine Erziehungskonferenz durchgeführt. Unter dem 11. August 1994 legte die Jugendwohneinrichtung einen Entwicklungsbericht vor; um den Hilfeempfänger vor den zu erwartenden Auswirkungen einer Abschiebung zu schützen, sollte der Jugendpsychiatrische Dienst des Jugendamts ein Gutachten über die psychische Situation des Hilfeempfängers erstellen. Eine unter dem 13. September 1994 abgegebene Stellungnahme des Amts für Jugend- Kinder- und Jugendnotdienst zur psychischen Situation des Hilfeempfängers empfahl eine Fortsetzung der Unterbringung in dem Jugendwohnheim; eine Verlauferziehungskonferenz vom 26. Januar 1995 und eine Stellungnahme der Leitung der Jugendwohneinrichtung vom 21. Juli 1995 kamen zu dem Ergebnis, dass der Hilfeempfänger weiterhin den beschützenden Rahmen der Wohngruppe benötigte. In einer ärztlichen Stellungnahme vom 15. August 1995 sprach der Jugendpsychiatrische Dienst sich dringend für eine Fortsetzung der Unterbringung in der Wohneinrichtung aus, andernfalls die Gefahr eines Suizids oder eines psychotischen Einbruchs bestehe. Seit Anfang 1996 erhielt der Hilfeempfänger psychotherapeutische Behandlung; im Juni 1996 befürwortete der Kinder- und Jugendpsychiatrische Dienst der Klägerin die Fortführung der Therapie für zunächst weitere 40 Therapieeinheiten. Die Teilnehmer einer am 19. August 1996 durchgeführten Erziehungskonferenz schlossen sich dieser Auffassung an und sprachen sich für einen weiteren Verbleib in der Wohngruppe aus. Das Ausländeramt holte eine ärztliche Stellungnahme eines in Ankara niedergelassenen Facharztes für Neurologie ein, welcher unter dem 20. Oktober 1996 mitteilte, dass psychotherapeutische Behandlungen grundsätzlich auch in der Türkei möglich seien, allerdings in der Osttürkei sehr beschränkt; im Heimatort des Hilfeempfängers gebe es zur Zeit keinen Psychiater mit Erfahrungen in Psychotherapie. Ausweislich eines Vermerks vom 26. Juni 1998 sah es eine Beendigung des Aufenthalts des Hilfeempfängers als geboten an. Bereits durch Verfügung vom 16. Februar 1994 hatte das Bundesverwaltungsamt den Beklagten gemäß § 89d Abs. 2 SGB VIII zum überörtlichen Träger der Jugendhilfe bestimmt. Dieser verweigerte jedoch die Kostenerstattungen mit der Begründung, die vorläufige Inobhutnahme des Hilfeempfängers habe sich über einen längeren Zeitraum hingezo-

gen und entspreche deshalb nicht den Voraussetzungen des § 42 SGB VIII. Im Übrigen gingen die Vorschriften des Asylverfahrensgesetzes vor. Nachdem die Parteien sich auf die Durchführung verwaltungsgerichtlicher Musterverfahren geeinigt hatten, hat die Klägerin am 5. November 1996 Klage auf Erstattung der ab dem 1. April 1993 entstandenen und noch entstehenden Jugendhilfekosten erhoben.

Das Verwaltungsgericht hat der Klage für die Zeit vom 26. Oktober 1993 bis zur Beendigung der Maßnahme stattgegeben; im Übrigen hat es die Klage abgewiesen, da die Voraussetzungen für eine rechtmäßige vorläufige Inobhutnahme gemäß § 42 Abs. 1 SGB VIII nicht vorgelegen hätten.

Hiergegen haben beide Parteien Berufung eingelegt, die Klägerin unter Beschränkung ihres Erstattungsbegehrens auf die schon entstandenen Jugendhilfekosten. Das Oberverwaltungsgericht hat den Beklagten unter entsprechender Änderung des Erstinstanzlichen Urteils verurteilt, der Klägerin die in der Zeit vom 1. April 1993 bis zum 30. April 1993 sowie vom 9. Juni 1993 bis zum 27. August 1998 (Tag der mündlichen Verhandlung) für den Hilfeempfänger entstandenen Jugendhilfekosten zu erstatten, im Übrigen (für den Zeitraum vom 1. Mai bis einschließlich 8. Juni 1993) hat es die Klage abgewiesen. Zur Begründung hat das Oberverwaltungsgericht im wesentlichen ausgeführt (ZfJ 1998, 467= NWVBl 1999, 144):

Die Leistungsklage sei für den Zeitraum vom 1. bis zum 30. April 1993 und für den Zeitraum nach dem 9. Juni 1993 begründet. Rechtsgrundlage sei § 89d SGB VIII in der Fassung des Ersten Gesetzes zur Änderung des Achten Buches Sozialgesetzbuch vom 16. Februar 1993 (BGBl. I S. 239), die am 1. April 1993 in Kraft getreten sei, als auch die Unterbringung des Hilfeempfängers im Übergangswohnheim begonnen habe. Die durch das Zweite Gesetz zur Änderung des Elften Buches Sozialgesetzbuch (SGB XI) und anderer Gesetze vom 29. Mai 1998 (BGBl I S. 1188) bewirkte Neufassung des § 89d SGB VIII sei für den streitbefangenen Erstattungsanspruch nicht einschlägig, da nach der Übergangsbestimmung in Art. 2 Nr. 11 des Änderungsgesetzes Kosten, für deren Erstattung das Bundesverwaltungsamt vor dem 1. Juli 1998 einen erstattungspflichtigen überörtlichen Träger bestimmt habe, nach den bis zu diesem Zeitpunkt geltenden Vorschriften zu erstatten seien.

Der Beklagte sei durch bestandskräftige Verfügung des Bundesverwaltungsamts vom 16. Februar 1994 gemäß § 89d Abs. 2 SGB VIII zum überörtlichen Träger der Jugendhilfe bestimmt worden und damit für den geltend gemachten Erstattungsanspruch passivlegitimiert.

Die Voraussetzungen des § 89d Abs. 1 SGB VIII in der hier anzuwendenden Fassung seien erfüllt. Dem Hilfeempfänger sei ab dem 1. April 1993 – innerhalb eines Monats nach der am 23. März 1993 erfolgten Einreise – Jugendhilfe in der Form der Inobhutnahme (§ 2 Abs. 3, § 42 Abs. 1 SGB VIII) in einer Übergangseinrichtung gewährt worden. Seit dem 26. Oktober 1993 habe er Leistungen der Jugendhilfe in der Form der Hilfe zur Erziehung in einer sonstigen betreuten Wohnform und ergänzende Leistungen erhalten (§§ 2 Abs. 2 Nr. 4, 27, 34, 39 und 40 SGB VIII). Der Erstattungsanspruch sei jedoch nur in dem Umfang begründet, in dem die Klägerin dem Hilfeempfänger zu Recht Jugendhilfe gewährt habe und die zugrundeliegende Maßnahme den materiellrechtlichen Vorschriften entsprochen habe (§ 89f Abs. 1 SGB VIII).

Der Einwand des Beklagten, dem Hilfeempfänger hätte bereits deshalb keine Jugendhilfe gewährt werden dürfen, weil das Achte Buch Sozialgesetzbuch auf ihn als minderjährigen Asylsuchenden nicht anwendbar sei, greife allerdings nicht durch. Das Asylverfahrensgesetz enthalte keine abschließende Regelung für Unterbringung und Versorgung dieses Personenkreises. Aus der in § 44 Abs. 1 AsylVfG verankerten Verpflichtung der Länder, die erforderlichen Aufnahmeeinrichtungen für die Unterbringung Asylbegehrender zu schaffen und zu unterhalten sowie die notwendige

Zahl von Unterbringungsplätzen bereitzustellen, könne nicht geschlossen werden, dass dadurch in anderen Gesetzen begründete Individualansprüche ausgeschlossen würden. Etwas anderes ergebe sich auch nicht aus dem Grundsatz der Konnexität (Art. 104a Abs. 1 GG), welcher lediglich besage, dass aus der Zuweisung einer Aufgabe auch die Verpflichtung zur Tragung der daraus resultierenden Kosten folge. Daraus, dass das Asylverfahrensgesetz für den in seinen Geltungsbereich einbezogenen Personenkreis durch die Zuweisung bestimmter Aufgaben auch eine Bestimmung über die Verpflichtung zur Tragung der daraus entstehenden Ausgaben getroffen habe, sei nichts über die Anwendbarkeit des Achten Buches Sozialgesetzbuch herzuleiten.

Auch der Umstand, dass gemäß § 52 AsylVfG die Aufnahme Asylbegehrenden in dem Fall des § 14 Abs. 2 Nr. 3 AsylVfG auf die Quote nach § 45 AsylVfG angerechnet werde, schließe die Anwendbarkeit des Achten Buches Sozialgesetzbuch auf minderjährige Asylbegehrende nicht aus. Der damals noch nicht 16jährige Hilfeempfänger habe zu dieser Gruppe gehört, da er um Asyl nachgesucht habe und sein gesetzlicher Vertreter nicht verpflichtet gewesen sei, in einer Aufnahmeeinrichtung zu wohnen. Regelung in § 52 AsylVfG bewirkte, dass diejenigen Länder, die eine überproportional große Zahl an unbegleitet eingereisten minderjährigen Asylbegehrenden aufgenommen hätten, entsprechend weniger Asylbegehrende im Rahmen der allgemeinen Aufnahmequote nach § 45 AsylVfG zugewiesen erhielten. Dem liege erkennbar die Erwägung zugrunde, dass Asylbegehrende, die noch nicht das 16. Lebensjahr vollendet hätten und deren gesetzlicher Vertreter nicht verpflichtet sei, in einer Aufnahmeeinrichtung zu wohnen, ebenfalls von der Wohnpflicht in einer Aufnahmeeinrichtung freigestellt sei und deshalb die Länder (mindestens) finanziell so belasteten wie andere Asylbegehrende. Die kumulative Berücksichtigung von unbegleitet eingereisten minderjährigen Asylbegehrenden sowohl im Rahmen des durch § 89d SGB VIII vorgesehen Verteilungsverfahrens wie auch bei der Ermittlung der allgemeinen Aufnahmequote gemäß § 45 AsylVfG führe zwar auf den ersten Blick zu einer ungerechtfertigten Besserstellung solcher Jugendhilfeträger, die einen überproportional großen Anteil dieses Personenkreises betreuten; das führe aber nicht dazu, dass diese minderjährigen Asylbegehrenden von vornherein aus dem Anwendungsbereich des Achten Buches Sozialgesetzbuch ausschieden. Allenfalls sei es Aufgabe des Gesetzgebers, im Rahmen des § 52 AsylVfG eine entsprechende Regelung zu treffen. Allerdings spreche gegen einen dahin gehenden Handlungsbedarf, dass die überdurchschnittlich belasteten Träger der Jugendhilfe die Personalkosten nicht abwälzen könnten.

Der Hilfeempfänger sei auch nicht auf die vorrangige Inanspruchnahme von Leistungen nach dem Asylbewerberleistungsgesetz oder dem Bundessozialhilfegesetz zu verweisen. Falls er leistungsberechtigt nach dem Asylbewerberleistungsgesetz gewesen sei, berühre das gemäß § 9 Abs. 2 AsylVfG Leistungen anderer, besonders der Träger von Sozialleistungen, nicht. Zu den Sozialleistungen gehörten auch die Leistungen der Kinder- und Jugendhilfe (§§ 8, 11, 27 Abs. 1 SGB I). Wenn aber sogar Jugendhilfeleistungen nicht ausgeschlossen seien, gelte dies erst recht für die Inobhutnahme (§ 42 SGB VIII) als eine andere Aufgabe der Jugendhilfe (§ 2 Abs. 1, Abs. 3 Nr. 1 SGB VIII). Für den Fall, dass der Hilfeempfänger Sozialhilfe beanspruchen könne, führe § 10 Abs. 2 Satz 1 SGB VIII zum gleichen Ergebnis. Dem gemäß seien Leistungen nach dem Asylbewerberleistungsgesetz und nach dem Bundessozialhilfegesetz nicht vorrangig gegenüber Leistungen nach dem Achten Buch Sozialgesetzbuch.

Allerdings habe die vorläufige Inobhutnahme des Hilfeempfängers in dem Übergangswohnheim nur in der Zeit vom 1. bis zum 30. April 1993 und vom 9. Juni 1993 bis zu ihrer Beendigung am 25. Oktober 1993 den gesetzlichen Anforderungen entsprochen. Für den dazwischen liegenden Zeitraum sei dies nicht der Fall gewesen, weil das Jugendamt nicht unverzüglich eine Entscheidung des Vormundschaftsgerichts über die erforderlichen Maßnahmen zum Wohle des Kindes herbeigeführt habe, § 42 Abs. 2 Satz 4 SGB VIII. Entgegen der Auffassung des Verwaltungsgerichts führe die verspätete Herbeiführung einer vormundschaftsgerichtlichen Entscheidung nicht dazu, dass die Inobhutnahme während ihrer gesamten Dauer, d. h. auch nach Nachholung dieses Versäumnisses, rechtswidrig gewesen sei. Nachdem das Amt für Soziale Dienste des Bezirksamts W das Vormundschaftsgericht durch das am 9. Juni 1993 abgesandte Schreiben unterrichtet habe, sei das zur Herbeiführung einer vormundschaftsgerichtlichen Entscheidung gemäß § 42 Abs. 2 Satz 4 SGB VIII erforderliche in die Wege geleitet worden; von diesem Zeitpunkt an bis zur Beendigung der Inobhutnahme durch Umzug in die Jugendwohnung am 26. Oktober 1993 verlange die Klägerin zu Recht die Erstattung der dadurch entstandenen Kosten.

Auch die durch die Unterbringung des Hilfeempfängers in der Jugendwohnung in der Zeit vom 26. Oktober 1993 bis zum 27. August 1998 entstandenen Kosten seien erstattungsfähig; der Hilfeempfänger habe in diesem Zeitraum zu Recht Leistungen der Jugendhilfe in der Form der Hilfe zur Erziehung in einer sonstigen betreuten Wohnform und ergänzende Leistungen (§ 2 Abs. 2 Nr. 4, §§ 27, 34, 39 und 40 SGB VIII) erhalten.

Dem könne nicht mit Erfolg entgegengehalten werden, die Rechtmäßigkeit der Leistungen scheiterte bereits daran, dass der Hilfeempfänger in H keinen gewöhnlichen Aufenthalt gehabt habe. Allerdings sei fraglich, ob der Hilfeempfänger während des entscheidungserheblichen Zeitraums der Unterbringung in einer Jugendwohnung seinen gewöhnlichen Aufenthalt im Sinne von § 6 Abs. 2 SGB VIII im Inland gehabt und daher einen Rechtsanspruch auf Jugendhilfe begründet habe. Der Umstand, dass der Hilfeempfänger einen Asylantrag gestellt habe, über den damals noch nicht entschieden worden sei, lasse erkennen lassen, dass er nur vorübergehend im Zuständigkeitsbereich der Klägerin verweilte. Im Grundsatz sei davon auszugehen, dass ein Asylbegehrender vor seiner bestandskräftigen Anerkennung noch keinen gewöhnlichen, sondern nur einen vorübergehenden Aufenthalt im Bundesgebiet habe. Eine Ausnahme von dem Grundsatz sei allerdings zuzulassen, wenn damit zu rechnen sei, dass der Asylbegehrende – auch bei rechtskräftiger Ablehnung des Asylantrags – aufgrund besonderer Umstände für unabsehbare Zeit nicht in sein Heimatland abgeschoben werde. Derartige Gründe hätten bei dem Hilfeempfänger jedoch nicht vorgelegen; die Ausländerbehörde habe insbesondere mit den Nachforschungen über die Therapiemöglichkeiten in der Türkei und dem Vermerk vom 26. Juni 1998 zu erkennen gegeben, dass sie den Aufenthalt des Hilfeempfängers nur als vorübergehend angesehen habe. Die Frage des gewöhnlichen Aufenthalts im Sinne von § 6 Abs. 2 SGB VIII ebenso wie die weitere Frage, ob der Hilfeempfänger auch ohne einen solchen die Jugendhilfe zu Recht als Ermessensleistung erhalten habe, brauchten aber nicht abschließend entschieden zu werden, weil dem Hilfeempfänger auf der Grundlage des Haager Übereinkommens vom 5. Oktober 1961 über die Zuständigkeit der Behörden und das anzuwendende Recht auf dem Gebiet des Schutzes von Minderjährigen (MSA) zu Recht Jugendhilfe gewährt worden sei. Dieses Abkommen gehöre zu den Regelungen, die gemäß § 6 Abs. 4 SGB VIII unberührt blieben, d. h. insbesondere die in § 6 Abs. 2 SGB VIII normierten Anspruchsvoraussetzungen modifizierten. Zu den Maßnahmen, welche die Behörden des Staates, in dem der Minderjährige seinen gewöhnlichen Aufenthalt im Sinne von Art. 1 MSA habe, nach ihrem innerstaatlichen Recht zu treffen hätten, gehörten auch die Leistungen der öffentlichen Jugendhilfe. Der Begriff des gewöhnlichen Aufenthalts im Sinne von Art. 1 MSA sei nicht notwendig identisch mit dem in § 6 Abs. 2 SGB VIII verwendeten Begriff, sondern im Interesse einer möglichst gleichmäßigen Anwendung in allen Vertragsstaaten autonom auszulegen. Nach Art. 1 MSA erstarke jedoch der Aufenthalt eines Minderjährigen nach 6 Monaten zum gewöhnlichen Aufenthalt i. S. dieser Bestimmung. Dabei handle es sich um eine gut handhabbare Faustregel, von der im Interesse einer gleichmäßigen Anwendung in allen Vertragsstaaten nur in Ausnahmefällen abgewichen werden solle. Im vorliegenden Fall habe der Hilfeempfänger sich bereits im Zeitpunkt seiner Aufnahme in die Jugendwohnung am 26. Oktober 1993 mehr als sechs Monate in einer Einrichtung im Zuständigkeitsbereich der Klägerin aufgehalten und deshalb bereits durch Zeitablauf einen gewöhnlichen Aufenthalt begründet; es bestehe daher kein Anlass, der Frage nachzugehen, ob der Aufenthalt von unbegleitet eingereisten minderjährigen Asylbegehrenden im Rahmen des Art. 1 MSA bereits von Anfang an auf Dauer angelegt sei.

Auch im Übrigen habe die Gewährung von Jugendhilfe den gesetzlichen Anforderungen entsprochen; die Voraussetzungen der Gewährung von Jugendhilfe nach § 27 Abs. 1, §§ 34 und 36 Abs. 2 SGB VIII seien erfüllt. Zwar sei ein förmlicher Hilfeplan (§ 36 Abs. 2 SGB VIII) den Akten nicht zu entnehmen und seien zumindest zu Beginn der Unterbringung in der Jugendwohnung keine Feststellung über die Notwendigkeit und Geeignetheit der Maßnahme schriftlich festgehalten worden. Dennoch sei davon auszugehen, dass die Hilfe nicht etwa planlos gewährt worden sei, sondern dass ihr durchaus ein erzieherisches Konzept zugrunde gelegen habe, das erzieherisch laufend überprüft worden sei. Jedenfalls aufgrund der ab September 1994 erstellten Gutachten über die psychische Situation des Hilfeempfängers sei eine Verweigerung weiterer Hilfe mit dem Ziel, den Vormund zu einer Überantwortung des Hilfeempfängers an die türkischen Behörden zu veranlassen, nicht mehr in Betracht gekommen.

Der geltend gemachte Erstattungsanspruch scheitere schließlich auch nicht an § 89d Abs. 3 SGB VIII. Denn der Zeitraum, während dessen die Voraussetzungen für eine Inobhutnahme nicht vorgelegen hätten, habe weniger als drei Monate gedauert.

Gegen dieses Urteil richtet sich die Revision des Beklagten, mit der dieser die Abweisung der Klage in vollem Umfang erstrebt. Er rügt Verletzung des materiellen Rechts. Die Klägerin verteidigt das angefochtene Urteil.

Der Oberbundesanwalt beim Bundesverwaltungsgericht stützt die Auffassung des Berufungsgerichts.

II.
Die Revision des Beklagten ist teilweise begründet. Das Berufungsurteil ist mit Bundesrecht unvereinbar (§ 137 Abs. 1 Nr. 1 VwGO), soweit es den Beklagten für den Zeitraum vom 6. bis zum 30. April 1993 zur Erstattung der für den Hilfeempfänger entstandenen Jugendhilfekosten verurteilt hat; insoweit ist die vorinstanzliche Entscheidung aufzuheben und die Berufung der Klägerin zurückzuweisen (§ 144 Abs. 3 Satz 1 Nr. 1 VwGO). Für den übrigen Teil des noch streitgegenständlichen Zeitraums vom 1. bis zum 5. April 1993 und vom 9. Juni 1993 bis zum 27. August 1998 steht die Verurteilung des Beklagten zur Kostenerstattung mit Bundesrecht im Einklang, so dass insoweit die Revision des Beklagten zurückgewiesen ist (§ 144 Abs. 2 VwGO).

1. Zu Recht hat das Berufungsgericht den Beklagten aufgrund der Bestimmung des Bundesverwaltungsamts vom 16. Februar 1994 als passivlegitimierten überörtlichen Träger der Jugendhilfe nach § 89d des Achten Buches Sozialgesetzbuch – SGB VIII – in der hier maßgeblichen Fassung der Bekanntmachung vom 3. Mai 1993 (BGBl S. 637) angesehen. Dabei kann dahingestellt bleiben, ob der Bestimmungsakt rechtlich als der Bestandskraft fähiger und infolge Nichteinlegung eines Widerspruchs bestandskräftig gewordener Verwaltungsakt, als behördliche Verfahrensverhandlung im Sinne des § 44a Satz 1 VwGO oder – was der Wortlaut des § 89d Abs. 2 Satz 3 SGB VIII in der hier maßgeblichen Fassung nahe legen könnte – rechtlich als Äquivalent einer Schiedsstellenentscheidung einzuordnen ist. Auf diese Fragen kommt es vorliegend deshalb nicht entscheidungserheblich an. Nach der hier noch anzu-

wendenden, ebenso wie nach der jetzt geltenden Fassung des § 89d SGB VIII, hat das Bundesverwaltungsamt nur den gesetzlich näher geregelten Belastungsvergleich anzustellen, nicht aber das Bestehen des geltend gemachten Erstattungsanspruches zu überprüfen (vgl. Kraushaar, in: Fieseler/Schleicher, GK-SGB VIII, 1998, § 89d, Rn. 19). Dafür, dass dieser Belastungsvergleich nicht oder fehlerhaft angestellt worden sein könnte, hat weder die Revision etwas Substantiiertes vorgetragen, noch ist hierfür sonst etwas ersichtlich.

2. Zutreffend hat das Berufungsgericht auch dargelegt, dass der Erstattungsanspruch der Klägerin nicht daran scheitert, dass die Jugendhilfe einem minderjährigen Asylbegehrenden gewährt worden ist. Die dem zugrunde liegende Auffassung, die §§ 27, 34, 39, 40, 42, 89d SGB VIII würden weder durch die Vorschriften des Asylverfahrensgesetzes noch durch die des Asylbewerberleistungsgesetzes verdrängt, entspricht der Rechtslage. Der Senat sieht davon ab, die zutreffenden Argumente des Berufungsgerichts im einzelnen zu wiederholen. Sie werden bestätigt vor allem durch § 86 Abs. 7 SGB VIII, der zusammen mit der hier anzuwendenden Fassung des § 89d VIII durch das Erste Gesetz zur Änderung des Achten Buches Sozialgesetzbuch vom 16. Februar 1993 (BGBl I S. 239) in das Achte Buch Sozialgesetzbuch eingefügt worden ist, um die Jugendhilferechtlichen Zuständigkeitsbestimmungen auf die Regelungen des Asylverfahrensgesetzes abzustimmen (vgl. die Begründung der Beschlussempfehlung des Ausschusses für Frauen und Jugend, BT Drucks 12/3711, S. 44 zu Nr. 26). Die Nominierung einer Sonderzuständigkeit „für Leistungen an Asylsuchende" (§ 86 Abs. 7 Satz 1 SGB VIII F: 1993) lässt aber den unabweisbaren Rückschluss zu, dass Asylsuchende unter den Geltungsbereich des Achten Buches Sozialgesetzbuch fallen und die für sie in Betracht kommenden Sozialleistungen nicht im Asylverfahrens- und im Asylbewerberleistungsgesetz abschließend geregelt sind. Das bestätigt im Übrigen auch die Entstehungsgeschichte des § 89d SGB VIII, die der Beklagte für seine Behauptung in Anspruch nimmt, eine Asylantragsstellung stelle einen (ungeschriebenen) Ausschlussgrund für die Kostenerstattung dar. Nach der bis zum 31. März 1993 geltenden Rechtslage (§ 97 Abs. 4 SGB VIII i. d. F. des Art. 1 des Gesetzes zur Neuordnung des Kinder- und Jugendhilferechts vom 26. Juni 1990 BGBl I S. 1163) war eine Kostenerstattung für Jugendhilfeleistungen an Asylbewerber infolge der in § 97 Abs. 4 Satz 2 SGB VIII – F. 1990 – angeordneten entsprechenden Geltung des § 108 Abs. 6 BSHG ausgeschlossen; dieser Ausschluss galt für den gesamten Leistungszeitraum ab Grenzübertritt einschließlich der Zeit nach dem Ende des Asylverfahrens (vgl. BVerwG, Urteil vom 20. Februar 1992 – BVerwG 5 C 22. 88 – Buchholz 436. § 108 BSHG Nr. 1 S. 5). Folge dieser Regelung war aber nicht, dass Jugendhilfe an minderjährige Asylbegehrende nicht geleistet werden durfte, sie also vom persönlichen Geltungsbescheid des Kindes- und Jugendhilferechts ausgeschlossen waren, sondern dass für sie keine Kostenerstattung vom überörtlichen Jugendhilfeträger begehrt werden konnte.

Dass das Achte Buch Sozialgesetzbuch als Erziehungsgesetz auch für Jugendliche Asylbegehrende gelten sollte, ist im Gesetzgebungsverfahren auch ausdrücklich betont worden. Während der Regierungsentwurf vom 27. September 1989 noch anstrebte, nur solche Ausländer Deutschen gleichzustellen, die hier auf Dauer leben und weitgehend integriert sind (vgl. BT Drucks 11/5948 S. 50 zu § 5 Abs. 2), entsprach die dann Gesetz gewordene Fassung des Kinder- und Jugendhilfegesetzes inhaltlich dem abweichenden Vorschlag des Bundesrats. Dieser begründete seinen Änderungsvorschlag, der der heutigen Fassung des § 6 Abs. 2 SGB VIII entspricht, damit, dass ein Ausschluss von Asylbegehrenden und geduldeten Ausländern, die auf längere Zeit hier lebten, nicht gerechtfertigt sei. Kinder und Jugendliche, die aufgrund ihres ausländerrechtlichen Status nicht abgeschoben werden könnten oder aufgrund tatsächlicher Gegebenheiten nicht abgeschoben würden, könnten nicht jahrelang ohne die für sie notwendige Hilfe zur Erziehung gelassen werden: „Das

Jugendhilfegesetz ist ein Erziehungsgesetz, und eine Verweigerung von Erziehung für einen Zeitraum von möglicherweise mehreren Jahren kann nicht gerechtfertigt werden" (BT Drucks 11/9548 S. 125 zu Art. 1 § 5 Abs. 1 und Abs. 2).
Eine dem § 97 Abs. 4 SGB VIII – F. 1990 – i. V. m. § 108 Abs. 6 BSHG vergleichbare Erstattungsausschlussform ist in § 89d SGB VIII in der Fassung des Ersten Gesetzes zur Änderung des Achten Buches Sozialgesetzbuch bewusst nicht mehr erhalten, um anstelle des Verweises auf § 108 BSHG eine den Bedürfnissen der Jugendhilfe angepasste eigenständige Regelung zu ermöglichen (vgl. Begründung zum Regierungsentwurf, BT Drucks 12/2866, S. 24 zu § 89d; nach Kraushaar, in: Fieseler/Schleicher, GK-SGB VIII, 1998, § 89d Rn. 32 ist eine solche Ausschlussregelung u. a. auf Betreiben der kommunalen Spitzenverbände nicht in die Neuregelung aufgenommen worden). Dafür, dass der Gesetzgeber gleichwohl an dem früheren Ausschluss der Kostenerstattungspflicht für Jugendhilfe an Asylbegehrende nichts hätte ändern wollen, fehlt es an jedem Anhaltspunkt in den Gesetzesmaterialien zum Ersten Gesetz zur Änderung des Achten Buches Sozialgesetzbuch. Aus dem Umstand, dass § 89d Abs. 1 Satz 3 SGB VIII in der seit dem 1. Juli 1998 geltenden Fassung durch Art. 2 Nr. 9 des Zweiten Gesetzes zur Änderung des Elften Buches Sozialgesetzbuch (SGB XI) und anderer Gesetze vom 29. Mai 1998 (BGBl I S. 1188) nunmehr die ausdrückliche Regelung enthält, dass die Erstattungspflicht unberührt bleibt, wenn die aus dem Ausland eingereiste Person um Asyl nachsucht oder einen Asylantrag stellt, lässt sich nicht schließen, dass ein entsprechender Erstattungsausschlussgrund vorher entgegen dem gesetzlichen Wortlaut bestanden habe. Nicht von ungefähr ist im Gesetzgebungsverfahren dieser Regelung ausdrücklich nur klarstellende Bedeutung beigemessen worden (vgl. Beschlussempfehlung und Bericht des Ausschusses für Arbeit und Sozialordnung, BT Drucks. 13/10330, S. 20 zu Abs. 1).
Der Einwand des Beklagten, die Gewährung von Jugendhilfe sei deshalb fehlerhaft, weil nach § 10 Abs. 1 Satz 1 SGB VIII „Verpflichtungen anderer, insbesondere ... der Träger anderer Sozialleistungen" durch das Achte Buch Sozialgesetzbuch nicht nach dem Achten Buch Sozialgesetzbuch, sondern nach den Bestimmungen des Asylbewerberleistungsgesetzes zu leisten gewesen sei, geht fehl. Die Nachrangvorschrift des § 10 Abs. 1 Satz 1 SGB VIII schließt die Anwendbarkeit des Achten Buches Sozialgesetzbuch auf junge asylbegehrende Ausländer nicht aus, da das Asylbewerberleistungsgesetz keine der Gewährung von Jugendhilfe nach dem Achten Buch Sozialgesetzbuch vergleichbaren Leistungen vorhält. Dies hat den Ausschuss für Arbeit und Sozialordnung bei der Beratung der Neufassung des § 89d SGB VIII 1998 zu der Feststellung veranlasst, eine Konkurrenz von Jugendhilfe mit Leistungen nach dem Asylbewerberleistungsgesetz entfalle bereits aufgrund des unterschiedlichen Leistungsinhalts (BT Drucks 13/10330, S. 20 zu Abs. 1). Die Auffassung des Beklagten, Leistungen nach § 6 AsylbLG könnten auch Jugendhilfeleistungen sein, wie sie dem Hilfeempfänger gewährt worden seien, findet im Gesetz keine Stütze; weder Wortlaut noch Entstehungsgeschichte der Bestimmung ergeben Anhaltspunkte dafür, dass mit „sonstigen Leistungen" im Sinne des § 6 Satz 1 AsylbLG die Gewährung von Jugendhilfe durch die von den Landesregierungen gemäß § 10 AsylbLG bestimmten Behörden gemeint sein könnte.
Das Asylbewerberleistungsgesetz ist kein Erziehungsgesetz wie das Achte Buch Sozialgesetzbuch, sondern befasst sich mit der Unterbringung und Versorgung von Asylbewerbern; um materielle Anreize für eine illegale Einreise zu beseitigen, gewährt es grundsätzlich nur die Leistung des Existenzminimums vorrangig in Form von Sachleistungen. Neben den Grundleistungen des § 3 Abs. 1 AsylbLG und den Leistungen bei Krankheit, Schwangerschaft und Geburt (§ 4 AsylbLG) dürfen gemäß § 6 Satz 1 AsylbLG in der bis einschließlich 31. Mai 1997 gültigen Fassung „Sonstige Leistungen" nur gewährt werden (Neufassung durch Art. 1 Nr. 5 des Ersten Gesetzes zur Änderung des Asylbewerberleistungsgesetzes vom 26. Mai 1997, BGBl I S. 1130:

„können insbesondere gewährt werden"), „wenn sie im Einzelfall zur Sicherung des Lebensunterhalts oder der Gesundheit unerlässlich, zur Deckung besonderer Bedürfnisse von Kindern geboten ... sind"; gemäß Satz 2 gilt auch hier der Sachleistungsgrundsatz. Der Gesetzgeber wollte damit dem Umstand Rechnung tragen, dass Leistungen bei Krankheit, Schwangerschaft und Geburt und insbesondere die Grundleistungen als Pauschalleistungen auf niedrigem Niveau – in Ermangelung ergänzender Leistungen nach dem Bundessozialhilfegesetz – im Einzelfall nicht ausreichen könnten, um das zur Sicherung des Lebensunterhalts und der Gesundheit Unerlässliche sicherzustellen (vgl. BT Drucks 12/4451 S. 10 zu § 5). Dass er mit diesen sonstigen Leistungen nicht das Aufgaben- und Leistungsprogramm der Jugendhilfe in das Asylbewerberleistungsgesetz inkorporieren wollte, ergibt sich deutlich aus der Gesetzesbegründung, die die Leistungen nicht näher umschrieb, sondern darauf hinwies, dass sich ihre konkrete Gestalt „nach den Umständen des Einzelfalles" richte und als ein Beispiel „Hygienemittel für Wöchnerinnen" nannte (BT Drucks 12/4451 a. a. O.). Die Begründung zum Ersten Änderungsgesetz fügte dem „außergewöhnliche Umstände wie beispielsweise ... einen Todesfall, ... einen besonderen Hygienebedarf oder ... körperliche Beeinträchtigungen" (BT Drucks 13/2746 S. 16 zu Nr. 5, § 6) als Beispiele hinzu. Vor diesem Hintergrund kommen als Leistungen „zur Deckung besonderer Bedürfnisse von Kindern" im Sinne des § 6 Satz 1 AsylbLG etwa Leistungen für Kleidung, Ernährung oder Schulbesuch (vgl. dazu etwa Kunkel, NVwZ 1994, 352 f.; Deibel, ZAR 1995, 57, 63 in Betracht, nicht aber das Aufgaben- und Leistungsprogramm der Jugendhilfe. Es ist auch kein Anhaltspunkt dafür ersichtlich, dass der Gesetzgeber, der mit dem Achten Buch Sozialgesetzbuch bewusst ein auch für jugendliche Asylbegehrende geltendes Erziehungsgesetz geschaffen hat, dessen Leistungen jugendlichen Asylbegehrenden mit der sondergesetzlichen Regelung von Grund- und Zusatzleistungen im Asylbewerberleistungsgesetz wieder hat entziehen wollen. Im Gegenteil, aus § 9 Abs. 1 AsylbLG ergibt sich, dass nur die Leistungen nach dem Bundessozialhilfegesetz oder vergleichbaren Landesgesetzen ausgeschlossen sein sollen, während „Leistungen anderer, besonders Unterhaltspflichtiger, der Träger von Sozialleistungen oder der Länder im Rahmen ihre Pflicht nach § 44 Abs. 1 des Asylverfahrensgesetzes ... durch dieses Gesetz nicht berührt" werden sollen (§ 9 Abs. 2 AsylbLG). Dass mit Leistungen der Träger von Sozialleistungen auch Kinder- und Jugendhilfeleistungen gemeint sind, ergibt sich aus dem Inhalt des Sozialgesetzbuchs, insbesondere dessen Achten Buches (vgl. auch § 27 SGB I).

Die Meinung des Beklagten, aus der Verpflichtung der Länder zur Unterbringung Asylbegehrender (§ 44 Abs. 1 AsylVfG) folge ein Ausschluss von Leistungsansprüchen von Asylbegehrenden gegen andere Leistungsträger, ist von der Vorinstanz zutreffend mit der Begründung zurückgewiesen worden, dass ein solcher Ausschluss aus dieser Bestimmung nicht herzuleiten ist (S. 15 des Urteils). Die Aufgabenbestimmung in § 44 AsylVfG besagt nichts über das Verhältnis der Aufgaben nach dem Asylverfahrensgesetz und dem Asylbewerberleistungsgesetz zu anderen Aufgaben; insoweit ist für Leistungen nach dem Asylbewerberleistungsgesetz dessen § 9 einschlägig.

Ob es, wie der Beklagte geltend macht, eine ungerechtfertigte Begünstigung der Länder mit hohen Einreisezahlen darstellt, dass in diesen Erstattungsfällen schon eine Anrechnung auf die Asylquote erfolgt ist (§ 52 AsylVfG), erscheint schon in tatsächlicher Hinsicht als zweifelhaft und wird von der Revision auch in keiner Weise belegt. Demgegenüber wird in dem Bericht des Ausschusses für Arbeit und Sozialordnung im Gesetzgebungsverfahren zur Neufassung des § 89d SGB VIII 1998 darauf hingewiesen, dass die Erstattungspflicht „nach wie vor nur die Sachkosten, nicht die Verwaltungskosten" erfasse (BT Drucks 13/10330, S. 20 zu Nr. 9, § 89d zu Abs. 1); auch Wiesner (SGB VIII, § 86 Rn. 45) stellt fest, dass die Kostenerstattung die erhöhten Aufwendungen bei der Versorgung des Personenkreises der minderjährigen unbegleiteten Flüchtlinge im Alter von unter 16 Jahren, der sich infolge der Nichteinbeziehung in das Verteilungsverfahren auf einzelne Ballungsgebiete konzentrierte und dort Versorgungsprobleme verursache, nicht kompensiere, da nur ein Teil der tatsächlichen Aufwendungen erstattungsfähig sei. Jedenfalls ist dem Berufungsgericht darin zuzustimmen, dass sich aus § 52 AsylVfG nicht folgen lässt, neben der Anrechnung sei eine Kostenerstattung ausgeschlossen. Die Auffassung des Beklagten, das Asylrecht sei auch hinsichtlich der Finanzierung ein „geschlossenes System" in dem Sinne, dass es keine gegenläufigen Vorschriften geben dürfe, wird schon durch die gesetzliche Ausgestaltung widerlegt.

3. Unzutreffend ist auch der Einwand des Beklagten, die Jugendhilfe sei zu Unrecht erfolgt, weil der Hilfesuchende keinen gewöhnlichen Aufenthalt im Sinne des § 6 Abs. 2 SGB VIII oder des Haager Übereinkommens über die Zuständigkeit der Behörden und das anzuwendende Recht auf dem Gebiet des Schutzes von Minderjährigen vom 5. Oktober 1961 (MSA) gehabt habe. Das Übereinkommen, dem die Bundesrepublik Deutschland durch Gesetz vom 30. April 1971 (BGBl I S. 217) beigetreten ist, modifiziert über § 6 Abs. 4 SGB VIII den für den Anspruch von Ausländern auf Jugendhilfe maßgeblichen Begriff des gewöhnlichen Aufenthalts. Gemäß Art. 2 Abs. 1 i. V. m. Art. 1 des Einkommens haben die Behörden des Staates, in dem der Minderjährige seinen gewöhnlichen Aufenthalt hat, die nach ihrem innerstaatlichen Recht vorgesehenen Maßnahmen zum Schutz der Person des Minderjährigen zu treffen; dazu gehören, wie die Vorinstanz zutreffend festgestellt hat, auch die Maßnahmen der öffentlichen Jugendhilfe.

Für die Beurteilung der Rechtmäßigkeit der am 1. April 1993 erfolgten Inobhutnahme kommt es allerdings entgegen der Meinung des Beklagten nicht auf das Bestehen eines gewöhnlichen Aufenthalts an, da es sich bei der Inobhutnahme nicht um eine Leistung der Jugendhilfe im Sinne von § 6 SGB VIII, sondern um eine „andere Aufgabe" gemäß § 2 Abs. 3 Nr. 1 SGB VIII handelt. Voraussetzung der Inobhutnahme (§ 42 SGB VIII) ist nicht das Vorliegen eines gewöhnlichen Aufenthalts des Kindes oder Jugendlichen im Inland, sondern lediglich, dass ein Kind bzw. ein Jugendlicher um Obhut bittet (Abs. 2) bzw. dass eine dringende Gefahr für das Wohl des Kindes oder Jugendlichen die Inobhutnahme erfordert (Abs. 3).

Hingegen entspricht die mit Bescheid vom 15. Juli 1993 bewilligte und ab dem 26. Oktober 1993 durch Unterbringung in einer Jugendwohnung gewährte Hilfe zur Erziehung in einer betreuten Wohnform (§§ 27, 34 SGB VIII) nur dann den Vorschriften des Achten Buches Sozialgesetzbuch, wenn der Hilfesuchende im damaligen Zeitpunkt im Inland einen gewöhnlichen Aufenthalt im Sinne des Haager Abkommens oder des § 6 Abs. 2 SGB VIII begründet hatte. Da die Regelung des Haager Abkommens für den dort geschützten Personenkreis im Verhältnis zur allgemeinen Regelung in § 6 Abs. 2 SGB VIII Vorrang hat und es bei Vorliegen eines gewöhnlichen Aufenthalts im Sinne des Abkommens nicht (mehr) darauf ankommt, ob (auch) die Voraussetzungen des § 6 Abs. 2 SGB VIII erfüllt sind, hat der Senat keinen Anlass, das Vorliegen eines gewöhnlichen Aufenthalts im Sinne des § 6 Abs. 2 SGB VIII und die Richtigkeit der von der Vorinstanz in diesem Zusammenhang vorgenommenen Erwägungen insbesondere im Zusammenhang von ausländerrechtlichem Aufenthaltsstatus und gewöhnlichem Aufenthalt zu überprüfen; denn zu Recht hat das Berufungsgericht für die seit dem 26. Oktober 1993 geleistete Hilfe zur Erziehung die Voraussetzungen eines gewöhnlichen Aufenthalts im Sinne des Art. 1 MSA bejaht. Es hat diesen Begriff in Übereinstimmung mit Schrifttum und Rechtsprechung im Interesse einer möglichst gleichmäßigen Anwendung in allen Vertragsstaaten zutreffend autonom ausgelegt und als rechtliches Kriterium für den gewöhnlichen Aufenthalt auf den Daseinsmittelpunkt und Schwerpunkt der Bindung der betreffenden Person abgestellt. Ebenfalls zutreffend hat es die in Literatur und Rechtsprechung allgemein unterstützte „Faustregel" zu Art. 1 MSA zur Anwendung gebracht, wonach der Aufenthalt eines Minderjährigen, wenn er nicht von Anfang an auf Dauer angelegt ist, jedenfalls nach sechs Monaten regelmäßig zum gewöhnlichen Aufenthalt im Sinne dieser Bestimmung erstarkt. Die hiergegen vom Beklagten erhobenen Einwendungen gehen fehl.

Mit ihrer Auffassung, mangels gleichmäßiger innerstaatlicher Standards in den Mitgliederstaaten des Abkommens bestehe keine Verpflichtung, den Begriff des gewöhnlichen Aufenthalts in allen Mitgliederstaaten gemäß der oben genannten Regel anzuwenden, verkennt die Revision, dass das Abkommen gerade den Zweck hat, die Einhaltung einheitlicher Standards durch die Mitgliederstaaten sicherzustellen und lässt unbeachtet, dass der Begriff des gewöhnlichen Aufenthalts gerade nicht nach dem innerstaatlichen Recht – in Anlehnung an § 30 Abs. 3 Satz 2 SGB I –, sondern aus Sinn und Zweck des Abkommens – dem effektiven Schutz der Minderjährigen – zu ermitteln ist. Soweit sie vorträgt, der Begriff des gewöhnlichen Aufenthalts im Sinne des Haager Abkommens stelle auf den tatsächlichen Mittelpunkt der Lebensführung einer Person ab und sei aufgrund der sozialen Eingliederung objektiv zu bestimmen, und bei der Sechs-Monats-Regel handle es sich nur um ein Indiz für die Begründung des gewöhnlichen Aufenthalts, für welche alle objektiven und subjektiven Umstände zu berücksichtigen seien, stimmt dies mit den vom Berufungsgericht zugrunde gelegten Maßstäben überein. Unzutreffend ist jedoch die Auffassung, die für einen gewöhnlichen Aufenthalt erforderliche Stabilität der Eingliederung sei aus rechtlichen Gründen bei einem ausländerrechtlichen ungesicherten Aufenthalt (Asylbewerber hätten ausländerrechtlich grundsätzlich nur einen vorübergehenden Aufenthalt, da sie jederzeit mit ihrem baldigen Aufenthaltswechsel rechnen müssen) auch nach Ablauf von sechs Monaten nicht gegeben. Eine solche rechtshemmende Wirkung auch noch nach einem sechsmonatigen Aufenthalt würde dem Zweck des Abkommens, Kindern und Jugendlichen einen effektiven Schutz zu gewährleisten, zuwiderlaufen und praktisch die Verweigerung von Jugendhilfe für minderjährige Asylbegehrende auf begrenzte Zeit zur Folge haben. Dies wäre eine Verweigerung des Schutzes des Abkommens für eine wichtige Bezugsgruppe.

Die Frage, ob der Hilfesuchende bereits bei seiner Inobhutnahme einen gewöhnlichen Aufenthalt im Sinne des Haager Abkommens begründet hatte, hat das Oberverwaltungsgericht, da dies nicht rechtliche Voraussetzungen der Wahrnehmung dieser im Sinne von § 2 Abs. 3 Nr. 1 SGB VIII „anderen Aufgabe" ist, zu Recht als nicht entscheidungserheblich dahingestellt gelassen; auch das Bundesverwaltungsgericht hat keinen Anlass, sich zu dieser Frage zu äußern.

4. Dem geltend gemachten Anspruch auf Erstattung der Kosten der Jugendhilfe steht nicht entgegen, dass kein förmliches Hilfeplanverfahren nach § 36 Abs. 2 Satz 2 SGB VIII stattgefunden hat. Das Fehlen eines schriftlich fixierten Hilfeplans hat nicht die Folge, dass der Beklagte mangels Feststellbarkeit der Notwendigkeit und Geeignetheit der Hilfe die Erstattung verweigern könnte. Gegen die Annahme, die Erstellung eines Hilfeplans sei eine materielle Rechtmäßigkeitsvoraussetzung der Jugendhilfe, spricht bereits der Wortlaut der Bestimmung, wonach die Fachkräfte zusammen mit dem Personensorgeberechtigten und dem Kind oder Jugendlichen einen Hilfeplan aufstellen „sollen". Ist der Hilfeplan somit nicht unverzichtbare Voraussetzung der Gewährung von Jugendhilfe, so ist für die Beurteilung der Rechtmäßigkeit als entscheidend anzusehen, ob die Notwendigkeit und Geeignetheit der Hilfe auch ohne eine schriftliche Fixierung in einem Hilfeplan festgestellt werden kann. Dabei ist zu beachten, dass es sich bei der Entscheidung über die Notwendigkeit und Geeignetheit der Hilfe um das Ereignis eines kooperativen pädagogischen Entscheidungsprozesses unter Mitwirkung des Kindes bzw. des Jugendlichen und mehrerer Fachkräfte handelt, welches nicht den Anspruch objektiver Richtigkeit erhebt, jedoch eine angemessene Lösung zur Bewältigung der festgestellten Belas-

tungssituation enthält, die fachlich vertretbar und nachvollziehbar sein muss; die verwaltungsgerichtliche Überprüfung hat sich dabei darauf zu beschränken, ob allgemeingültige fachliche Maßstäbe beachtet worden sind, ob keine sachfremden Erwägungen eingeflossen sind und die Leistungsadressaten in umfassender Weise beteiligt worden sind (ebenso Wiesner, SGB VIII, § 36 Rn. 47, 50). Von daher ist es nicht zu beanstanden, dass die Vorinstanz aus der Gesamtschau der Erziehungskonferenz und der ab September 1994 erstellten Gutachten über die psychische Situation des Hilfeempfängers die Gewährung und Fortsetzung der Hilfe als notwendig angesehen hat und insoweit – auch ohne Hilfeplan – von einem laufend überprüften erzieherischen Konzept ausgegangen ist.

5. Für den im Revisionsverfahren noch streitgegenständlichen Teil des Zeitraums der Inobhutnahme vor Einschaltung des Vormundschaftsgericht (vom 1. April bis zum 30. April 1993) hat jedoch die Revision des Beklagten für den Zeitraum vom 6. April 1993 bis zum 30. April 1993 Erfolg. Das Berufungsgesetz hat den Beklagten insoweit zu Unrecht zur Erstattung der entstandenen Jugendhilfekosten verurteilt; denn (auch) in diesem zeitlichen Umfang entsprach die Inobhutnahme des E. A. nicht den Bestimmungen des Achten Buches Sozialgesetzbuch (§ 89f Abs. 1 SGB VIII). Insoweit war deshalb die vorinstanzliche Entscheidung aufzuheben und die Berufung der Klägerin zurückzuweisen (§ 144 Abs. 3 Satz 1 Nr. 1 VwGO). Die am 1. April 1993 erfolgte Inobhutnahme des Hilfesuchenden entsprach – wovon auch die Vorinstanz ausgeht – nicht mehr den gesetzlichen Bestimmungen, nachdem der durch das Gebot einer „unverzüglichen" Herbeiführung einer Entscheidung des Vormundschaftsgerichts über die erforderlichen Maßnahmen zum Wohle des Kindes (§ 42 Abs. 2 Satz 4 SGB VIII) umrissene Zeitraum überschritten war. Dies war jedoch nicht, wie das Oberverwaltungsgericht meint, erst mit Ablauf eines Monats nach Inobhutnahme der Fall, sondern bereits zu einem wesentlich früheren Zeitpunkt, den der Senat hier mit dem Ablauf des 5. April 1993 als erreicht ansieht. Nach der am 1. April 1993, einem Donnerstag, erfolgten Inobhutnahme hätte das Jugendamt das Vormundschaftsgericht jedenfalls mit Ablauf des darauf folgenden Montags von der Einreise und Inobhutnahme des unbegleiteten asylbegehrenden Hilfesuchenden und der Nichterreichbarkeit des Personensorge- oder Erziehungsberechtigten unterrichten müssen, was jedoch erst am 9. Juni 1993 mit der „Anzeige gemäß § 50 KJHG" des Amts für Soziale Dienste des Bezirksamts W geschehen ist. Mit dem Gebot, „unverzüglich" eine Entscheidung des Vormundschaftsgerichts über die zum Wohl des Kindes oder Jugendlichen erforderlichen Maßnahmen herbeizuführen, bringt das Gesetz zum Ausdruck, dass es sich bei den Entscheidungen und Maßnahmen des Jugendamts zunächst nur um vorläufige Maßnahmen handelt, während die erforderlichen sorgerechtlichen Maßnahmen vom Vormundschaftsgericht zu treffen sind (vgl. Wiesner, SGB VIII, § 42 Rn. 1, 32). Dem widerspräche es, wenn das Jugendamt die Befugnis hätte, ein Kind oder einen Jugendlichen wochen- oder monatelang in eigener Zuständigkeit unter Obhut zu halten, ohne eine Entscheidung des Vormundschaftsgerichts herbeizuführen. Bei der Auslegung des Begriffs „unverzüglich" ist mangels entgegengesetzter Anhaltspunkte davon auszugehen, dass dieser – wie in § 121 BGB – „ohne schuldhaftes Zögern" bedeutet. Zwar ist „unverzüglich" nicht gleichbedeutend mit „sofort", vielmehr muss dem Jugendamt eine angemessene Zeit zur Prüfung und Entscheidung bleiben, welche sich durch die Sorge um das Wohl des Minderjährigen bestimmt (vgl. Münder u. a., Frankfurter LPK-KJHG, 1998, § 42 Rn. 11). Eine solche teleologische Auslegung des Begriffs (Wiesner, SGB VIII, § 42 Rn. 27) kann jedoch nicht dazu führen, dass bei unbegleitet einreisenden ausländischen Kindern und Jugendlichen das Tatbestandsmerkmal „unverzüglich" im Ergebnis zu einer im Gesetz nicht vorhergesehenen Monatsfrist wird. Es ist auch nicht zu erkennen, warum bei dieser Fallgruppe im Interesse einer sachgerechten Sachverhaltsermittlung generell einer Frist von einem

Monat zur Unterrichtung des Vormundschaftsgerichts erforderlich sein soll; so lässt auch die hier am 9. Juni 1993 erfolgte Anzeige an das Vormundschaftsgericht nichts ersehen, was nicht auch schon bis zum 6. April 1993 zur Herbeiführung einer vormundschaftsgerichtlichen Entscheidung hätte mitgeteilt werden können; dies gilt insbesondere auch für den Grund der Inobhutnahme, welcher bei unbegleitet einreisenden asylbegehrenden Kindern und Jugendlichen in dem Umstand liegt, dass sie ohne Personensorgeberechtigten sind. Die Klägerin macht selbst nicht geltend, von einer früheren Anzeige durch einen konkreten weiter reichenden Ermittlungsbedarf abgehalten worden zu sein, sondern beruft sich lediglich auf die damalige Belastungssituation, welche ein rascheres Handeln unmöglich gemacht habe. Es ist jedoch nicht ersichtlich, inwieweit es infolge einer außergewöhnlich hohen Zahl von Fällen einer Inobhutnahme gerechtfertigt gewesen sein könnte, von einer frühzeitigeren, ansonsten keine weiteren, individuellen Ermittlungen erfordernden Einleitung des vormundschaftlichen Verfahrens abzusehen.

Die **Kostenentscheidung** beruht auf § 155 Abs. 1 Satz 3 VwGO, die Gerichtskostenfreiheit auf § 188 Satz 2 VwGO.

Dr. Pietzner   Dr. Bender   Schmidt
Dr. Rothkegel   Dr. Franke

Stichwortverzeichnis

Die Zahlen verweisen auf die jeweiligen Randnummern.

A
Adoption 204, 236
Alleinige elterliche Sorge 217
Amtsvormund 224
Amtsvormundschaft 214, 244
Andere Aufgaben 15, 177 ff., 188, 364 ff.
Anhörung 50
Anspruchsberechtigte 172
Anspruchsgrundlage 98
Anspruchsinhaber 55, 106, 129, 176
Anspruchsinhalt 107, 131
Anspruchsvoraussetzung 56, 61, 120, 130
Arbeitsgemeinschaft 271
Asylbewerber, Asylbewerberinnen 18
Asylbewerberleistungsgesetz 25
Aufenthalt, gewöhnlicher 61, 382
Aufenthaltsstatus 18
Ausbildungsmaßnahme 58
Autonomie 12

B
Beglaubigung 219 ff.
Behinderung 104, 126, 166
Beistandschaft 206, 368
Beratung 24a, 75, 115, 123, 135, 209
Berufsbildungswerk 52
Beschäftigungsmaßnahme 58
Beteiligung 16
Betreuung 101
Betreuungshelfer 133, 141
Betriebserlaubnis 188, 195, 197
Beurkundung 219 ff.
Bevollmächtigter 122
Bildung 101
Bundesagentur für Arbeit 59
Bundesjugendkuratorium 294
Bundesregierung 292
Bundesverwaltungsgericht 402

D
Datenerhebung 228
Datennutzung 231
Datenschutz 77, 145, 223 ff., 227
Datenübermittlung 231, 243
DDR 6
Deutsch-Französisches Jugendwerk 295
Deutsch-Polnisches Jugendwerk 299

E
Ehrenamtlicher 44
Eigenleistung 324
Eigenverantwortlichkeit 12

Eingliederungshilfe 122 ff., 126, 166
Eingriffsrechte 5
Einrichtung 195, 239, 325
Eltern 13, 66, 152
Elternschule 70
Ergebnisorientierung 37
Ermessen 32 ff.
Ermessensfehler 36
Erziehung 12, 23, 101
Erziehung in einer Tagesgruppe 133, 146, 385
Erziehungsauftrag 13, 103
Erziehungsbeistand 133, 141
Erziehungsberatung 133
Erziehungsberechtigter 19, 64, 66, 104
Erziehungskonferenz 124
Erziehungsverantwortung 68
Erziehungsverpflichtete 12
Erziehungsziel 12, 23, 103
Europäische Jugendpolitik 302

F
Fachkraft 124, 267
FamFG 161
Familienberatung 69
Familienbildung 69
Förderbescheid 333
Förderung 16, 47, 65, 136, 239, 258, 266, 291, 322 ff., 353
Förderung der Erziehung 66 ff.
Fördervertrag 334
Fortbildung 270, 332
Freier Träger 16, 41, 69, 237, 283, 288, 307 ff.
– Anerkennung 347 ff.
Freiheitsentziehung 161, 184

G
Ganztagsplatz 108
Gefahr 183
Geltungsbereich 18
Gemeinnützige Ziele 324
Gemeinsame elterliche Sorge 80
Gemeinsame Wohnform 83, 385
Gemeinschaftsfähigkeit 12
Gemeinwesenorientierte Projekte 42
Gerichtliche Verfahren 202 f., 367
Gesamtverantwortung 50, 245, 273 ff.
Gewährleistungsverpflichtung 274
Gewaltprävention 68
Gewinnerzielungsabsicht 308
Gewöhnlicher Aufenthalt 61
Gleichbehandlung 326
Gleichberechtigung 23

Stichwortverzeichnis

H
Heimerziehung 137, 148, 156
Helfen 17
Hilfe für junge Volljährige 122 ff.
Hilfe zur Erziehung 25, 54, 122 ff., 233, 272, 385, 395
Hilfeempfänger, Hilfeempfängerinnen 17
Hilfekatalog 131
Hilfeplan 122 ff.
Hilfeziel 125
Hort 108

I
Inklusion 104, 166
Inobhutnahme 177, 222, 385, 402
Intensive sozialpädagogische Einzelbetreuung 163

J
Jugend 3a
Jugendamt 246, 250 ff., 269
Jugendarbeit 39 ff., 50, 53, 272, 385
– internationale 43
Jugendarbeitsschutz 4
Jugendberatung 43
Jugendbildung 43
Jugendfürsorge 1
Jugendgerichtshilfe 226
Jugendgesetz 6
Jugendgruppe 41
Jugendhilfe 1
– Aufgaben 15
– Ziele 14
Jugendhilfeausschuss 250, 255 ff.
Jugendhilfeplanung 65, 258, 273, 279
Jugendinitiative 41
Jugendlicher 19, 23, 179
Jugendpflege 1
Jugendring 249
Jugendschutz, erzieherischer 63
Jugendsozialarbeit 51 ff., 66, 385
Jugendverband 46 ff., 255, 310
Junger Mensch 19, 40, 55, 64
Junger Volljähriger 19, 175, 360
JuSchG 63
JWG 1

K
Kind 19, 23, 104, 106, 179
Kinder- und Jugendbericht 304
Kinder- und Jugenderholung 43
Kinder- und Jugendplan des Bundes 293
Kinder- und Jugendschutz 62 ff.
– erzieherischer 64
– repressiver 63
Kinder- und Jugendstärkungsgesetz 7
Kindergartenplatz 105 ff.
Kindertageseinrichtung 100 ff., 335, 385
Kindertagespflege 100 ff., 110, 385
Kindeswohl 191

Kindeswohlgefährdung 222
Kirche 310
KJHG 1
Konkurrenzverbot 16
Kostenbeiträge 90, 93, 97
Kostenbeteiligung 45, 90, 93, 109, 116, 147, 155, 162, 165, 171, 187, 385 ff.
Kostenerstattung 373 ff., 384
Kostenübernahme 322
Kostenvereinbarung 336 ff.
Krippe 108
KRK 18

L
Landesausführungsgesetz 291
Landesjugendamt 247, 259, 269
Landesjugendhilfeausschuss 259
Landesrahmenvertrag 345
Landesrechtsvorbehalt 49, 73, 119, 166, 247, 340
Legaldefinition 20
Leistungen 15, 27 ff., 39, 66, 100, 122, 132, 358 ff.
Leistungs-, Entgelt- und Qualitätsentwicklungsvereinbarung 339
Leistungs- und Entgeltvereinbarung 136
Leistungsqualität 37
Leistungsrecht 28 ff.

M
Mehrkosten 17
Menschen mit Behinderungen 19
Menschenwürde 17
Migrationshintergrund 56
Minderjähriger 125
Mitarbeiterinnen und Mitarbeiter 267 f.
Mitwirkung 122 ff.

N
Nachbetreuung 174
Nebenbestimmungen 197, 333
Notsituation 91

O
Oberste Landesjugendbehörde 290 f.
Offene Kinder- und Jugendarbeit 42
Öffentliche Träger 16, 41, 111, 224, 245 ff., 250
Ombudsstellen 23

P
pauschalierte Kostenbeteiligung 74, 109, 116
Personensorge 203
Personensorgeberechtigter 19, 21, 23, 122, 125, 129, 154, 182
Pflegeeltern 152, 193
Pflegeerlaubnis 188, 190 f., 193
Pflegegeld 176
Pflegschaft 206, 368
Polizei 287
Praxisbegleitung 270

Stichwortverzeichnis

Q
Qualität 104, 343

R
Recht auf Erziehung 12
Recht junger Menschen 12
Rechtsanspruch 12, 31, 105 ff.
Rechtsfolge 33
Religionsgemeinschaft 310
RJWG 1, 4

S
Schule 59, 104, 287, 385
Schulpflicht 94
Schulsozialarbeit 52, 60a
Schutzauftrag 22
Selbstbeschaffung 127
Selbstbestimmung 14
Selbstvertretung 17
SGB 1, 7
SGB I 7, 223
SGB VIII 8
SGB X 7, 122, 223, 232, 244, 334
SGG 7
Sonderpflegestelle 153
Sonderurlaub 49
Sorgeerklärung 80, 206
Soziale Gruppenarbeit 133, 137 ff.
Sozialhilfe 24
Sozialpädagogische Familienhilfe 133, 142 ff., 148
Sozialstaat 5
Stadtstaatenklausel 249
Statistik 223, 238 ff.
Strafverfahren 205
Subjektives öffentliches Recht 30, 47, 117

T
Teilnahmebeiträge 74

U
Umgangsrecht 81
UN-Kinderrechtskonvention 18
Unterhalt 80, 82, 180

V
Vereinsvormundschaft 210
Verfahrenslotsen 24a
Verfassungsgewähr 324
Verpflichtungsgrad 32
Vertretungskörperschaft 257
Verwaltungsakt 333
Verwandtenpflege 154
Verwendungsgewähr 324
Vollzeitpflege 150
Vormundschaft 206, 368
VwGO 7, 120, 148, 176, 266, 288

W
Wächteramt 5, 203
Wirksamkeit 37, 342
Wirksamkeitskriterien 341
Wirksamkeitsmaßstäben 343
Wirkung 37
Wirkungsorientierung 37
Wohlfahrtsverband 255, 310
Wunsch- und Wahlrecht 17, 346

Z
Zentrale Aufgaben 289
Zeugen 234
Zusammenarbeit 16, 287
Zuständigkeit 50, 354 ff., 378
– örtliche 61, 357
– sachliche 61, 248, 356